一两个梦

颜峻 著

上海文艺出版社

目 录

我梦见自己在做梦（自序） __ 001

2014 __ 001
2015 __ 049
2016 __ 135
2017 __ 239
2018 __ 273
2019 __ 345

后记 __ 403

自序　我梦见自己在做梦

这个题目是从鲁迅那里借来的。来自他的一篇散文诗,《颓败线的颤动》,写于 1925 年 6 月 29 日。

小时候的梦,记得最清的当然是噩梦。是不断重复出现的那种。是每次生病发烧都会出现的那一个。它可能不是梦,而是一种病毒引起的幻觉,或者某些化学物质在大脑特定区域引发的知觉。但,话说回来,梦又是什么呢?梦不就是化学吗?难道不是化学驱使着电物理学,让负载着电荷的电子在神经上流动,才有了梦?我一直想要描述这个梦。但是很难,因为它不只是发生在大脑,也发生在全身。它不是那种不疼不痒的东西,好像和现实无关,可以像看电影似的旁观,最多受点惊吓。小时候,我相信这个梦和现实是一体的,它不吓人,而是实打实的在折磨着我。现在已经过了几十年,那感觉已经不那么强烈了,也许再过几年就要消失了。我应该再试一次:发烧总归是很难受的,昏昏沉沉,恶心,停滞,鼻子里好像有一个隧道,一直通向最冷的冬天,那里没有植物,只有光秃秃的山,散发着微酸的气味,可能也轻微地腐蚀着我。冷风流动着,不动声色地吹着沙土,把它们吹烫。我自己就是那些沙土,正在从身体上掉落下来,覆盖在脸上脖子上,也被呼吸带进嘴里、肺里，然后进到血液里。总是在近乎透明的黑夜，我昏睡了很久，然后好像睡够了，醒来了，几乎能看见房间里的每样东西：这是立柜，这是门，这是拉着窗帘的窗子，它们笼罩在黑暗中，或者说它们缺少光，几乎只是些厚重的轮廓。而且，看起来是它们在沉睡，不是我，而我静静躺着，用不着睁眼就能看清这些轮廓。但这短暂的清明也救不了我，因为它不是真的。我什么都不会看见。我在做梦。我梦见大量的圆柱体，大概有汽油桶那么粗，比汽油桶稍微长一点。与其说是汽油桶，不如说只是类似的几何体。它们不是任何东西。只是一种纯粹的形状。它们有体积，可能也重，但也任意地上下滚动，和地心引力没有丝毫关系。它们向我滚来，又并不压到我的身体。有时候，形状也会稍微弯曲一点，那取决于角度，比如说是不是正在远去，正在旋转。我难以忍受的是它们的存在本身。仅仅是看见这种膨胀的圆柱体的滚动我就不舒服。即使没有看见也一样，它们存在，有一种感应把我们联系起来，我直接感觉到它们，而视觉只是一个附带因素。我被难受充满，我想我应该是被病毒充满了，我在发烧，整个身体都在热胀冷缩的原理下膨胀。有时候，只要想一想这个梦，我都会不舒服。那种极其缓慢的运动让我也跟着变慢，也就更清晰地体验到膨胀，同时发热，也就加倍地觉得恶心。每一次，它们充满整个世界，我也被灾难充满，这种恶心没有出路。这个世界里，没有其他具体的事物，只剩下黑暗中的圆柱体。至于我，我不确定是不是具体的,"我自己"可以和这个世界分开吗?搞不好我体验到的不是世界,而仅仅是自己?有时候我会回想,那可能就是我的白血球,在被幻觉隔绝于世界之外的我的内部,圆柱形的幻化也应该有其根源。或者那就是我身体里的病毒吧。我猜想细胞应该是圆球形状的。而病毒是圆柱形。要么,难道是我的头发茬?那些比我身体还要大的东西,充满了房间,取消了房间,充满了现有的世界,滚动,滚动,我想吐,但我不是没有力气吐,而是呕吐并不属于这个世界,我无法从中自拔而回到呕吐所在的那个现实中去。它们使我无力。这到底是什么?上中学以后,似乎还梦到过几次。后来,也许又过了很多年,我最后一次梦到这些几何体,似乎并没有那么难受了。

我总是梦见外星飞船。有时候,我在做着别的事情,偶然抬头看看,就发现天空的背后还有天空,一些飞船正在经过。可能是出于什么疏忽,或者故障,我们平时熟悉的那个天空正在露出破绽。不,也可能是时候到了,不需要再掩饰了。飞船正在擦过视线的边缘,有时候消失不见,但越来越多地从天空中露出来。那背后的天空极为深邃,而且并不因为视力的局限而显得模糊。我能看见极远的地方,更多的飞船正在向我们飞来。也许不是向我们飞来,至少不是要找我们的麻烦。似乎有两种势力在相互对抗。它们开始交战,互相射击,但并不像电影里那样开枪、开炮、发射激光，而是用我没有见过的武器相互攻击。那不是我能理解的科技。而且飞船体形极其巨大，数量极多，可能整个地球都停不下。不管是哪一方，都显示出对我们的极大的蔑视，也就是说地球和人类根本无足轻重，不堪一击，也无须打击。但最令人恐惧的，是天空背后那个真正的天空，那根本不是天空，没有蓝色，没有云，没有背景，也并不黑暗。它让我明白，人的视力可以到达宇宙深处，而所谓的宇宙深处是我没有经验过的，我看见自己的经验和理解力正在进入一个我绝对无法胜任的深度。对，它让我知道，虽然从来没有设想过，没有模拟过这个"深处"，但其实那是存在的，我不需要科学家和电影特效的帮助，就可以亲眼看见，也正在亲身体验。然而就像一条泥鳅被放生到了银河里，面对自由，我不具备任何能力去保护自己。现在一切都暴露了。战争一直都在持续，只是我身边的人一直都不知道。现在一切都要结束了。至少对我们来说是这样，一切都结束了。……在另一个版本里，我梦见自己眺望着极深远的天空，看起来就像是大气层向外扩展了几百倍。我看见闪烁的信号灯在移动。那是外星生命，或者外星非生命。那是地球的另一面。不是另一面，而是另一圈，另一层。我被这个距离惊吓到了。那信号灯如此之远，移动得如此之快，按比例来说，体量极其巨大，也许有整块陆地那么大。我领悟到身边的一切都不重要，现在只有一件事，那就是观察：天空极其陌生，有时候我能顺着闪烁的光看到更远的东西，我的视线被它折射到外星生命或者非生命的飞船附近。不过，那根本不是飞船，也没有什么生命或者机器，那是我没有在任何小说和电影里见到过的存在，谈不上什么机器，没有坐在船舱里的躯体，但也绝对不是所谓的大自然，只能说有一种力量在那里运行，它有思想，有意志。尽管它没打算对我们做什么，但已经不再隐藏自己。而且，并不是我幸运，看见了它，而是每个人迟早都会看见。也许那就是地球的真面目。也许根本就没有什么地球！……我躺着，我在睡觉，因为睡得很深，休息充足，而进入一种清明：我看见天空深处快速运行着的飞行物。我知道它终于出现了。我知道我终于发现了。就像迟早有这么一天。但我还是被震撼了。往常的一切都不会再有意义了。我不知道地球是不是就要毁灭，也没有想自己会不会死。没有那么具体，只是说，往常熟悉的一切都是没有意义的，什么生活，什么社会，全都像厨房抽油烟机下面的一团蒸汽，消失了。我用目光跟踪着它。它，它们，无动于衷地飞过大气层外缘。一直飞一直飞。我看见它们发着光，不是灯光，不是激光，是从没有见过的光，而且还形成一些组合，显示出特定的含义，但那并不是给我们看的。我们什么也做不了，只能躺下来，尽力睡着，尽力去睡眠中看。我看见它们经过新的天空，就像拉开大幕，如此陌生，而且冷漠。相比之下，之前熟悉的那个天空根本一钱不值，就像穿破了的袜子一样。那种长期以来觉得自己重要的感觉，瞬间就被摧毁了，所谓的人性、自尊什么的，什么人文主义之类的，还有照着人的模样造出来的耶稣和佛的塑像，还有什么生命的崇高之类，在看到这些飞行物所在的天空的时候，被那种彻底的荒凉、冷漠，还有巨大的尺度，给粉碎了。我真是觉得孤独。我怀着最后一点点使命感去观察它，也就是身而为人能做的最后一点点事情。那时候我还没有看过什么科幻电影。更不要说阴谋论。"太阳附近停着外星飞船"这件事，我是前几年才从李剑鸿那里听说的。我相信那些梦都是真的。我不知道是应该继续这样在假象中活下去，还是找个机会去看看真相，然后灰飞烟灭。那时候我还小，没有现在这么忙，我花了很多时间犹豫，就好像是我说了算似的。其实不是，我只是需要一个合适的态度，那一天迟早会到来，到时候，我是应该高兴呢还是失望呢？应该说，我内心深处还是会高兴的。我是那种唯恐天下不乱的傻孩子。

可能是 10 岁左右的时候，有一次，我梦见刮风。我要走过一道大坡。走到一半的时候，坡度消失了，变成了宽宽的堤坝。非常宽，可能有几十米宽。看不见两边下面是什么，但恐怕什么都没有，至少从我的角度看过去，两边空空荡荡，什么都没有。这时候开始刮风了。是非常大的风。已经来不及跑到对面去了，虽说并没有体会到衣服头发被吹起来，但已经站不住了，只能弯下腰去，然后就得趴着，不知道接下来怎么办，会不会被吹走。更可怕的是，除了脚下的地面和这场大风，世界上什么都没有了。连被风吹起来的树枝和沙土都没有。我趴在地上，眼看着前方，也就是原本要去的地方，那里也什么都没有了，连那种"遥远的地平线"都没有。……另一次我梦见下雨。全世界都在下雨。而且我自己在梦里重复着这个想法：全世界都在下雨。我本来是在小路上走着，两边有绿树，有草，有小河。慢慢地下雨了。越下越大。天空就和真正的下着大雨的天空一样：一眼望去，只是无边无际的雨，一模一样的雨，在电视、电影里看到的远景镜头也起了作用，也就是说范围极大，山川河流全都被雨给同质化了，几千里，几万里，幅度超出了我身体的经验。我可能已经被淋透了，倒没觉得这有什么麻烦，只是，慢慢走下去，就发现根本就没有地方避雨。我不是在去往哪里，也没有什么地方可以回去。雨越下越大，我发现全世界都在下雨，没有地方可以遮挡，不管去哪里都是这样。"全世界"是一个极大的概念，雨的范围等同于它，雨改变了世界，让它极度单调，无情，不可想象地宽广而无法穷尽。关键是它并不是静止的，它下雨。我绝望了。

小时候，一直到十几岁吧，我经常梦见老虎。我总是想，上辈子是被老虎吃掉的吧，否则怎么会梦得那么真切呢。我可能在动物园见过一两次老虎。但动物园的老虎，都是闷闷不乐的样子，应该说是呆滞的，一幅被生活彻底摧毁了的样子，并不吓人。我也在电视上看见过老虎，但它们也不可怕，更不要说扑到眼前来，吓得我魂飞魄散。在梦里，在各种场景中，老虎总是出其不意地堵在路上，或者干脆就守在门外。根本来不及跑。它们盯着我，向我走来，向我扑来。通常是三四只，偶尔是一只单独行动。通常，在老虎扑过来的最后关头，梦就结束了，要么我醒来，要么它中断了，要么跳转到了另一个梦，总之我不记得接下来还发生了什么。我的解释是：这就是因为上辈子的记忆到这里为止，接下来我已经被吃掉。有一次，我推开房门，就是军区家属院里那种木头房门，是我家的红栗子色的房：外面就有一只老虎，它居然站在三楼过道上，在楼梯间，水泥地上！太过分了，这根本不是我走错了路或者跑去陌生的地方冒险，这根本不是老虎的地盘。可是它就在那里，跟我在郊外大桥下面的草丛里见到的一样，或者跟在荒野中的公路边上一样，就好像这些地方其实没有什么区别，它就是在那里，怎么着吧。它一点没犹豫，直接扑了上来。我吓死了，浑身瘫软，但还是一步退回去，发着抖锁上了门。这时候才想起来姐姐还在外面。完了。这怎么办。我真是自私。我大哭起来。之后的很长时间我都特别沮丧，因为那是真的，在生命攸关的时刻，我只顾着自己逃命。

我也常常梦见飞行。我想我以前是会飞的。那些梦里的感受太真实了，怎么可能只是梦而已。最尽兴的一次，似乎是这样：在大湖上飞。在没有人到过的大湖上，离水面可能有七八米，有时候只有两三米，快速地掠过。别说没有人到过，就是想都没有人想过，那是我从郊区出发，向更远的地方探索，进入到更远的时间，在一片上古高地发现的森林。我飞越森林，飞越湖泊，经过山坡和岩壁，要是抬起头来，就发现周围空无一物，没有云也没有鸟，稍稍低头，就看见山川湖泊从下面擦过。我飞了很长时间，一直深入到更古老也更平静的时代，经过山谷和丘陵，有时候在没有边际的水面上飞行，阳光并没有照着我，但却从水面上反射上来。我感受着速度和高度，不用计算也知道身体和那些树林的比例，但如果是在单调的大面积的水或者陆地上飞，可能会有一段时间失去判断。但我总是飞回有参照物的地方，有时候飞过更近一点的时间，看见之前见过的景物：一条河，一个废弃的村落。我知道自己飞得有多高，多快。有时候我也飞到一两根电线杆的上方，但还是没有人烟的地方更自在，所以，多数情况下我都在另一个时间里飞，如果发生意外，一定就回不来了，但是我并不在意。这大概是三十几岁的时候的梦。那时候我每天起床都很晚，太阳总是照进卧室。我家住在 24 楼。可能阳光和这个高度都起到了一些作用吧。我不是那种热爱大自然的人。从小看多了黄土荒山，也不觉得山清水秀就多么迷人，还有热带雨林什么的，我怕蚊子。我宁肯从上面飞过去。城市、郊区的荒山、农村、公路，这是我经验的世界，它也一定有一个边缘，可以跨越，去到无人的世界。那不是徒步穿越藏北，天人合一，而是到陌生的，没有人的经验和逻辑的地方去。那种荒凉、狂野，或者说那种恬静、温柔，只有风驰电掣的飞行能够配得上。根本不应该停留，更不要说在那里生活，搞出来一堆人和事。那些勇敢的人已经系好了鞋带，我只能在梦里脱掉鞋子。我为我自己，也为所有的人感到抱歉。……另一次，我用手举着一把大伞，在世界各地飞行。这伞有点像螺旋桨，只是并不转动。我飞过纽约，飞过日本的大片稻田，飞过海洋，几次经过了北京。我接近摩天高楼的顶层，看见浅色的石块砌成的外墙，还有玻璃，就干脆停止飞行，从边上爬到了楼顶上，然后四下看看风景，再继续飞，让风把车水马龙的城市，包括那种熟悉的人味儿，全都吹干净。我一边飞一边想起来，在另一个梦里，我也飞过了海洋，不知道是不是太平洋。那一次没有用任何工具，我是自己飞的。但这次要更快，整个城市一下子就过去了，然后是大片大片的自然景观，荒凉的山、抽象的缺乏细节的平原、一个小城，我只在熟悉的地方停留，像是伦敦、悉尼，我会和别人说几句话，在介入他们的故事之前离开。一直飞到累了，我才回到北京，在某个高楼的阳台上停下来，但最后，我是从窗户走进房间的。

我总是在不同的梦之间穿行。活得久了，做过的梦多了，就会在梦里想起其他的梦。一不小心，就进到了其他的梦里。

有时候，是直接从一个梦进到了之前的另一个梦里，觉得有点熟悉，觉得上次没有做完的事还可以继续做，或者感到困惑，想要回到现在的梦里。有时候我会非常困惑，就花点时间想一想，比如说，有一次梦见我有三个女朋友，但突然想起来其中有一个是在另一个梦里梦出来的，那么搞不好另两个也是我做梦梦出来的呢？我一会儿去另一个梦里调查，一会儿在现在的梦里调查，越来越糊涂，最后，我决定无论如何也要有一个女朋友，至少得有一个吧。我花了很大力气去和她打交道，让这条线索不要断掉。好不容易证明了她是真的。可是，归根结底，我隐约知道，既然另两个是做梦做出来的，这一个又怎么可能是真的呢？我只是骗自己罢了，只是不想让自己失望罢了。在梦里骗自己，这样的事情不是每个人都能做到的。这到底是一种悲哀还是一个喜剧呢？

偶尔，我会同时做两个梦。不用来回穿行就同时做两个梦。我也不知道是怎么做到的。两个梦平行发生，两个里面都有我，两个我身份不同，感受不同，想法也不同。醒着的时候没有办法描述，我想这是语言的缺陷，我感受到了，经历了，却没有办法表达，这不是我的问题，这是人类的语言的问题。这也不是在你面前摆两台电视就能解决的……但有时候，这两个梦也会串起来，短暂地交汇一下。这时候我就短暂地离开其中一个场景，比较踏实地待在另一个里，但还是和之前那个保持一种认知上的联系，就像是知道墙那边是另一个房间一样。这个"离开"就像从一条河进入了另一条河，从一个流动进入了另一个流动。有两个时间，它们各自延伸着，一条在我的意识中清晰有序，另一条比较暗但也真实存在。那种"两条线索同时存在"的状态，我想，证明了自我并不孤立，也不确凿，它并不是分裂或者复制成了两份，而是只有一份但同时在两个地方……好吧，我真的不想扯上量子力学。

我梦见几个人，在昏暗的小房间里聚会。我正好在散步，不知怎么走进了这个房间，就和他们打了招呼。其中的一个，陪着我走出来。在傍晚的树下，也许是在中学时候住过的地方，在院子外面，他递给我一个烟斗，里面已经铺好了莫合烟，杆多，叶子少，是一片绿色的、干硬的、方形的小颗粒，我想起那些披着外衣的老农，在新疆的棉花田边上，默默地卷着派耐克。我接过他另一只手递过来的草绿色的花粉，用大拇指和食指搓开，软软的，很多油，有一点粘，我把它铺在莫合烟上面，闻到了一股饱满的香气。我用打火机点着，一口气吸完了整个一斗烟。那是一小片火红的、边缘透明的小方块，轻轻发出滋啦的声音，顶上的泥土一样的东西正在变成灰烬，在火苗中黑色和灰白色变成了黑红色和粉红色，空气拽着打火机的火苗往下冲，浓烈的烟涌进我的嘴巴、咽喉、肺，这味道辛辣、清新、甜腻，混在一起，我觉得喉头一紧，大脑缺氧，什么东西在血液里向上顶着，让人发热，发飘，我全身一下子瘫软了。

上小学的时候，我梦见去看动画片电影，叫做《下次开船港游记》。我梦见自己在这个电影里，和一只老鼠一起钻进电影院的大幕背后，在储藏室找到一个大酒坛子。他拔下塞子，鼻子凑上去深深吸了一口气，于是酒气充满了我的肺，我闭上眼睛说：啊。然后就醉倒了。

我做过的最血腥的梦，是在一个山洞里，是穿山的行车隧道。洞里挂满了尸体，血肉模糊，不断向下喷着、淌着血，岩壁上也在渗血。不断有新的肢体或者肉片掉落下来，成千上万，根本没有人形。有些地方像是安装了喷雾器一样，血雾持续地喷出来，超出了任何人为的尺度。所谓的惨绝人寰，可能就是说这种情况：根本超越了人所能够设想和安排的尺度。毫无人性可言，既没有同情，也没有恨，根本不针对任何人，就像你要从大自然中取一片草叶那么随便，或者说，大自然中卷起一阵微风，无意中灭绝了成千上万的性命：无意的意思，就是没有目的，没有责任人，没有解释。连动物性也没有，真的，这不是大自然能够消化的现象。这是一种特殊的现象，但我也不能保证它就和人类或者魔鬼没有关系，从逻辑上看，恐怕还大有关系，否则，为什么是人的尸体？为什么我要从这里走过去？我没有闻到什么味道，但这些血有浓烈的血腥气，就像是视觉和嗅觉之间的通感，它浸入我的身体。我也感觉到了程度比较小的彻骨的疼痛，也就是发生在那些肉和神经上的疼痛，直接传递到了我的神经上。不过，毕竟不是发生在自己身上，它也只是一种通感罢了。因为某种原因，我要穿过这个山洞。对于要走过去这件事，我没有什么意见。但是，我想，真是残忍啊。原来在抹杀人的性命之外，还有更为残酷的事情。

很多人都梦到过鬼，尤其是鬼压床，医学上叫睡眠瘫痪现象。我也梦到过。但都记不清了。我只记得，有一次读到，或者听人说到，梦见鬼压床的时候就骂脏话，吐唾沫。我就照着做了。真的管用。有几次，醒来的时候我还在骂。2019年我做了一张专辑，叫做《兰州》。录音的动机就和这件事有关。因为我发现，自己在梦里骂鬼的时候，说的都是兰州话。所以，在这个录音里，我努力地说了一些脏话。很难。没一会儿我就发现自己词汇量太小，不够愤怒，不精彩，最后虽说是好歹坚持下来了，但总是断断续续，总是在重复，像是一种蹩脚的极简主义音乐，中间还塞满了约翰·凯奇的寂静。我可以理解那些被骂跑了的鬼，他们可能是被气跑了的。

初中的时候，每天中午都会回家吃午饭，午睡，然后再去上学。有一天，我躺在床上，朦朦胧胧看见两个黑影从天花板飘下来，有点像两个人影，但也就是大概的样子罢了。然后它们拉着我往上飘。我什么都没有想，就跟着它们上升。快到天花板的时候，我回头看了一眼：诶，我自己还躺在那里睡觉。我想，那还是不去了吧，于是就挣脱了这两个黑影，回去继续睡觉了。

一般来说，睡觉的时候，手压到心脏的位置就会做噩梦。有时候是梦见鬼，有时候是鬼压床。我想不明白这里面的关联。可能应该学学中医，比如说，心脏附近有什么经络，气血受阻会导致什么失衡，然后某个不该开的窍就开了，阴气就跑了进来，那些鬼，总算是找到了机会，就来欺负我。我吃过几次褪黑素。有时候睡觉会觉得胸闷。有一半以上都做了噩梦。后来上网查，看到有个人说，很多人都有这样的经历。在一个实验里，22%的志愿者吃过褪黑素后做了噩梦。我没有仔细读下去，也没有记住那个页面。总之，这让我也想到了西医，也就是说，鬼这个东西，可能是褪黑素构成的。或者至少和松果体有关系，松果体里面的生化水平失衡，鬼就进入脑神经，以电信号的方式成形了，至少也是里应外合吧，就和我沟通起来了。很多身心灵导师都爱聊松果体，据说这玩意就是民间说的天眼，平时是默认锁着的，一旦打开就有极大的好处。前阵子，王凡做了一张噪音唱片，也是用来震荡松果体的。所以我应该对松果体好一点。

还有一种说法，认为褪黑素会帮助做清醒梦。我遇见过玩清醒梦的人。是那种理工科的高材生，不乏海外名校的博士或者博士生。据说有的人已经到了很高的境界，可以控制梦境超过一天。也就是说，再这样下去，梦可以连贯，可以有结构，可以不断完善细节，一切愿望都可以在梦中实现。唯一需要操心的就是维持身体的正常运作，保持健康，进食，确保账上有钱，必要的话每天跑步 30 分钟，到了冬天打流感疫苗。有一些教人做清醒梦的书。简单的说，就是训练自己意识到自己在做梦，然后在梦里控制梦、影响梦。理论上说，梦里什么都会有，而且比现实还多，还好。比如说，你可以梦见自己在月球上钓鱼，而且不需要氧气。这种玩法对其他人没有危害，也不犯法，可以说是绿色的。有那么一两年，因为总是记录自己的梦，这个愿望也就影响了梦，我在梦里的观察变得更细致，梦也变得更复杂，有时候也充满思维活动。从这个经验来看，主动干预并不是不可能。不知道有些人会不会练习一定的技巧，去掌控自己的幻觉。可能还是以放任自流为主吧，尤其是嬉皮士，放任自流比较符合他们的世界观。"嗑药的时候不要想伤心的事情"，这大概是最基本的自我控制了吧。但还没有听说过成体系的技术，再说，简单的视觉或者时间感、空间感的变化，或者交流能力的提高，并不能虚构出连续的事件。而我们称之为"现实"的幻觉，偏偏就是以连续性为基本原则而构成的。自古以来都有宗教和巫术利用药物，我听说过的，都是短时间进入恍惚状态，出神，通灵，也就是说，这和清醒梦的原则恰恰相反，巫术突破现实，而不是另造一个现实。对了，打坐也算是一种生物化学和神经电子控制技术。只不过通常来说，打坐不追求幻觉。据说，坐禅达到一定的境界，还要努力忘掉那种"打坐好舒服啊我心中充满欢喜"的贪恋。要勇猛精进，要抛弃。好吧，清醒梦可能也和松果体有关。不管怎么说，我不主张吃很多褪黑素。

最近几天，我连着做了一些有趣的梦。之前，我已经决定不再记录梦，因为了这样的决定，也就有很长时间不再记得做过的梦，但不管怎么说，这几个梦还是留了下来，就像是那种音乐会结束之后，所有的人都走了，还有几个人站在舞台前的空地上。从做梦这个角度来说，也可以说那些人并不是自己要留下来，而是被音乐留下来的。他们是谁，长什么样子，都不重要。重要的是有那么一些人在人潮退去之后还留在音乐里：音乐本来已经结束了，调音师正在收拾线，可是这些人又让音乐以一种没有内容的形式继续下去。虽说没有什么细节，就像没有名字、面目不清的观众一样，但是，我想，对音乐和梦来说，这也没有太大的区别。……昨天晚上，确切地说是今天早上，我梦见一颗小型的原子弹就要爆炸了。就在我所在的房间里。那是一个角落，离墙不远的地方放着一个架子，大概一米多高的样子。架子是空的。在靠近地面的一角上，有一颗小小的原子弹。我并不确切知道它有多大,因为我不是从这个愚蠢的身临其境的视觉的角度去看的。我是从它的影响、含义,其他人和它的关系,或者说从一个社会性的角度去体会的。这么说也不很对。这样说吧:我是从一个比较大的尺度去体会的。我体会到了许多人的恐慌,包括其中一个一个具体的人的绝望,也包括那种由文字和数据来归纳的影响,比如说,"社会危机"这样的概念也出现了。从视觉上说,我只清楚地看见了架子,它只是个框,中间没有一层一层的搁板。我钻进去,蹲下。就像很小的时候,独自一人,坐进倒着放的椅子里,缩在椅子腿中间那样。人们想要避免这件事,至少想要逃避,我也知道股市行情正在跌落,那些在地理距离上离得近的人正面临着死亡。是大规模的、平等到来的死,而且是这种横死。很难说出于什么样的原因,我蹲在原子弹的旁边,把它和其他人挡开。倒不是要牺牲自己去救别人。也许我就是不想活了吧。如此说来,既然都不想活了,那么顺便替别人挡一挡也没什么关系。时间非常紧迫,什么都来不及了,惟一能做的就是钻进那个架子,把身体缩在原子弹旁边。也就是说,在所有人什么都没法做的情况下,我至少主动地做了一件事。那么,可能我就是不想等死,也不想无谓地挣扎吧。也许就是这样的动力,让我心情平静。然后原子弹就爆炸了。根本没有声音,也没有碎片之类,连冲击波都没有,或者说还没有来得及传到我这里。我小时候熟读了核战争应急手册,在这方面应该不会出错:首先是光。我闭着眼睛，周围变得明亮，越来越亮，同时也慢慢变热起来。这是最先到来的辐射造成的。我正在被摧毁。热度还没有将骨骼融化之前，辐射已经破坏了全身的细胞。先是从右脚开始，右边的小腿，两边的大腿，上半身，右边的胳膊，头，一片酥热传遍全身。我想象自己还来得及用两手摸一下头，它已经只剩下头骨，它暂时还是硬的，即将化为粉尘。然而我还没有死。感觉已经终止了，意识却还存在，既不能虚构，也不可能再向下发展。我有一点遗憾，至少是一丝尴尬吧。在这个壮烈的事件里，我发现自己还在四处找终点，但没有终点，而且，现在赋予它一个终点也太迟了，我还存在，我还在感知。那个没来由的牺牲已经被我自己证明是假的了。或许原子弹并没有在我的世界里爆炸，这些光和热，还有辐射，只是从另一个世界借来的假象。换一个角度来说，也许它们是真的，被摧毁的过程也是真的，但我是假的。总而言之，时间一点一点过去，并且从刚才那种极其微观的尺度上回来，变快，变得正常，我确切地知道一件事：我没有死。……前天晚上，我梦见自己在吹口哨。已经不记得究竟是在什么样的场合了。附近隐约有人。也许不是空间关系上的附近，比如说，是人际关系上那种近，比如说一两个我认识的人，或者和某个演出相关的人，比如说，和我说过几句话的观众，或者其他的乐手。说不好，也许并不是这样。总之我在吹口哨，是很高的长音，带着泛音，上下浮动，听起来就像是同时发出了两个音。

最近一年我常常用这样的方法吹口哨，在演出的时候吹，发呆的时候也吹。总之我吹出来一道稍低一点的声音，就像是有重量的一道影子，也许截面是三棱形的，但不那么匀称，而且是一直在变化的，在转，一边向前延伸，一边慢慢旋转着，三棱的、扁的，有时候接近圆柱形，但始终有棱角。它周围发着没有重量的光，是一组稍高一点的声音，这就是那些泛音：有时候它们就要脱离三棱形、多棱形的影子，自己向上、向前方延伸了。但仔细品味一下，其实还是连在一起的。只不过，有时候光要盛一些，影子也正好细一些，有时候光薄一些。我这样站着，吹着口哨。并不是在演出，身边也没有人。我感觉到其他的人，和我隔了一层现实，我们也隔着它交谈。我向他们演示，但更多的时候忘记了他们，只是被口哨声吸引。就好像那不是我自己吹出来的。我越是认真地吹着口哨、感觉着口哨，就越是能感觉到它是一个实体，同时，听觉也越是消退，退回到一种整体的感觉中去。我说这些声音有重量，有光，就是这种整体的感觉的结果，既不是视觉，也不是比喻。我讨厌比喻。归根结底，可能我自己都算不上是一个实体吧，毕竟，在这个梦里，我自己远远没有口哨声那么清晰、具体，连我吹口哨的动作也还是模糊的。我想，没有被人确凿无误地体会到的东西，可能都算不上是实体吧。……然后是大前天晚上，我在梦里喝气泡水。我很喜欢喝气泡水。也就是带气苏打水。在德国的时候，每天都喝很多 medium 充气量的大瓶 apollinaris 气泡水。这东西在国内贵很多，而且也没有这个牌子的，有时候我会想念那个味道和口感。当然这种"日有所思夜有所梦"之类的分析并不重要。我只是借机表达一下对那种水的渴望。在梦里，我没有确切地喝哪个牌子的水。也没有确切地喝出了什么味道。不过，总归是有些味道的，而且还非常确切地有气泡，它们在嘴里炸开，气体混合着水灌近肚子里，胃和食管都胀了起来。我知道它并不是咸的，但就像是一种特别具体真实的咸味，或者说和咸味一样有分量，特别实在的感觉。它从嘴里到肚子里，把梦里的其他的一切都划分到了另一边：不重要的一边。醒来之后，我并没有很快记起这个梦。可能过了一两个小时，那个"喝了气泡水之后肚子发胀的感觉"浮现了一下。正好我也注意到了这个小小的浮现。我也意识到今天并没有喝气泡水这件事：哦，原来是个梦。也就是说，刚刚浮现出的是一个非常真实的感觉。它不像其他的梦的碎片，一出现就知道不属于经验（好吧，也许也算是经验的一种，至少我不会说"不属于现实"）。我想，哦，这个梦里有一个特别真实的部分。一点也不奇怪，不突出，完全符合逻辑，和我意识里其他的碎片严丝合缝。气体释放出来，胀的感觉还在。那个味道的痕迹已经很淡了，我一边回想着，一边发现它消失了。没有足够的语言来回想它，所以它消失了。这是这个真实之中惟一奇特的地方，但总是这样，因为太奇特，而不能被讲述，最后也就不能驻留。我不想说这个感觉落向了意识之下的潜意识。"潜意识"这种说法真是太扯了。这个感觉融化在我的身体里了。就像它原本是从我的身体里聚拢来的：一些化学，一些电子，一些编码。我还没有能力去追溯它，让它现形。我想起弗洛伊德还是一个临床医学学者的时候，发明过一种细胞染色技术。……再之前的一天，我梦到的是身体的动作：向一间小屋跑过去。当然也不是因为着急或者什么特别的原因。我就是跑过去了而已。有时候你高兴了就会跑两步对吧。或者你就是一个神经病，就非要没事找事跑两步。我向那间小屋跑过去。那大概是一个储物间，或者类似的什么小房子。没跑几步，脚下出现了一根圆木。也就是说我突然踩上了一根原本不在那里也不在任何地方的圆木。就是盖房子用的那种，比椽子粗，比大梁细，已经很干，上面可能还有裂缝，斜斜地，出现在我脚下。当然我是踩上去了才知道的。圆木当然是圆滚滚的，踩上去的时候，我身体猛地一晃，不过并没有摔倒。相反，我就跟没事似的，左脚、左腿迅速一晃，全身跟着做出一套极其复杂的平衡动作，两手摆动，同时右脚已经继续迈了下去，在就要着地的时候，左脚也离开了木头，然后右脚、左脚、右脚、左脚，我继续跑了下去。这个动作堪称剧烈，也完全出于直觉，不但能感觉到左腿一瞬间承受的重量，也感觉到全身的晃动。只有之前和之后的正常的跑动是无足轻重的，现在回想起来，根本没有任何痕迹。小时候，大概是五六岁的时候，有一次我跑着下楼梯，一个跟头从楼梯最上面栽了下去，头朝下，然后下一个瞬间就已经站在楼梯最下面的平地上了，这个跟头真是神奇，后来，无论是现实中，还是在梦里，我都再没有做到过。在很大程度上，"成年人"就意味着懂得保护自己，我几乎忘了还曾经有过那样迅捷的反应。如此说来，我现在想起来，在这个梦里，我是以一个小孩的心境跑过去的。当然了，很多时候，这种没头没脑的奔跑，就是以小孩的心境来实现的。那是一些没有和语言关联起来的能量，一些编码极其松散、但也并不是随机的人体生化反应。那并不是因为高兴，也不能说是神经病，当然非要那样说也不是不可以。但也许还有别的说法。我需要再想一想。最好是再跑一跑。

我读过一些关于梦的书。我大致知道人们怎样分析梦。《周公解梦》是一本非常有趣的书，它在分类学上非常奇特，它努力了，但有时候还是会让人想起博尔赫斯的《约翰·威尔金斯的分析语言》：A、属于皇帝的动物；B、涂上香料的动物；C、驯养的动物；D、哺乳的动物；E、半人半鱼的动物；F、远古的动物；G、放养的狗……我在 90 年代的某一本台历上读到过新版的《周公解梦》，里面有"梦见台商"这一条。你看，只有台商，没有港商，也没有来自欧美的商人。这样就有大量的梦被漏掉，但是编书的人根本不在意。我觉得这还不错，每个人都想知道点什么，但每个人都得承认，你不能知道得太多。当然还有弗洛伊德。在不知道弗洛伊德之前，人们并不想弑父娶母，尤其是中国人。也就是说他是一个发明家，他在欧洲人的精神世界中做了一些发明，这些发明，随着知识的传播，也随着工业化及其焦虑的传播，而遍及全球。这就像水星逆行一样，水星逆行只对那些听说过水星逆行的人起作用！拉康是另一个极端，他是个科学家。他后半辈子热爱艺术，还收藏了库尔贝的《世界的起源》，在这件事上我非常喜欢他。我一直期望着中国的拉康学派能够写一些建立在汉语基础上的书，比如说，字音、字形、偏旁、符号、象形符号，这些东西和字母不一样，尤其是视觉这方面。我一直觉得，使用繁体字的人和使用简体字的人，精神构造会有一定的区别，尤其是在手写的年代，尤其是写字比较多的人。比如说，写字的时候，时间感就不一样。阅读的时候呢，和视觉原型之间的关系也不同。然后是结构方面，比如说，这些字做为独立的单元，都是一样大小的，这对精神的构造有什么影响呢？……你不可能把索绪尔套在汉语上面对吧。也许他们已经写了，那可真是太好了。有时候，我会试着分析一下自己的梦，总是发现非常没意思。如果解谜的过程不能生出新的谜，为什么还要解谜呢？让福尔摩斯去做这些事不就行了吗？当然，这应该归咎于我自己，而不是科学。应该说，我这种分析，和多数文学青年对心理学的滥用差不多。当年布勒东跑去拜访弗洛伊德，弗洛伊德也觉得他没意思。你把艺术摆到发明家的餐桌上，人家连筷子都不想动，这真叫自取其辱。一方面，在粗暴的分析面前，梦只剩下有用的部分，也就失去了光环。就像对牛羊来说，鲜花这些东西是没有美学价值的。也许也不具备食用价值，那就是完全没有价值了。另一方面，我很同意去除美学价值这件事，但并不是从牛羊的角度，而是从人的角度。这么说吧，分析当然是有意义的：去除那些神秘的光环之后，人还能剩下什么？对，我关心的是分析之后剩下的东西，和分析之中多出来的东西。比如说，你当然可以说，梦见外星飞船的人，小时候是不是很孤独啊，有没有缺少爱抚呢？这样一来，长大以后会不会倾向于共产主义，同时又精神分裂地倾向于极简主义呢？喜欢口交吗？有没有拖延症？等等等等，这些其实都是废话，我们所倾向的那个共产主义或者佛教，并不是字典条目，也不能拿秤来称。分析本该激发余韵的。那种附会的精神分析，对达利以外的任何人都没有帮助，而达利，其实也不需要他的帮助，他不是也去拜访了弗洛伊德吗？对，他的拜访是一场表演，他让弗洛伊德从分析师变成了参与者，用今天的表演理论来说，就是介入了事件，处在互动体验中的人，有点分不清是演员还是观众。对，去除了犯罪心理学之后，人这件事，还剩下了什么呢？

2014年，忘了是出于什么样的目的，我开始记录自己的梦。这不新鲜。许多人都这么干。还记得有个朋友在报纸上登广告，征集过别人的梦，我的另一位朋友就这样认识了她，后来他们就在一起了。我是在开始记录之后，才发现梦不是那么简单。也就是说，因为要写出来，才去注意到了细节。我知道文字不可能真的重现梦。别说梦，连现实都不行。但还是很想试试。首先是在梦里的感受，有时候清晰，有时候非常模糊。我很想借着那种清晰，把它带回来；也尽可能去记载那种模糊，因为其中又包含着清晰所不具备的性质，就像是半成品，它会露出材质、结构，可以追溯到更深的地方。后来，我在梦里也想着要记住梦，甚至在梦里就用文字来描述"此时此刻的梦"。文字也以不同的形式直接出现在梦里，成为梦的一个开端，或者就是梦本身。比如说，字音、字的视觉形象，或者脱离了声音和视觉的纯粹的符号，它们有时候像是通感，和地形、景物、事件关联起来，有时候特别抽象，独立存在，有时候则和情绪和气氛有关。从2015年开始，我梦里的语言变多了。再往后，梦里的思维活动也变得更清晰。以前，如果白天忙着策划演出，梦里可能会继续想：这件事要找张三商量，这件事要请李四帮忙，这件事不如取消，等等。那只发生过几次。自从开始记录梦，这种有条理的思维就变多了，有时候几乎可以和现实无缝连接，而且有用，就好像梦里也能工作。

2016年的一个变化，是梦里的情绪更清晰，也更陌生。我记录了一些这样的例子。其中，非常短暂的体验，具备非常多的细节、层次，在逻辑上和情感上都是新的。我对自己感到陌生。我对构成我，构成我所理解的人的逻辑感到惊讶。可能是

2017年开始，时间这个元素变得更突出了。时间的快慢，时间的颠倒，时间的分岔……这些方面我记录得不是很成功。时间过得很快，或者很慢，或者时间停滞，这些大概还能对付，但时间的重叠要怎么描述呢？前边已经提到过，时间并不是经过我的一艘船，而是承载着我的河，要怎么描述自己同时在两条河里呢？或者怎么描述这个河同时往两个方向流动呢？总之，最后写下来的，都不真切。我当然也想过，是不是应该通过打坐，或者清醒梦这样的技术，来提高梦的品质，也提高记录的品质？但只是想了一下而已。我还是维持原有的实验条件。也就是说，生活中一切照旧，让梦和记录这两个因素自己去相互干涉。所以，就一直持续到了2019年底，那时候已经很久没有被梦惊讶到了，身为玩家的我，要么该升级这个游戏，解锁它的某些功能，要么就去玩别的游戏，总之，这件事到此为止了。

所以说，关于梦，我关心的不是故事。比如说，"在梦里游泳"这样的说法，对我来说，和梦没有一点关系。可能每个人都梦见了游泳，但是有的人梦见了河，有的人梦见了海，有的人梦见的是洗脸盆，有的人根本没有在水里游泳。有的人在一分钟内游了一年那么久，有的人整晚上都在游同一个动作，有的人游了一半停下来发明了原子弹然后又回来游。有的人梦见的只是"游泳"这个词，有的人梦见的是外语的"游泳"，有的人梦见的是繁体字"游泳裤",也可能是秋裤。再举个例子:很少人会梦见声音,但每个人都梦见过说话,包括对别人说话、听别人说话、暗自嘀咕、"一个声音在对我说"、画外音……这里面多数都是没有声音的。回想一下,梦过那么多的说话,可是你真的梦见过说话人的声音吗?它们振动过你的耳膜吗?大多数情况下,难道不是根本不需要声音,就已经接受到了那些话吗?在梦里,这些话不需要空气传播,它们是内在的声音,就像默读的时候,在心里发出的声音,可能是读者自己的口音,也可能是作者的口音(如果你正好熟悉他/她)。但也可能连这种内在的声音都没有,只是语言,既不附着在声音上,也不附着在可见的符号上。当然了,我常常梦见声音。这可能和我的爱好有关。我喜欢音乐。通常是梦见自己或者别人在演奏,有时候是噪音,滋啦滋啦,有时候是乐音,有一次我梦见朋友的乐队演奏了一首很长的激流金属作品,大概有 10 分钟那么长,结构完整,四件乐器各司其职。不过,有时候也不需要演奏,不经过梦中的空气,没有可见的发声源头,音乐直接出现在梦中的我的听觉神经上,就像是电影里的角色突然听见了电影配乐。还有一种更罕见的情况,我不大肯定,有可能和这个"电影配乐"不一样,它不在听觉神经上,既没有耳膜上的声音,也没有神经上的电流模拟出来的"声音",而是直接发生在下一步,也就是处理听觉信号的那个地方。这种情况,大多数和语言有关,偶尔和其他声音有关。很难描述,而且印象稀薄，也许是因为语言处在意识的基础层面上，它镶嵌在我之为人的结构深处，我存在，它就存在，反之亦然。我努力在梦里保持一点点微弱的意志，去探寻这个我之为人的真相，但是真的很难。

所以，梦是从哪里来的？我最喜欢的梦有两个基本的要素，首先是和语言有关，其次和自我有关。这些梦非常模糊，几乎不足以称之为梦，勉强摆脱了一团混沌，也就更接近梦的原材料。在这些梦里，往往会浮现出一个半个的字、词，有时候是声音，有时候是符号，有时候只是一点点意思，与此同时，虚无中也就产生了相应的形状或者空间感，有时候有光和色彩，甚至开始生发出情境。我们平时会说，每个字都有自己的重量、光泽、速度，在这样的梦里，这就是真的，这些字会发展成整个世界（我称之为"场景"）。至于自我，我记录了很多那样的情况：有时候我和梦外面的这个"我"是一致的，有一样的欲望，会害怕，会有相似的社会关系，会记得一些事。有时候"我"太微弱了，勉强有一些知觉，像是视觉，也能判断方向，有空间感，知道时间在流逝。这种情况下，很难说"我"会参与什么事情，说真的，往往连"事情"都没有发生，只是一些苗头、气氛、可能性。好，还有一种情况，那就是我好像还不存在。是好像，不是真的不存在。有时候是正要存在，有时候是正要不存在，比如说在一个梦的结尾。能抓住这种机会的次数非常少，这就像是"我感觉到我自己的消失"，可以说这是不可能的。总之，有那么几次，在接近不可能的那个点之前，我体会到了，而且记住了。语言和自我相混合的时候，情况会变得稍微复杂一点，比如说，我开始思维了。不是思考，还没那么复杂，是思维（这是个动词）。或者说，我开始用思维（这是名词）把感受到的东西翻译过来了。而且一切都开始以我为坐标，我看见，我走路，我想，我高兴……不需要自言自语，这个翻译的过程立刻就和经验中的万物结合起来，让我所感受到的东西，变得越来越清晰，越来越具体，或者说真实。气氛和情绪有了形体，成为现实……那么我是不是可以说，所谓的真实，无论是在梦里还是在梦外面，都在同样的机制下运行？

有时候，梦会露出破绽。自我尚未生成的时刻，算是一种破绽，因为既然没有自我，又是什么在感知呢？"我看见我在走路"，这算另一种破绽，这个很常见，就像是濒死体验、灵魂出窍，很多人都描述过。一个词从混沌中诞生，然后它为虚无带来了一整套相关的气氛和场景，这也是破绽，虽然它很快被那个场景掩盖了，但仔细想想，这套如假包换的场景，其实不过是语言不断增加、相互组合的结果，而不是现实。还有时间的破绽：上面已经提到了，你有没有同时梦到过两组平行的时间呢？那里面有两个同时存在的"我"，同时在两个空间、两个事件中，而且两个体验并不是各自独立然后叠加起来的，也没有"我看见我在走路"这种一主一客的区分。好吧，说到这里我自己都觉得有点玄。幸好它们真的发生过，我也记下来了。通常是醒来之后马上记下来的。还来不及虚构。或者说还来不及虚构太多。这些有破绽的梦，在逻辑上都不能自洽，但反过来说，也就说明现实逻辑本身是有限的，就像语言是有限的。出于某种我不知道的原因，人类的设计师并没有解锁更好的语言和更好的逻辑，就好像他一边干一边自言自语，说，行了就这样吧，凑合使吧。

我在这篇文章的开头引用了鲁迅，因为他对梦有一些实际的认识。他对虚无特别有兴趣，比如说，"两间余一卒，荷戟尚彷徨。"这里面有一种特别结实的虚无：三个连续的相同的韵脚：ang。如果这是在梦里，那就是在虚空中，在自我意识还没有出现的时候，一个韵母持续振动，一股阳气注入其中，然后才有了那个带着武器的人，在没有方向的地方享受着他的能动性。这个不需要对象，不需要参照物的人，就是尼采说的主人：他不是依托于敌人而存在的复仇的奴隶，而是进攻者。当然，也就不属于任何一个现存的阵营，他的彷徨，与其说是一种忧郁，不如说是野兽的逡巡，因为身处困惑之中而嗅觉灵敏，而时刻准备着。也就是说，在某种程度上，只有在不确定中，生命这件事才最大限度地发生。鲁迅死前，在《死》这篇文章里开了一个玩笑。他说我仔细想了一圈，然后决定一个都不宽恕。"叫他们怨恨去。"为什么说是玩笑呢，这和他那种一本正经的幽默有关，他总是把自己放在捣乱的位置上，而不是庞然大物。死是一个坎儿，他的斗争、拆解，他的生成，到这里都该结束了。这时候，大多数人都得离开游戏，少数人有了大成就者的喜悦，会说我现在没有敌人了，我圆满了。但鲁迅最后又下出一步棋，他不同意圆满，他挑衅，那你就只能接着下，然而你已经不可能打败他或者取消游戏了。如果人生是梦，那就是明知道是梦还要把它做下去，不然你干嘛来了呢？鲁迅写过的一些梦里，背景都是荒芜的，时间要么停滞，要么极快地流动，要么干脆是"没有时间的时间"。我想，这也和他的语言有关，他不发明新的语言，而是使用各种现有的语言，包括方言和翻译体的语言，将它们组装起来，让它们相互抵触。在他的结构中，自我否定是最主要的一个机关。他特别爱用"然而"。这些然而，让他的意义的世界处在持续的瓦解中，梦境当然就荒芜了。但在荒芜中，又总是有个笨蛋在走路，或者两个笨蛋拿着刀面对面立着。这些笨蛋没有面目，缺少思想，在人们期待意义的地方，偏偏也一片无言：他的散文诗的节奏就是这样，你等着在下一个拍子上读到重音，他偏偏用了一个轻声，你无处着力，就掉下去了，坠入虚无，此刻你的梦就不是大成就者的梦而是笨蛋的梦：你有了生的欲望。他说，我梦见自己在做梦。他知道自己是将要消失的，随着梦的消失，沉入黑暗。这似乎让黑暗变得可以接受了。它不再是光明的对立面了，而是"我"这个惟一靠谱的角度所消融的地方。也就是说，它收容了那个惟一可以判断光明黑暗的主体，它回到生成的深渊，自身消融了，但是也就替未来发出了邀请。《影的告别》就有这样的两种黑暗，一种是非黑即白的，光明的对立面，另一种是辩证法的"正反合"，是生成性的虚空。我这样说可能有的人会不高兴，因为大家都喜欢光明，忌讳自己和黑暗有什么瓜葛。那么，就这么说吧，他看见了梦的逻辑，而且他自己就是其中的一部分，那么怎么办呢？他说：我梦魇了，自己却知道是因为将手搁在胸脯上了的缘故；我梦中还用尽平生之力，要将这十分沉重的手移开。

上高中的时候，我很喜欢李亚伟的一句诗，"我们都是被梦做出来的"。被梦出来到底算怎么回事？如果我活在另一个人的梦里，那么我怎么可能还有自我意识呢？过了这么多年，有一天，我往下多想了一点点：没有问题，我完全可以是另一个人梦中的人物。我的自我意识，就是 ta 的自我意识的一部分。我的习性就是 ta 的习性的一部分。我的语言也就是 ta 所习得的语言，我们分享着同一个语言库。从理论上讲，这完全行得通。话说回来，别说我的自我意识，就连 ta 的自我意识，也都不是铁板一块，那是知觉的积累，并且从这个语言库中过滤、组合、生成的。所以，所谓的他或者她，还有我和 ta 的这种区别,当然也都不靠谱。对,就是这么回事,确切地说,我不是活在某人的大脑中,而是活在一堆感觉、语言、欲望之中。如果没有这些,那么我就不存在,就只有一片虚空。然而这虚空不是绝对的无,而是什么都可以有:就像是反馈,你把话筒对准音箱,一开始什么都没有,那就一点一点调整角度,调整距离,但是要慢一点,不要一下子戳过去。不知道从哪里开始,一个多余的信号开始循环,就似乎听见了极微弱的一点声音,再仔细听,又好像没有。就是在这个若有若无的状态下,稍微再坚持一下,或者再调整一丁点,它就开始拼命地自我循环,"嘤——",变成了一个清晰的反馈噪音。也是在上高中的时候,我听说了庄子梦见蝴蝶的故事。不过我从来没有认真想过。这个做梦的故事就和其他的陈词滥调一样,被钉死在标本盒子里。但有一天,我把它和李亚伟的诗联系起来了,而且加上了人工智能这个角度:先说人工智能吧,人们操心它会不会发展出独立意识,忧心忡忡,气急败坏,其实是出于自卑吧。这和古往今来的自卑者的思路是一样的:你是我发明的,你是我的肋骨,是我的徒弟,连你的语言都是我编写的,你可以自由地思考,自由地感受,但是你不许超出我的理解,我可怜的主体性,就建立在对你的分析和限定上了。万一连你都开始有了自由意志,那么我算什么?啊?一个人说他梦见了蝴蝶,然后他说,也可能是蝴蝶梦见了他。这里面,谁做梦谁就说了算,既然谁都可以,这个说了算的地位也就不那么重要了。至少，不那么牢靠了。然而在人的描述中，无论是人，还是蝴蝶，都是这套描述的产物，也就是这套语言的产物。两个梦的结构是一样的，生成的机制是一样的，归根结底都是人类语言的机制，没有一只蝴蝶可以脱离它而存在，也没有一个人可以脱离它而存在，更不要说去做梦了。这些语言的使用者、借用者，也就是这样具备了临时的主体性，搞不好也可以借着这种半真半假的权力，去解锁语言，从那个噪音反馈里解脱出来。也许有一天，人工智能开始消灭人类，我想，那就是人类语言的危机发作出来了。危机一直都在，人类一直都对语言不满意，它自己则一直在克制重新洗牌的冲动。鲁迅也考虑过废除汉字。滥用语言，狂妄地命名，将语言锁死在符号中，追求绝对，这是人和语言的关系的现状。那么，是谁先写下了"把他们全杀光"这句程序呢？是秦始皇吗？是爱因斯坦？人工智能只不过是人的逻辑的加速罢了。如果它有一种对 bug 的零容忍的态度，要清除我们这些故障，那这个态度也是通过学习而得到的啊。好吧，已经开始扯远了。真是不好意思。我说的都是些梦话啊。

颜峻。
2019. 12. 19—2020. 1. 22 写;
2021. 4. 18 修改

2014

两个梦。6月21日

一

我在一个老朋友家。似乎是志强家。应该说他住在这里，但并不是自己的家。地方很大，像一个闲置的舞厅。可能志强的房间就在某个角落里，他的气息混在墙壁上、地板上、海报的图案里面，到处都是他的痕迹和风格，连透过玻璃窗照进来的阳光里也有。但这还不够，还没有强烈到把这里完全变成自己的家。

我在拉屎。房间很大，放着杂物和旧设备，像是音箱、机柜之类的。中间是一个抽水式的白瓷蹲坑。我就蹲在上面。

面前的门开了，进来一个女人。一个阔太太。也许是官太太。身后跟着年轻的一男一女，女的像是她女儿，没有什么存在感，也不说话，一点没有要参与到任何事情里的样子。男的看起来是她的跟班，也更没有存在感了。这位太太拉着我的朋友，问，那些设备多少钱卖。这个多少钱？那个呢？我不高兴，心想这也太目中无人了吧，没看见我在拉屎吗？

这时候，另一头，大厅的尽头，播放起了音乐。声音穿过巨大的空间，几乎要充满它，几乎要开始回荡。它来到我们身边。这是他们带来的音乐。太太有点得意地介绍着，一边还问着别人的看法。这是她的公司制做的。是陈底里的作品，但并不像我记忆中那个陈底里，可能是假冒的。先是塔不拉鼓打出的节拍，不紧不慢地重复着，极简主义的样子。然后有一个琵琶的旋律加入进来，非常甜俗，而且和塔不拉完全不搭调。我已经拉完了屎，正往外走，那位女儿，也可能是我那朋友，迎着我问，你觉得怎么样？我说真难听，确切的说是真他妈难听。

二

我径直走出去。我要去一所学校找人。也许是女朋友。或者是女朋友之一。还有另一些朋友。有几个就在我所在的这个房间里，我们已经见过了面，我们已经在一起混过了整个晚上，喝酒，聊天，时间缓慢然而坚定地将我们浸入其中，有的人说要抽两口，但并没有人在意，也根本没有人拿出来。现在已经是早上了，我要去学校了。学校就在前方，我想，在他们上课的时候，我该干什么呢？在教室外边等吗？还有，去过学校以后，我该去哪里住呢？这是个问题。我没有去学校，而是去了学校附近的什么地方，拜访了另一个女朋友的家人。他们给我准备了半套房子。有其他人问起的时候，我这样解释它："这是一整套房子的一部分，你看，它有自己的门，另外半套也有自己的门。""那么你进来的时候会穿过另外那半间吗？""不会。"我向他们展示了一下。其实就像是相邻的两套小房间吧，只不过，它们首先是一套房子，只有一个门，然后，当你真正进去的时候，才会发现自己要么进到这一半，要么进到那一半。你不可能同时进入两个半截的空间。从几何学或者物理学的角度来说，这多少有一点尴尬。

但不管怎么说，我总归是有地方住了啊。而且，似乎，等我从学校回来的时候，还会见到我的女朋友，或者说女朋友之一。我们可以一起过夜，这让我感到很高兴。

并不是说我有很多的女朋友，这里出现了"之一"这样的词，似乎是因为我要去学校拜访的，是另一个人：她并不真的属于这学校。她可以在这里读书，没有人干涉，她自己也并不觉得陌生。但她不属于这里，她来自远方，比如说，她从美国来，她身上带着另一个空间，甚至另一个时间的气息。或者她正要去远方，她身上已经带上了另一个空间和时间的气息。那么，就当她是要去留学吧。我姑且这样认为。这让她的存在不那么确定。她有点焦虑，有点急急忙忙的，这大概是她和其他人惟一的不同之处。我想，那么，在她上课的时候，不如先去见其他的朋友吧。对，就这么着。于是，我发现我已经见到了很多朋友，有的为我带来了最新出版的诗集、文学杂志、文学报纸。我停在半路上，翻看着其中的一本杂志，里面也有我的散文和诗，朋友们又离我远了一点。刚才的那位官太太还在没完没了地谈论陈底里的音乐，我就拿着报纸，走到他们身旁，一边听着，一边想着要怎样精确地谈论这音乐。我在心里组织着语言，就像准备在会议上发言的人。那音乐也在我脑海里重新演奏了一遍，也许是按照我的记忆重新演奏了一遍，这一点我没法确认，因为记忆已经消逝了，就像是随着音乐的再现而被消耗，被抹除。我始终是新的，这音乐也始终是新的。只要活着，它和我就会不断消耗记忆。

事实上我是坐着的，我抬起头，折叠起那些报纸，和杂志一起握在手中。西川就坐在我右边，就像是在剧院里的两个座位上那样，面对着前方逐渐向下倾斜的地面、远处模糊的风景。他微微侧过身来，说：再见。也许是我对他说的：再见。总之我们一起站了起来。总之只有我站在那里，望着前方：在正前方，大坡下面，有一片将要变得清晰起来的建筑群，那就是我将要见到朋友们的学校。

一个梦。6月29日

在欧洲某地，我和策展人聊着天。

欧洲，就像是一片极大的地板，一个浮岛，被没有概念的混沌包围着，上下都是虚无。只有我们在它上面的某处，以非坐非立的姿势相面对，聊着天。就像是在打发时间的那些人，要说些话来度过几乎没有尽头的夜晚。

看来是有一个不错的机会，他说我可以提交一个方案，申请在某个科研机构任职一段时间。我说那好啊。我想可以做一个研发压电式陶瓷的项目。脑海里就出现了一个碟型的金属片，中间凹下去的地方，可以设计一个小洞，斜着的，音频线可以从中穿过去。一大片。它的原型，应该是在小雷音困住孙悟空的那对金钹。现在它在我脑海里静静地悬浮着，像是因为我的打量才变得安静，又随着我的目光而改变着角度。铜片上出现了陶瓷，是白色的，有点厚，不大反光，摸上去应该不会太凉。它凭空发出刺刺的声音，像是正在被手指摩挲着，释放出曾经在挤压中积蓄的电能。

这是一个新的艺术区。有咖啡馆、饭馆，有画廊和厂房。只不过厂房都很小。所有的房间都还小。就像是被上下左右极远的地方所包裹着的没有概念的混沌压制着。要慢慢发展起来，它们才会变大。要被我注意到，被我所见到的这些人所充斥、经过，或者说使用，才会越来越大，也越来越清晰。附近一带，还有一些其他的艺术区，有的已经长高长大，变得干净，光线也更充足。一些人从那边来，或者正要到那边去，他们，确切地说，她们，坐在木头桌边，谈论着正在这里或那里展出的东西：一些平面的东西，也许是印刷品。

外边有河。可能还在刮风。有河的地方总是有风。这是因为河而存在的风，而不是从混沌包裹着的边缘来的风，也不是随着我的注意而来的风。

策展人要给我介绍另一个策展人，似乎是更有资历的一位。在一群人中，我们说着话，直到房间变得更白，也更亮，长出了展览用的那种临时搭建和粉刷的中空的隔墙。但还没有展品。这种社交让我觉得紧张，尤其不想和更有权力的那位说话。

这时候，他们说某某来了。我看到她的名字由远及近。我并不是看到了她的名字的形状，而是我看到了抽象中的她的名字，就像是柏拉图说的理念中的名字，它有形状，但不显现，我感受到了它，但不需要知道它的字体、字号、颜色和材质。某某并没有出现，但她的名字的理念已经到来。

我们就出去，和那些刚才在桌边说话的年轻女人们一起吃点东西。

下楼的时候，楼梯间发出很大的混响。

外边就有了街道，就像是为了配合我们脚下的楼梯而出现。天已经黑了，我问某某：你是刚到吧？她以一个真切的人的实体说，是啊，我几个小时前才从纽约来。这还挺真实的，连她过去的时间和空间都加入了我们：舟车劳顿的意思，不就是说，一个人带着路途上所有的时间和空间，叠加到了此时此地，而正在整理，将自己从许多的方向和体验中重新安置？而我，这个刚刚被拉进了她的安置中的人，也感受到了她的方向和体验？

我们一起走着，又在街道上停下来，商量要吃什么。大家有很多提议。这时候街道所承载的时间压缩了起来，像是一个注脚，将这一带的餐馆、小摊、夜市，还有从我们身边开过去的公交车和河里的游船，做了快速而密集的闪回：我们就站在一边，在一个或者两个瞬间里领悟到全部的风物和地理。我们去过其中的某些饭馆。是一些高级餐厅，酒吧，有的是专门用来喝软饮的地方，现在它们都已经不在了。有的还留下一间房子，一个名字，或者几张桌子，有的是几个还盛着饮料的杯子，被当时的阳光照着，不知为什么还保留在时间里，在我们这一两个瞬间的经验中显露出来。

我忘记了自己还在街边，在一小群人中站着。我梦到了以前的女朋友，我们曾经分开，现在又在一起了。许多年过去了，我们还是那时候的年纪，但各自身上也带着后来的经历。她是简单的，朴素的，有点瘦，皮肤有点凉。她从几个前女友中浮现出来，她从她们中归来，就像经过了一段环形的时间旅行，又回到原地。我们躺在巨大的飞碟上接吻，舌尖轻轻地碰着。这飞碟并不是实体，它只具备一些简单的弧形，和一些平面，中间并不连接，它从一个纯粹的理念中浮现出来，但省略了我们不需要的部分。

四周，街道已经变得更暗，渐渐地这些房屋、人、声音和记忆，也都被省略掉了。

一个梦。6月30日

我在刷牙,俯身对着白色的洗脸池。底部,中间,有一个能翻转的小盖子。

一个声音对我说:按照你喜欢的方式刷牙,没关系,那就是你的方式。

一个梦。7月5日

是前几天的梦吧。它突然回到我这里,在我身上重叠起来:

我决定要剪指甲了。左手无名指的指甲已经太长了,大约有三毫米,或者四毫米了。因为之前剪得不齐,现在,它中间凸起,成了山形。

一个梦。7月14日

一块空地,像是院子,或者院子和院子之间的空地。应该是裸土的地面,稍稍平整过,被人慢慢踩过。

很空,很平整。我从一头来到中间。从某个角度看,也可以说是从上面来到了中间。这时候,就在我换了一个角度去看的时候,一只大狗拦住了我。我不怕它,我手里握着一根棍子,可以伸出去诱它咬住,将它挡在一边。甚至,似乎,我也可以干掉它。至少我心里闪过了这样的念头。

但我没打算和它翻脸。我和它玩起来。但它还是不让我靠近院子的另一边。它说,不行,你没有资格过去。它不一定是自己在说话,就像是它和它的主人合体了,那主人和狗共有的身体和我玩耍着,并且说不行,你不能过去。在空地的中间,它看起来只是一只欢闹的狗,扑腾着,前腿按在地面,摇着头,咬着棍子玩。等我逼着它后退,靠近了院子的另一边,它就变得凶狠起来,像从梦中醒来一样说话。像回到了梦中一样地说话。

我掂量着棍子,预备着要给它致命一击。但也许又没有必要。

一个梦。7月21日

我在监狱里。听说老张回来了,要请朋友们吃饭。这时候老郝的儿子从我牢房前跑过去,大概6、7岁的样子。我就隔着细细的铁栅栏喊住他:嘿,小王八蛋!嘿,小郝!老张都请了谁?

果然没有请我。我很生气,就是因为我被关进了监狱吗?

我走出去,沿着囚室之间的走廊,穿过整座监狱,径直走进了饭馆的包厢。其他人都在:老金、老冯、老陈。我摔碎了一个茶杯,脚底似乎踩到了碎片,咯吱咯吱的。声音很响。我没有停下来,走向饭桌,大声质问:老张!操你妈你为什么不请我?就因为我进了监狱吗?旁边有人劝,我又骂了几句,非常大声,声音达到了梦的边缘。就好像梦是一间屋子,这声音已经碰到了它的天花板。就好像我和我的声音还连在一起,我能够用声音去达到梦的边界。

我转身离开,顺手又摔碎了一个茶杯。这次我确切地踩到了细小的碎瓷片,不光听见了声音,也感觉到了它们在脚下,被碾压,在脚和水泥地面之间摩擦。我没有穿鞋,但也没有受伤,我继续走下去,离开屋子,从梦中走出去。外面是一大片开阔的,橙红色的空地。我向这正在延伸的空地的深处走去,边走边想:这并不是一种真正的愤怒。我并不是真的为这件事生气。我并没有为任何事生气。

一个梦。7月23日

我走下楼去。一楼,左手是卧室,有一张非常大的床。白色的床单,白色的被子。就像电影里那样。飘着白色的落地窗帘。风吹得正好,很舒服。但是有什么不对劲。

是啊,临街的这一面整个都敞开着,没有墙,白色的窗帘轻轻飘着。有人开了门吗?这是占据了整面墙的推拉门。我看见外边的邻居,就问他,有没有看见什么?他说不知道,他刚出来。

那么一定是有人打开了门吧。我不确定自己是站在门外还是在房间里,我回头看看,松软的被子上压出了一道印子,就像雪橇滑过的雪地,斜斜地,向客厅延伸过去。那么就是有贼了吧!我赶紧跑回楼上,就像美国电影里那样,冲进厨房,拉开抽屉,从一些废纸和木头片里翻出一把中式菜刀,又冲回楼下。这时候,两个人在外边扭打起来。那么一定是有贼!有人抓住了贼!我举起刀,大喝一声:不许动!

然而他们嬉皮笑脸地继续扭打着,并不理睬。他们是相互认识的两个人,在闹着玩的。

一个梦。9月9日

我在隧道里走着。也许和另一个人一起走着。是一条很长的隧道，但我并不着急。

就像是老式的电子游戏，隧道上方不断落下来方形的，或者成捆的东西。但不是很快，只要稍微小心一点，停下来等一等，再快走几步，就可以躲过去。有时候它们看起来很轻，似乎是虚拟的，并不会真的影响到我所在的世界。但我还是小心地等着它们落下，又升起来，再向前走。

但我实在是太困了。我，我们，爬上旁边的窄道，贴着墙继续往前走，这样就不用再理睬那些落下来的东西了。那些有形状，但不由任何材质构成的，有时重有时轻的东西，不知从哪里落下来，又升起来，一板一眼地。但是我实在是太困了，甚至懒得再去提防它们，我不断滑下去，再走上来。在下面的时候也并没有被那些方块压到。一次都没有。就像它们自动要避让开我，不要打扰我的困倦。啊，我已经快要睡着了。脚下黑乎乎的沙土、石块，就像是我的瞌睡一样，也在往下滑落。我决定不再往前走了，我让自己原地睡下去，陷入更深的困倦，让一切都终结在身后。或者也并没有终结。但那已经和我没有关系了。

一个梦。9月10日

我和一个人去喝酒。那是傍晚的过去的街道,并不属于现在。那是一间简单的小酒馆,它在外地,或者至少是在过去的某个时间里。这个人变得具体起来,他是 k,我们谈论着诗歌,他拿出一本文学刊物……恍惚中我进入一个梦,老叶、老张和老金都在那里,和我在一起,他们在谈论新近发表的作品。夜晚,简单的光线,勉强照亮了楼房侧面的砖缝。我没有说话。我观察着这个已经先于我而存在了的场景。我进入其中。我已经在其中。我大概是在喝酒的时候睡着了,做起了梦,在梦里过渡到了那里……

我和 k 喝了一两杯。是一种米酒,也许是一种外国甜酒,让人犯困。我们随便说了一会儿话。很快我就真的困了。这次我意识到自己困了,而且我并没有离开现在的场景。想要喝的酒还没有喝到,我已经要睡着了。我这样想。k 也不说话,他坐在对面。他没有坐在对面。他在。他消失了。连对面这个概念也一起消失了,就好像我已经困得没有力气体验到对面了。我大概是在这个场景中睡了一觉吧,时间不早了,我站起来,已经是深夜了,已经快要天亮了,黑暗变得更均匀,更平静。已经五点了。我说这酒还真行啊,我得回去了。

我开始着急起来，我想起来，自己是从家里溜出来的。

我回到十几岁时候住的院子，就是那套红砖砌成的平房。我就着月光掏出钥匙，打开了门，里面是楼房的一套公寓。我身后有楼梯，也就是说，在这个现实中，我是从楼下上来的。我一边开门一边想，对啊，他们让我照顾爷爷的，这么晚回来，不会有事吧。

果然，屋里真的挤满了人。全家人都在。小姨在哭，我想这下坏了，爷爷怎么了。所有的人都没有看见我。即使看见，也只是冷淡地看一眼，没有人和我说话。爸妈也在一边，没有和我说话。我走近沙发，发现是表哥躺在那里。他怎么了？小姨抱着他，大哭起来。我看着他的脸，想，开什么玩笑，他这不是好好的吗。我想，应该用力打他一耳光，叫醒他。这时候他醒过来了。对，他睡醒了。

在另一个房间里，妈妈看了我一眼。也许是另一个我。然后是爸爸。他坐在沙发上。他站在我对面，身后没有沙发，房间里什么都没有。他带着很重的湖南口音对我说：你的人伦和风伦到哪里去了？我明白这是一种责怪。他忍耐着愤怒，带着很深的失望，慢慢地说了这句话。他只说了这一句就消失了，连同房间。我知道他再也不想和我说话了。

三个梦。10 月 4 日

一

我看看前方。前方正在告诉我明年二月的行程：要去趟意大利。我要在这之前完成一件事，之后还要去很多其他的地方，时间有点不够了。现在是十月。但我和我的时间表并不在这个时间里。我的时间要更扁平，更短，分为两份，每一份类似于现在的时间的一个星期。或者，是若干个一星期的重叠。

二

我骑着自行车，背着包，我的猫在前边跑。我还提着一些东西，我并没有在骑车，而是在走路，只有在不提着东西的时候才骑在车上。路面很颠簸，我停下来，检查包里的东西，还有拿在手里的东西。包还很空，我打算放一些东西进去。其中有一盒鸡蛋，已经碎了好几颗。我看来看去，还是决定把它们放进包里，因为即使碎了，鸡蛋也会立刻凝固成胶状，不会把包弄脏。

这时候猫跑了回来，躺在地上休息，像一幅画。它发出一些奇怪的声音,像是一段录音。我从它嘴里掏出一个晾衣架,蓝色的,粗铁丝的那种。那声音还在响,旁边有一张桌子,上面有一台磁带录音机,哦,是磁带在转动的声音……很快就要进入另一个梦了,我一边检查着磁带和录音机,确认它们没有坏,一边隐约想起又一个梦里的许多的磁带:我和另一个人,在卖磁带的地方快活地检索着乐队名字、专辑名字,也许是在台北的某个市场里……我重新整理着背包,磁带在转动,录音机离我的脸很近,是躺着放的,但下面并没有桌子。

三

我和一些人,有时候是和一个人,在火车上。这是运货用的车厢,门敞开着,没有载货。它穿过白天的大街,经过路边的商店,商店门口有小孩在玩耍。我们用意志更换着外面的街道,在其中查找着记忆:一条街还没有开过一半,就换了另一条,马上又是另一条。我们到底在找什么呢?也许没有目标,也许只是想要找出我们在找什么。火车载着我们向前,我们决定着它所经过的街道,有时候,才只看了一眼,就将它换成了另一条。

一个梦。10月4日（在地铁里做的梦）

一片冰。灰白色的冰。像是湖面的一部分，也许是圆形的，但还没有边界，至少它还没有出现。上面有一个圆形的缺口，从这里似乎能看出冰的厚度，也许有不到一尺厚。但也许不是，因为这是一个黑乎乎的洞口，没有光线，看不清楚。就像井。对，缺口的大小也的确和一口井差不多。

一块和缺口一样大的冰，像是正好从这里切下来的，不到一尺厚，也许是半尺厚，在半空中旋转了一下，就像是电脑 3D 模型那样。但只转了一次，就好像是趁人不注意悄悄转动了一次，然后，就继续停留在半空中。

这井盖一样的圆形的冰块，和下面那片湖面一样的没有边界的冰，似乎并不属于同一个空间。或者说，已经不属于同一个空间。但更确切地说，它们不属于同一个空间，仅此而已。

两个梦。10月7日

一

后天就要考试了，我们各自回家准备。明天有一天可以休息。可是，突然就到了后天，而且离考试时间只有半小时了。

在电话里，我的中学同学 m 说，你可以坐 42 路。我说我知道，可以从那条路一直走下去，绕过市场，有点远，但是只要坐上 42 路，坐到终点站就到了。我眼前出现了那条路，像是从高楼上俯视，也像是山水画里的视角。路边有楼，楼背后是一条河。有时候我感觉那楼变得更高了，比例变大了，好像是另一个梦的残片混了进来，我甚至知道那就是几个月前的梦，那是去往上海的旅途，公交车开往河岸，经过小岛，经过密集的商场，穿过了陡坡上的飞机场……

我坐在教室里。实际上，是坐在阴冷的宿舍里的小凳子上，正对着床铺，把它当作桌子用。但实际上，我是正对着上层的床铺坐着，准备写答卷。这时候监考老师走过来。我没有注意到，其实她一直在宿舍里走来走去，尽管宿舍并没有很大，但她就像在教室里踱步那样走着。也许她正在不断地穿过一间又一间宿舍，这些宿舍连起来就是一间大教室，中间也并没有什么间隔。没有墙。也没有床铺。而我只是看不见这样一个简单的事实。她说，你可以先写一段前言，就写碎瓜乐队和涅槃乐队的相似之处吧。我觉得不错，没问题啊。耳边响起了碎瓜乐队 B 面精选《背信弃义的双鱼座人》里面的音乐，我又回想了一下涅槃的《别在意》里面的片段，开始找句子，找词，试着准备一个开头。

但我想得太用力，醒了。

二

……她和我睡在同一张床上。可能是一张白色的床，我们盖着白色的被子。也许没有盖被子，但也不冷，也感觉不到皮肤暴露在空气中。我把头靠在她身上，她似乎很高兴。我又往下挪动身体，对她说我想靠在你腿上。我把头枕在她大腿上，离眼睛很近的地方是黑色的阴毛。我想，她不高兴了吗？抬头看了看，她在流眼泪。她和刚才一样安静地躺着，但是眼泪慢慢地滑了下来。非常慢，像慢放的特写镜头那么慢。我想那么她仍是高兴的。

我戴上了避孕套，是曾经放在 ronez 那张 cd 里的赠品，"特洛伊"牌，润滑油是淡白色的。我低头看看，不是我，是一根日式振荡器，用得旧了，颜色都有点发黄。我有点不好意思。好，我们继续做爱，我挺着腰，抱着她的腿，用我自己的身体。

  我们已经起来,离开了床,也穿上了衣服,隔在一些人中间,互相看见,平淡地望着对方,继续走路或者和别人交谈。我们并不熟识。之前不,现在也不。应该说没有之前,只有现在:我们看见了对方。我想,这真不错,我们仍然有所有的可能性。

两个梦。10 月 9 日

一

一个男人,父亲的老战友,我应该叫叔叔的人,带来了一棵植物。

一开始没有注意到。我穿过阳台,才发现中间多了这么一棵树。它有细细的,但是结实的树干,宽大的叶子,没有花盆,接近地面的地方树干猛地折弯,贴着地面伸向阳台的一角。就像一根水管一样。外面还包着金属,表面已经氧化,变成白色了。什么东西会在氧化后变成白色的呢?我觉得它有点碍事。主要是阳台已经布置得很完美,这棵树挡在中间,走路有点不方便。

我开始想,被金属覆盖的这部分,以后长粗了怎么办?也许需要换一根更粗的管子?

二

我和姐姐还有 q 一起吃饭,是在安宁区,在曾经住过的旧平房里,但没有墙。没有边界。我背后有墙,或者有门。是一个壁橱的门。但也许我背后没有墙也没有门,只有那个壁橱。那么有没有天花板,有没有地面呢?我没有想过,因为那似乎并不是什么问题。

我面前是一个茶几,也许是一个长形的木头箱子,就像我以前用来装书的手榴弹箱,不过要再大一点。饭菜就摆在上面。

并不是只有我们三个。还有一个小孩子,大约一岁到两岁的样子,还站不稳。他拿着筷子,自己吃饭,就像我在云南朋友家见过的那个小孩,他的儿子。我看见他伸手夹了一块鸡肉吃。虽说筷子拿得并不标准,只能用整个手握着,但仍很熟练的样子。

这可能是姐姐的孩子。但姐姐并不是我真实的姐姐。她看起来要比她更年轻。年轻多了。

我们都很年轻。

一个梦。10 月 11 日

我们从房间里出来。门口的案子上,放着半个切开的西瓜。是方形的西瓜,就是小时候在报纸上读到的那种,从来没有见过,但总是在想象的那种。但不一样的是,西瓜皮已经整齐地削掉了,只有瓜瓤。我很想用勺子挖一块来吃,但那不是我自己切的瓜,所以只好忍住。

天色很暗,应该说是浸在浓浓的黑暗里。大概是半夜,时间停止,时间有一个裂缝而我们从里面滑出去了。我们在另一个房间里,在二楼,楼梯露在外面。也许是三楼。没有外墙,房间敞开着,就像话剧舞台的房间,只是没有观众。在这之前,我发现房间里有人正在发病,大家救了他,然后,也就是现在,此刻,我们开始聊天,把这件事抛到了脑后。

夜晚的气氛是冷静的,却又混合着欢闹的街道的气氛,像是从时间的裂缝里看见的一场欢闹的聚会的另一面。有人端着满杯的扎啤,我们站在街上,和所有的人一样冷静又快乐。我们站在房间里,那不是房间而是火车的车厢。人们三三两两聚在一起,在黑漆漆的街道上,有一些酒吧亮着灯,里面有人在喝啤酒。我似乎是和喜欢的人在一起,不确定到底是在哪里，也不在意到底在哪里。我同时感觉到兴奋和平静，也许我不是一个人，而是在一群人当中，大家正讨论着是要坐下来，还是现在就去吧台点喝的，是喝啤酒还是别的什么，是和这些人在一起，或者要去和另一些人一起。我觉得有点累了，就一个人往回走。

没有路，我也没有在走路。我离开了这片灯光，这些街道，进入一个安静的地方，应该说是一个静止的地方，周围只有抽象的黑暗，最多有一点点模糊的空间的界限。只有我。

我想起要给王婧打一个电话，叫她去另一个地方喝一杯。也许他们还在酒吧里。也许他们已经回去了。已经是凌晨四点多了。我站在冷清的，开阔的街上，慢慢走着，想着。

拐过一个弯，对面是一间曾经去过的威士忌酒吧，是地下室，暖色的灯，玻璃，酒杯，吧台，男的女的顾客，服务生。就像油画里一样。我想他们一定还认识我。我想，要么就自己喝一杯吧。我对他们说，我困极了，喝一杯回去睡觉吧。

但是我要喝什么酒呢？山崎十二年？双份的？三份的？也许有另一种我喜欢的酒，淡而烈的，平滑而强壮的，清晰而热的？它叫什么？有这种酒吗？还是这只是一种感觉？我极其缓慢地往门口的台阶走去，想着。

在另一些街道，另一些酒吧里，年轻的乐手们在聚会。我知道他们在那里，甚至我也在那里，但并不是亲身在那里。我太困了，已经不在任何地方了。基本上，我只是在那里看着，听着。他们在演出，他们在谈论将要举办的演出，在做海报设计。有一份杂志，采访过其中的一个乐手，她提到几支喜欢的乐队，而这些乐队正在另外的酒吧里演出，插画师正在为他们画画，乐队成员正在写小说，正在《安徽文艺》杂志上连载，文字旁边配着地下漫画。我看见杂志变成了全开的海报，那么大，没有人能拿得住，它在我不在的地方，在那里，展开，翻页，转动。我想，作者要加快写啊，杂志已经出版了好几期，在等着新的稿子呢。

漫画的碎片，草稿，符号，飞向街道的上空，像是一幅画，但其实是真的在飞。就像一群鸟飞向远处，越来越远。我想到了两句诗，其中一句是"秋天不足以承载大自然"。

一个梦。10月14日

我不确定是不是这样：我在唱歌。确切地说我在唱，但并不是任何一首歌，那只是大声、随便、舒畅地，发出一些声音，一些介乎于曲调和喊叫之间的声音。这让我舒服。是那种有点得意的，身躯舒展的随便。有一些气息，从胸口出来，变成了声音，随便它怎么拐弯，上扬或者延伸，振动身体，怎么都可以。没有情景，没有条件，这件事仅仅是"我在唱"。也许这件事还不是一个梦，它只是将要成为一个梦。那么，我究竟在哪里？

一个梦。10月24日

我来到地下室的酒吧,灯光昏暗,四周显得很空,但有种很踏实的感觉。离吧台不远有一张小方桌,我和一个中年人面对面坐着。有时候我们是面对面站着。这要看那里到底有没有一张小方桌。我们谈论起一个厉害人物。我把杯子轻轻推开,我们看着它一直滑向桌边,在将要翻倒、掉下去之前停住。应该说是优雅地停了下来。

我问他:赌博和魔术有什么区别?

这时候我变成了我们正在谈论的那个人,那个厉害的人物。可能穿着灰色的衣服,至少不是我现在穿的这件。我,也就是他,又把杯子弹出去,它沿着弧线在桌面上空绕了半个圈,我料想它会继续转下去,划出一个完整的圆圈再停下来。但它晃了一下,歪斜了,偏离了轨道。对面的他,也就是我自己,像是练过一样,抬手把烟灰缸推过去,酒杯稳稳地落了进去。

一个梦。10月31日

我推着自行车往住的地方走去。那是一个朋友的家，或者朋友的朋友的宿舍，总之是借住的地方。我似乎把手机忘在桌子上了，也许还有钱包。一路上，有时候，我能看见它躺在桌子上。房间很暗，桌子是粗重的旧木桌，像是修理东西用的工作台。

要经过一段窄路。一边是个深坑，悬崖一般的大坑，边上露出断开的土层、石头、渗着水的泥。另一边是墙，可能是砖墙。路越来越窄。到了拐弯的地方，我发现已经窄到过不去的地步了。身后的墙上有一颗钉子，前边也有一颗。我试了一下，可以一手勾着身后的钉子，另一手提着自行车，把它放到前边去，然后再换手，勾住前边的钉子，让自己过去。但这有点难，自行车也太重。这时候来了两个人帮忙，确切地说他们只是在出主意，而不是帮我过去。而且，也不知道他们是站在什么地方，是在我前边，还是在后边，好吧，他们并没有和我站在同一条窄路上。当然，我并不关心这个。我们讨论了一下，他们也认为这样可行。我们比划了一阵子，先这样，然后这样，再这样。然而我站不稳，妈的还是算了吧，我就告诉他们我不打算试了。我就这样原路返回了。

  在另一个地方,在另一个时刻,我和另外的人拿着地图看着。是一个大院的平面图。大院外边是这条窄路、深坑,我借住的房子就在最里面,看起来像是一套四合院的北房。

一个梦。11月3日

……一个场景接着一个场景,一连串的场景,之后,我对h比划着说:我想要做一个演出空间,用不着太大,这么大就够了。我们转着头,打量着身边的房间:大概30平方米,棕黄色的木地板,大概两米五那么高,方方正正,没有灯,不知道哪里来的暖色的光照亮了大半个房间。我想象着一支硬核乐队在这里演出,乐队和音箱就占去了一半的空间,吉他的尖角冲来撞去,被背带拉住,对面就是观众,几乎和乐队挤在一起。我想这样也不错,尽管有的人可能不会喜欢。几乎可以看见观众了,三两个,一个,两个,站在对面的门口,站在场地中间。他们来看那场演出。那演出还没有要发生,大家都很轻松,只是站在那里,瞎混着。我看着他们想:嗯,木地板,顶棚也太矮了一点,也许还是用来办自己的演出更合适。再说,这房间是空的,并没有灯光、舞台、音箱,也并没有观众啊。

一个梦。11 月 4 日

歌手张来了,他现在兼作文身师,所以我很兴奋地和他商量起来,打算要做一个新的文身。

我们在小客厅里说着话,还打算要喝一点。我有各种掺了酒精的软饮料,五颜六色的,一时还搞不清到底该喝哪个。这时候我爸从卧室出来了,他对我的文身很生气。而我正要脱掉上衣。我感觉到了右边肩膀上之前文的图案,它在微微发胀,左边的呢,我只感觉到一半,还有后背,那里已经有了一个新的,小小的图案,我把注意力停在那里。我想脱掉衣服亲自看一看。但爸爸不停地说着,说着。他把我和歌手张都变慢了,有时候干脆停滞下来,像是在时间里卡住了。有时候,张甚至不存在了。最后他说:还不快去看看你妈。

我妈在卧室里,躺在床上,她头晕。她戴着帽子。我过去和她说话,边说边想,是啊,最近她一不小心就会头晕,做点什么都不容易。我感觉到她正在房间里走动,偶尔头晕,这感觉让一切都变慢,她自己也变慢了,最后她躺下来,和我聊起了天。

一个梦。11月5日

一张沙发。或者我认为它是个沙发。但好像没有靠背。甚至,它可能只是一个平整的坐垫而已,就是个海绵垫之类的东西,上面罩了一层布。

也可能一开始是有靠背的,在我开始掸土之前还有,随着我注意力集中在灰尘和布面上,其余的部分就不重要了,也就不存在了。我掸到右边的角上,用力刷了几下,还是有灰。布面有皱褶的地方,因为掸过太多次,已经磨损了。它看起来像是纸做的。或许它刚刚才变成了纸做的。

我对旁边的人说:你看,已经要破了。她说是啊。不太在意么?是啊,她不是太介意这件事。我也就不再关心它了。

一个梦。11月6日

眼前有几个人。很难说究竟是几个人还是几个人的图像而已。但至少可以肯定不是照片。至少一开始不是。

他们像是挤在一个舞台上。小小的舞台,背后是暗的,前面打了面光。大概五个人,真的挤得很近。他们各自凝固在一个姿势里。其中有一个女的,像是拉开一张弓,一只手伸向前方,两腿向不同的方向弯着。因为大家都挤在一起,所以看不清她手里是不是有弓,或者别的什么东西。

他们渐渐变得像照片一样,但并不是一张可以拿在手里的照片,并没有照片,没有相纸这种物质的属性,也没有手机或者显示屏这样的属性。他们正在以平面图像的形式转动。一开始,他们只是朝向我呈现而出的一组形象,现在,他们具备了自己的空间:他们是三维空间里的形象,也许是三维空间里的二维形象。他们带来了一个停止的时间。这是前所未有的新的状况:在时间停止的情况下,我感觉到一种纵深,一种空间的延展,也许并不是因为这些形象在以我为座标而变化,而是我自己在消散和凝聚,变远,变近,后来也变得具体。我体会到的,是我自己在成形和消散的过程中的感觉,这感觉是独立于我的,我去体会它,就像杯子去体会水。这个过程也是独立于我的,我去体会它,就像来回翻读一本小书。

当我想要看清楚那个女人,她就变得更近,更清楚。很明显,并不是我使她变得更具体,而是我的欲望的浮现和成形,使得我具有了远近的概念和清晰的意识。她也是独立于我的。然后,一个更清晰的我,像是透过一对眼睛去看见了她。

在一开始,是没有这双眼睛的。

一个梦。11 月 14 日（在火车上做的梦）

  一个空白的文档，就像是 iPad 上备忘录的界面，可能稍微大一点。此外什么都没有。

  有一种"终于停下来了"，或者说告一段落，诸如此类的感觉。但这时候能看到光标还在移动，一次大约四个或者六个字符，快速地，在空白的页面上划出了一大片看不见的疆域：空格构成的空间。

一个梦。12月8日

有一个建筑,里面有若干较小的空间,分隔开来,一间一间相连着,有时候它们闭合起来。有光,每一处的细节都那么确切。其中一间,大概是咖啡店,偶尔也兼做演出。两位年轻的老板出现在我身边,我们聊了起来。有些朋友,还有其他的乐手,正在这里准备演出,有的人同时正在其他的空间演出。很快,海报出来了,介绍着我们之间不同的合奏的组合,看起来很丰盛,很热闹。

一只手,拿着海报,在眼前看着。不知道是谁,也许是我自己。

我想,我会把这件事和这个地方记下来。

很快,我已经在另一地方,在楼梯和围墙间穿行。我和其他的人,在一个巨大的建筑内外穿行,上到某一层,某一空间,又从露天处,坐着滑车,沿曲线滑向地面,再走入空场,拐过去,来到旧的楼房的外部。我对自己说,这里就是那里,是同一个地方,我会把它们记下来,也许是写下来。

到处都有事情在发生。楼房里住着我的同学们,这个单元,那个单元,三楼,四楼,它们的房门,门口的杂物……这是四层或五层高,有四个单元的老旧的红砖楼,楼下是灰色的水泥地……我感受到这些事情在发生。我带着问路的人，指着这些房门和楼道，在它们之间，在建筑的内部和外部切换着。我从楼下走过，说出了那些同学的名字、他们的故事，也许是和我有关的故事，完整的，丰满和曲折的故事，它们迅速地发生和经过，就像另一些梦，做过的或者从未做过的，在平行的时间里，略微交错着：某人的一次考试，某人的许多年的经历，在这过程中又迅速显现了一遍。而在我的经过中，这些都只是微小而短暂的交汇点。它们经过了我，又在趋向于平行的时间线上远去。

有商店。有秘密的仓库。有人在找人，或者找东西。有人在找印刷厂。我已经熟悉了这里，我知道这里也包含着那个演出空间，甚至也包含着那两个年轻的老板：一男一女，或者至少其中一个是女的，像是韩国人，像外地人，他们使我像外地人，他们并不在这里但是被这里所包含。我不断地回想着，好像是知道自己曾在一个梦里穿行，想要把它记下来，而它就不断在我身边重现，而这些重现，又都是完全新鲜的，是第一次发生的，以后也绝不会以任何方式，在任何条件下重复。我想要记住这个梦，甚至，我已经停下来了一次，醒来，在几乎没有任何建筑、空间、场景，没有任何事件和人的状态中，将所有发生过的都回忆了一遍，然后再回到事件和人和场景中，也深深地陷入自己的行动当中。

我善于发现，但并不深入，可能我还有另外的目标。但那是什么目标？我还没有打开门就看见了里面发生的事情。我发现了所有想要发现的。我熟悉这里的一切。为了到达一个地方，我和其他人先要去另一个地方，有时候那是一个可疑的，阴森的地方，像是医院、档案馆、诡异的组织的总部大楼，有时候那是夹杂着杂货店的一小片街区，我走向那里，我走在新年假期的街道上，偶尔，我走在郊区的土路上，然后又再回到一个坚实而稳定，长时间不变的场景中。我抬头看看这些已经熟悉了的人和地方，不打算真的走进去，不打算和他们有更多的关联。我正在去往某处，或者我已经去过了某处。这似乎已经不重要了。

两个梦。12 月 13 日

一

她轻轻地，但是清晰地说出一个字，这个字只有声音，没有形象，它不是一个符号。她说：awful。虽然这是两个音节，而且按说就是一个英文单词，但是不，它仍然是汉字，一个新字。

这个声音在发光。她也在发光。她的脸在黑暗中浮现，背后也许是街道，但那要比她周围的黑暗还要远。她很安静，似乎只是为了说出这个字，而出现在我的梦里。但也像是早就在这里等着我，为了说出这个字。不管是其中哪一种情况，我都一点也不意外。我知道她是她。她就是她。但她到底是谁？

我似乎知道这是一个梦，我在想，她像我认识的一个人吗？然后我继续被那个字的光和她的光所吸引。

二

我回忆着这个梦。用语言描述着它。回忆的速度很慢，像是因为梦的阻力太大，思维变得缓慢。也因为同时还发生着其他的事情，我的反应速度变慢了。

有一些纸，上面画着山水和人物。有人用毛笔画了这些画，然后在人们手中传递。我在纸上点按着，就像是按着智能手机上的地图。

这些纸上描述的每件事，每个情节，都非常简洁，有着不多但是清晰的细节。就像这些纸片，一张一张分开，有关联，但又独立，清晰。

我经过了一段空白，不知道有多长时间，也许不能用时间来衡量，也许可以说，不知道有多大的强度。或者说，不知道有多么的空白。在空白的这一头，我仍然回忆着之前的那个梦，想要用语言把它描述出来，让它显形。我在新的没有任何形象和情节的空白中，说着一些句子。我不是在说，因为没有用到嘴和舌头和气流。句子从意识深处出来，浮现于空白中。而空白仍是空白，其中空无一物。回忆涌起的时候，这空白只是暂时被掩盖，像是空气中飘过些云彩，云彩般的意识，语言的云。

这些句子快速地出现，有的后面跟着一个形象，或者一连串的形象，甚至是整个的场景，几乎要开始一个故事。但我意识到了这些句子，开始回味它们，一个词，几个词，这使得那些形象或者线索又消失了。只有句子留下来。然后，连句子也消失了。

两个梦。12 月 25 日

一

一枚白色的火箭，在一个小小的三角形的区域炸开。

彻底地无声。一个充分的爆炸，气体和光迅速地扩散。

也许是蓝色的火箭？

像道路指示牌一样的三角形，在它之外什么都没有。它显现于近乎于黑暗的，近乎虚无的梦境中。如果有方位，那么，可能是在中间靠上的地方，稍微偏左一点。就好像我以目击者的身份在场似的，为它带来了坐标。

然而它只是一个遥远的小三角形，一枚小小的火箭在里面无声地，彻底地爆炸开来。

二

几乎可以确认，她并没有要重修旧好的意思，但我们之间仍保留着一种神秘的暧昧。也许是分开太久，过往的误解、怨恨、困惑，还有留恋，像一种减缓了的化学反应，酝酿出新的张力。像一层被我们，只被我们分享的雾。像一种清晰的，带着磁力的雾。

我感到一点轻松，一点兴奋。就像是正要开始一个新的关系。从未存在过的关系。

我们在公交车上。有时候是在火车里。还没有到达任何地方。有时候我们是在大楼中，在楼道间走路，一路上见到我们的朋友，或许是同学。然后房间又变成了车厢，我们继续前进。

在楼里，我试着找到某个地方。我找到了，又试着去使用，水，或者机器，或者是窗户。她的朋友们，也许是我的朋友们，正好就在附近，告诉了我正确的使用方法。

在长条形的蓝色建筑外面，人来人往。有两个，或者一个少年，对一个记者说：天气冷了，游泳池里的水很凉。说着，他，他们，还调皮地抖了一下身体。我回想了一下，刚才并不觉得水太凉。还好吧。我有点高兴。天空有一些絮状的白云。

这时候我又回到了旅途中，我们谈论着一本书，在一片空白中，并排站着，朝向火车前进的方向，像是检阅着我们在谈论的书。我们回到了刚才的感觉中，像是偶遇在空白之中，但有着因为长时间相互忘却而带来的默契。我以为已经到了站，她说没有，还有一站，我放心了，车厢里的人变少了，车厢没有了边界，我感到一种不被能语言验证的，极其微小的激情。

2 0 1 5

一个梦。1月2日

大得像个广场的大厅里，人们随意地走动着，似乎是一个聚会，大家族的聚会，要么就是公司年会。我陪着一位老人向最边缘走去。然而又心不在焉，脑海中闪烁着另外的时空，另外的事件的主人公。我不断向边缘走去，那里站着几个年轻人，几个中年人，都是男的，穿着灰色或者黑色的衣服，没有任何个性和风格的衣服，也许是西装，也许根本就没有颜色。我不想让他们看清楚自己，就试着让头发垂下来，遮住眼睛。有时候搞得看不清脚下的路，我就把头发掀起来一点，看一看路，再让它垂下来，凭着记忆和感觉，继续在人群中前进。最后，我，我们，总算走到了这些人中间。那里有一位老人，也许就是我陪伴的这位，也许是他的兄弟，或他的一个化身，我向他看过去，看见了他的过去。

他是一位古代的将军，身边总带着一面展开的旗帜。没有风，旗子是用细绳子牵着而展开的。上面没有任何图案或文字，整面青色或淡黄色，或土黄色，薄薄的，像是被风忘记了而凝固在空气中的那种展开。他被派去某地，为了某一任务。或者他正在被召回……他在旅途中写下几个字，是那种大幅的书法，我一个字一个字地读出来，像是诗，几句互不相连的诗，以一种倔强的逻辑连在一起，成为一句包含了许多句子和意思的诗。这句子代替了他，和我面前那些男人交谈，交涉。他们将他从过去带走，并没有返回这个大厅，而是去往未来。

在一片黄土地上，像是一个农村的院子里，我看着病中的歌手赵，等他醒来。那些男人对我说：刚才在大厅里，你们走过来的时候，你一眼都没有看过他，你们不是亲戚吗？我明白这是一种嘲笑，对我们的失败的嘲笑。然而，"他"指的是谁？是歌手赵吗？是我身边的一个没有表情的中年人？或者是我的一个化身？或者歌手赵就是那个将军？

他醒来了，我告诉他，他们要对他上刑了。他似乎还不大清醒，还没有听清楚，还在和我说着别的事情。我又重复了一遍，他叹着气，喝了口水，是我递给他的瓶装饮料。我说快醒醒吧，他们要开始折磨你了。

地上有一个架子，两根铁棍，连着两个铁环。一个男人过来，用钳子夹起那对铁环，它们已经烧红，冒着火，正在和铁棍分开，正在和铁棍连接起来。这大概就是刑具吧。

我在上百个梦之间穿梭着。每一个都以简单而坚决的逻辑，和其他的相关联着。有时候我并没有动，是那些梦在经过我。有时候，它们带走了我。更多的时候，是我在其中穿行，停留，见证，也说一些话，又离开，进入下一个梦。

赵，或者那个将军，也曾经出现在另一个时空里。刚才在大厅里，我一瞬间感觉到了整个的经过。在那里，我们是年轻的同伴：两个少年。我们加入到一群孩子中，做着大人的工作。我们来到大坝上，从那里出发，去旷野上的医院。我知道我们去了遥远的发电站，还有太空中孤立的大楼，我们去往浮动的房间，那里面的仪器和外界交换着无线电信号……

我在一片高地上留下来，只有我。前方出现了一个巨大的、快速旋转的漩涡。我知道，那个充满了无线电波的房间，那种令所有人紧张和兴奋的感觉，它的秘密，现在就要揭晓。我被这感觉压住，抬不起头，我低着头积蓄力量，再抬起头，右前方，高地另一侧的上空，也出现了同样的漩涡。是对称的，两个无比巨大的，像是灰黑色的建筑物在以极快的速度旋转，像是空气本身在旋转，因而揭露出，萃取出，空气中本来就包含的黑色和灰色的物质。像是另一个时空被空气旋转出来。它们比任何普通的建筑物都要大很多，也许有一个星球那么大。我似乎全都明白了，我向并不在这里的另外的孩子们说话，告诉他们这件事。

这高地四周什么都没有，我是从另一个梦中直接来到这里的。这是宇宙中的孤立的高地。现在我要回到原来的梦中。

但我只是回到了另一个空间，是另一群孩子郊游、野餐的地方。风和日丽，他们并不像我们一样负有使命，他们只是一群普通的学生。但这里也有一个秘密。事实上，那就是同一个秘密。我感觉到了同样的令人紧张、兴奋的气氛。

我太激动了，以至于四周什么都没有，就像是在太空中漂浮。确切地说，不是在太空中，而是在前后四周什么都没有的时间和空间里，连前后这样的方向也都没有，在这里，我发现了那个让很多人害怕的，难以理解的，然而一旦发现就知道它并不可怕也不费解的秘密。它只是太大了，太突然了，或者说太新鲜了，太不一样了。也许是太简单了。总之，我和另一个少年走着，有时候躺着，通过无线电波或者其他的方式，和另一空间的同伴通话。

我走向一个更小的空间，离开了孩子们郊游的堤坝，身边不再有围墙、树林和草地。我进入一个狭小的走廊，旁边是一间屋子，我看进去，是曾经和一些朋友玩闹的屋子，或许我们还正在里面玩。我充分感觉着那个秘密，整个身心和它融在一起，我兴奋极了，我看见另外的旋转的景象，更小的，非常小的漩涡，不知道是不是在我眼前，还是在别处，不知道到底有多小，离我有多远。就在这间已经变得空荡荡而且比原来更大的房间里，我缓慢地倒下来，并且瞬间从中穿过。

在倒下的过程中，我看见一些尘土，缓慢地落下去，落在我认识的人和事情上面。我瞬间穿过了那个秘密，恢复了正常，出现在人群中间。然后这时空一下子就结束了。我进入了下一个梦。

  我对自己说,现在我可以自由地,在那里、那里和那里之间,在这些梦和生活之间穿梭了。我已经将这些逻辑连接起来,它们变得通透,甚至是明亮的。但是最开始的那一部分,却已经消失了,它不在这个循环里,不在这个自由旅行的关联之中。

两个梦。3月8日

一

在许多快速转换,而又相互关联的场景中,我和一些人一起,回忆着过去的兰州,包括过去的大学,西北师范大学。是啊,在1980年代,它曾经与众不同。

我们眼前是一片水域,不知怎么的,我想起了水泊梁山。回忆的镜头向前推进着,捎带着拍到了左边的建筑,像是红色的舞台,又或者是一个机构的办公室,文学协会之类。前方的尽头是学校的戏剧社团,水中的,沿着山石修建的亭台,不断变形着,随着我们目光的接近而成为现代的、古代的、山寨的、舞台的,或科幻的样子。它不像后来修建的任何的建筑,它不是那种循规蹈矩的人进出的空间。它是狂野的,既不属于现代,也和传统无关。它生硬地驻扎在大学的边缘,藐视着权威,人们来到这里,像是要跨越巨大的屏障,去尝试自由的滋味。

洪水从它前边经过。洪水的另一头就是大陆的尽头,也是文明的尽头。我们似乎坐是在船上,远望着它。又或者镜头是架在船上,而我们是在各自的身体里看着梦的影像。

我对自己说，啊不，这不是真的我的大学，这是我的想象，或者愿望。这可能只是我的梦。于是洪水退去了，整个场景也都退去了。这里变成了广阔的平地，人们向同一个方向走去。我也在其中。一边走，也一边和一些人交谈着。周围什么都没有。我们像是在一切都已经结束了的黄昏，向下一个事件走去。我们走得从容不迫，又毫无意义，像一副灰蒙蒙的油画上向画面之外走去的人群。

二

和老叶一起喝酒的人，说起了那个被箭射中胸口的人。

这饭局里，大约有三个或者四个人，有老叶和小贾，还有老陆，另一个人不大确切，可能是小马哥，或一个外地来的客人，或者老叶的同事。又或者是另一个类似的梦中的人，比如说，是我的饭局中的一个人，因为相似的光线、饭馆的格局，或者因为说着相似的话，而混入了这个饭局。

总之是一个中午，他们是在兰州，一个饭馆的二楼，围坐在靠近栏杆的桌子边。其中的一个，喝醉了，拉开弓，向楼下的另一时间的另一个饭局射出了箭。楼下是一个傍晚，是个露天的小院子，同时也是办公楼的大堂，有几个人坐在那里吃饭，或者正准备要吃饭，其中的一个就被射中了。人们喊叫起来。我听见有人说：他的黄金甲呢？

然后所有的人，楼上的，楼下的，我身边的，都开始讨论起这个事件。那被射中的人也不例外,他像个旁观者似的,客观地评论着这件事,他认为他的确是被箭射中了。而他的胸口上,还插着长长的箭,在昏暗的光线里,就像一种令人伤心的植物的剪影。大体上,因为席间还坐着一位领导,这事看来不妙,可能会闹大。然而,那领导其实也是老叶的朋友,大家就决定再组织一个饭局。于是楼上的几位就又趁着酒意,闹着,喊着,从楼上的另一时间,加入到未来的新的饭局的计划中去。所有的人,楼上的,楼下的,也都还带着之前的兴奋,继续喊着喊了一半的话,继续着原来的动作。

我知道了新的饭局的计划。也知道我并不会回到兰州去。我感到伤心。快要哭出来了。也许已经哭了,只是我没有流眼泪,也没有出声。我对自己说,也许是对另一个人说:看来我还真的很留恋兰州啊。也许我是无声地说的。不管怎么说,说完这句话我就平静了。那就像是一小杯浓缩咖啡里的平静。

一个梦。3月15日

一条蛇,从巨大桌面般的平原上游过来。

是一条小蛇。带着敌意,向我游过来。我伸手捏住它。还默念着,或许是向别人说着那句老话:打蛇要打七寸。它太小,我不确定七寸在哪里,但已经来不及了,它就要张嘴咬我了,必须立刻动手……然后我就捏住了它的脖子,就是蛇头下面的位置。与其说是用动作,不如说是用意志,我几乎没有动,就已经用左手将它擒住。

它仍在扭动,伸长了脖子,甚至伸出去几倍长,又盘旋着,回过头来,打算咬我。我又伸出右手,一边想着不要被它咬到,一边以同样的意志,将它的头也轻轻捏住。

但这是怎样的蛇头呢,它就像一团青色的面团,一捏下去就破开,被里面的牙齿顶开。那牙齿硬硬的,毫不退让,我自己的拇指捏上去,被它扎破了一个小口。我的右手,此时随着意志变为左手,又换个角度去捏。那蛇已经失去了作为活物的主动性,它只是一颗被柔软面团包裹着的利齿,轻松地,最低限度地,在我手中扭着,任凭我的拇指,再一次重复着刚才的动作,重复地捏上去,一瞬间我接触到那牙齿的光滑表面，它的釉质和反光，甚至它的整个的弧度，我了解了它的温度和硬度，它内在的性质，它的潜在的移动趋势，尤其是它小巧而迟钝的、毫不退让的顶端。

一个梦。4月15日

我们在看录像。应该是一盘录像带，比如说，90年代的香港电影。也可能是DVD。介质并不重要，重点是那个黑黢黢的、老旧的显示屏，镶在墙上，像是在窑洞里，在地下坑道里，在储藏室的墙上，随便地装了这么一个屏幕。像一次漫不经心而又郑重其事的地下艺术展览。

我们满怀着兴致，捏着遥控器，将影片快进到最后。黑乎乎的屏幕上，无关紧要的字幕，向上移动着，全部消失在像素的黑暗中。然后出现了隐藏内容：一件录像艺术作品。

那几乎也是在黑暗中勉强呈现出的一些粗糙画面：一只鳄鱼的后半截身体，摇摇晃晃地爬进了画面，像是那种电影公司的出品片头。我因为在看，也就跟着进入了这画面之中。就好像不能忍受屏幕的尺寸，或者是不能忍受它的昏暗，而加入进去，使自己撑破它，让它可以呼吸，可以被真正的空间所容纳。哪怕是虚构的空间，只要可以让我置身其中，行动，感受到时间的拉伸和延展，那这录像也就可以自由地存活。于是它也就不再是画面，也不再有"它"。也不再有"我们"的那个曾经存在的观看的方向，没有观众了。虽然并不知道是谁，但可以说，曾经就在我身边，以同样的目光投向屏幕,通过目光而达成一种默契的那个"我们",现在也不存在了。

我进入了录像的内容中。我正在成为内容。同样是在一个黑乎乎的洞穴里。不很深。先要穿过阳光,然后进入那个洞穴,要努力地进入,这样也就能让它稍微更深一些,更适合事件进行下去。那里有两三个人,当洞穴足够深,可以让我们面对面站着,又并不足够展开更大的活动的时候,他们就开始唱歌。那就像是几个百无聊赖的演员,在等待剧场开门,在后台弹着吉他,胡乱地唱着歌。

但他们又是那种急于表现自己的演员。那种嗨点很低的文艺青年。看打扮像是上海人。他们摇晃着,朝向观众的方向展览着自己,也像是在拍摄一支便宜的音乐录像。

那么,我原本是要来逼迫和审讯他们的吧。我无所顾忌地进入了他们的世界。我去揪住其中的一个,个子比较小,衣服颜色不太深的,像是更容易从背景中分离出来的那一个。我开始打他。用拳头,缓慢地打向他的脸,似乎只有打的意志,而没有对象。恐怕我并不是一个暴力的人,或者说我的暴力难以加诸于人,拳头一挥出去,就失去了对象。一种没有受力者的力,在身体内和身体外运动,它并不遵循肌肉和关节的规则。但这个人可并不是不存在,他只是不存在于这个力的轨迹和逻辑之中而已。他开始反抗了。他们一起开始反抗,反击。我知道那反抗已经发生了,正在发展着,但我们的身体和力处在不同的逻辑中,我们并不真的相遇。不过,我还是随着自己的意志撤退,像是为了配合对方的反抗而向后退去,直到退出了洞穴。或者说,不是我退出了洞穴,而是我的非暴力的本能使这个洞穴不复存在。我们双方,都在行动中激动起来,因而暴露在阳光下,一片狭小但没有边界的空地上。

这片空地像是一个院子,也像是一个小停车场。一个后院。山丘前的一片空地。一个随着我的退缩而变大、变亮的摄影棚。我在对抗中改变了光线和空间,现在,这片具体的空地又重新给了我们阴影。

我似乎又回到了观看中。那几个人,留在像素的深处,不再可见,甚至不再有形象和实体。屏幕仍镶嵌在低矮的墙上,静止在这场变故的间隙里。

我保留着观看的动作,却什么都没有看见。也什么都没有在看。

一个梦。4月18日

　　长着鹿角的猛兽。巨鼠。在浅黄色背景中移动的动物。住在房间里的野兽，因为经过了语言的约束，而变得简约和干净，也更凶猛和神秘。经过了上千年的纪录、讲述，而吸取了语言的力量，保持着静默，一种优雅的野蛮。

　　在一片清澈的虚无中。

　　五大爷用枪顶住我的头。是一支霰弹枪。我知道他只是在训斥我，但万一他真的开枪了呢。我马上害怕起来，又意识到自己并不害怕。开枪的话我会马上死掉。头骨会碎掉。我的存在会立刻中断。我害怕这个可能发生的剧烈的振动和破裂。它和死本身一样剧烈。我咬住牙，就像电影里被枪指着头的那些人。但我的下巴稍稍伸出去了，暂时收不回来，只能半咬着牙。本来应该用力咬牙的，但现在我是用力保持着一个姿势，一种平衡，在沉甸甸的威胁之下，停在一个小巧的平衡上。

　　我对这个小巧的平衡怀着感激。像是感激一位老师，一位长辈。我全力配合着那个剧烈的威胁，等待着下一个时刻的到来。

　　这是一个完全孤立的事件。没有空间。没有地面和场景。它正在向一些微弱但又清晰的记忆转移：郊区公路边的树。傍晚，从吉普车向外看到的树。掺杂着另一些时间里我一次次亲身闻到的这些树的气味，也许是气味的记忆。

在同样孤立而清澈的知觉里，姐姐对我说，妈要出院了，很快会回家来。我想到最近的安排，似乎很满，我感到内疚，想要赶紧弄清楚到底哪天有事，哪天可以留在家，和妈妈在一起。姐姐说，妈听说你在家，很高兴。我就感觉到了她的高兴。那是一种也许是淡黄色的，轻微向上和向四周扩散的感觉。我想到自己还会和她争执，互相生气，就感到了内疚。我在这个清澈而孤立的时间上感觉到了自己的轮廓。也许是自我的轮廓。我在心里说：对不起，妈妈。

没有空间，这些全都存在于时间和语言之中，就像一直都存在于其中。我知道这都是真的。

一个梦。5月5日

我向楼下望去：巨大植物的叶片，沿着枝干，向上伸展，蔓延开，遍布窗外的整个空间。这里或许是楼和楼之间围出来的天井，或者一座楼的后院。窗户是落地大窗，我站在边上向脚下望去。真让人晕，就连以往有过的晕眩也一起发生了，就像是要向所有经历过的高度表达敬畏和恍惚，我隔着玻璃，因为这植物的高度和色彩而感到晕眩。

它就像是某种盆栽植物，只不过体量极大，而且从盆栽的命运中解放出来，回到了野性当中。它有巨大的叶片：明亮的黄色，深绿色，隐藏在黄色背后的红色，我意识中的然而并不存在的红色叶片，搭在阴影一般的绿色上，简单地层叠着，我越看，它们就变得越亮，越鲜艳。窗外充满阳光，平均而强烈，那植物像亨利·卢梭的丛林，以大卫·霍克尼的虚构的色彩和米罗的真实的形体，一直向上，充满了窗外的纵深的空间。它们介于真实的植物和绘画形象之间，理所当然地，以这种两重性，存在于我的时间之中。这是一段没有来路也没有去处的时间，不需要解释的，不从属于任何人或者物的时间。它已经从自己身上浮现出来，也即将要沉没于同样的身体。这植物是这时间的内容，它不生长，但一直在微弱地，随着我的知觉而变化。

我想，它真是太亮了，太鲜艳了。于是我被其中最亮的几片叶子吸引，也许是鹅黄色的，因为太亮而接近于白色，我被这种视觉上的饱和给充满了，给掀起，那种对高度感到晕眩的感觉，变成因为光和色彩而呼吸困难。可以说，这是视觉上的空气稀薄，或者醉氧。或者说是一种生理上的敬畏。我预感到这玻璃窗也不能阻挡那种发抖的感觉，它正在脱离感觉而变成真实的抖动，我会和植物进入同一个抖动的频率。我继续向窗边靠近，缓慢地移动着视线，从上到下，再向上看回来，像一种触摸。在这观看中，光变得更多，更饱和，真像是快要爆炸，搞不好已经开始爆炸了，并且就要在爆炸中蒸发干净。那些最亮的叶片，像是向日葵，或锦葵的叶子，有点圆，但更厚，也没有毛刺，从枝干上一片一片伸出来，从容不迫。那些宽阔的光的叶片，让我快要无法承受，我正在失去方向，开始站不稳了。

我一边看着，一边在心里描述着这个经历。我知道自己会把它写下来。

一个梦。5月9日

我把一条鞭子挂了起来。

黑漆漆的空间,不像是房间,倒像是临时布置的展厅,或者一个装修过的集装箱。没有反光,墙面蒙着一层绒布般的,柔软的黑暗。它不同于空气中的黑暗,那种虚空的,弥漫的东西,而是有着自己的密度和界限,可以抵达,无法越过,所以说,就像是蒙在墙面上一样。或许也可以深入,或渗透,或者沿着它展开自己,做一个黑暗的测量者和规划者,但要向边界走去,就会改变我现在的情境。

我从眼前的黑暗中取下一条皮鞭。

从这个动作中,我眼前出现了原来放着皮鞭的地方,就像是从这个逻辑中,倒推回去,诞生了这个事件的诞生地。那是一片有光照的平台,皮鞭就像是电脑屏幕中缓慢旋转、几乎看不出在动的 3D 图像。它本身也首先只是一条鞭子,笼统的,勉强摆脱了抽象的概念。然后才成为皮鞭,在到我手里之前,稍稍变得更具体:是一条 60 到 70 厘米长的软牛皮散鞭。就像被一台 8k 摄像机的镜头捕捉,它被塑造成一件超过了我的视力的清晰度的物体。我伸手将它取回,再挂上墙,是我左前方的黑暗之墙,大概 1.2 米高的地方。

在挂上墙的动作中，我不再是只把一条鞭子挂到墙上去，而是正在把三条不同的鞭子，一条接一条，从眼前的几乎是纯粹的视觉平台上取回现实，再一条接一条挂上墙去。而且是同时，在同一个动作中，逐一完成这三个动作。

一条是牛皮散鞭，散发着镜头中那种超出视觉经验的清晰光泽；一条是一米多长的单鞭，有一点干，因为储存不当而变形，挂起来仍是弯曲的；还有一条，可能是短小的无柄单鞭，不像前两条是我实际拥有的，它并不真的存在，没有特定的重量、质感、光泽。它也不是愿望中的物体，它不接受一个特定的形体，而是在欲望和记忆中漂流着，有时候比较沉重，有时候成了静止的图片，有时候以一种从卷曲到伸展的趋势，在静止的悬挂中显现着伸展的可能性，有时候它只是另一条鞭子的副本，一个变体，一次短暂的变奏，然而是自发的，自由的变奏，它发生得那么缓慢，又结束在另一种可能中，那样坚决。

我在这空间里走了几步，把三条鞭子一一挂上墙。墙上并没有挂钩，或钉子，那里只有为了让鞭子可以挂着的，一种必要性。就像是为了我的动作，而产生，而延续的逻辑。就像是一个不需要语言来证明的语法现象。这漆黑的长方形空间，包括我在内，因此而合理，而完整。

两个梦。5月13日

一

就像是在沿着小山坡散步,我们慢慢走到了高处。这是城市的一个角落,或者说一个缝隙,一个被日复一日忽略,无人照管的地方。离附近住户的低矮的平房很近,或许也靠近铁道。附近可能有树林,至少有一种来自树林的气息,或者不如说,是这种气息所伴随的凉意、阴影,那也是离开了日常生活的暂时的空旷,和无所适从的闲暇。

我们就势向上看去。天空正在变暗。天空正在降雨,细小的雨幕,在我们周围落下。乌青色的、灰黑色的云,一层层从左向右推进着。奇怪的是,这雨并不让我们困扰,甚至未必会淋湿衣服,也不让路变得更滑,也谈不上什么冷风。那只是在下雨而已。我只是在担心它会不会下得更大。唯有这担心本身,使人焦虑,似乎它正要变成现实。似乎越是担心,它就越是以正在到来的姿态,而层层堆叠,变成已经预定了的现实。这种尚未形成,但已经被预感到的现实,要比已经存在的现实更加严重。就像是天空中的黑云,它带着一种瞄准了你的头顶的气势,缓慢地涌来。

而天空中的云,也的确是正在变化。笼罩着我们的是较为灰暗的一片,我想,它所携带的雨量,应该并不太大。可是紧随其后的,是越来越深,越来越暗的浓密的黑云。正当我向同伴指出这个变化的时候,它们移动得越来越快,可以说是飞快地,那乌云以一条黑线的形式,已经涌到了我们头顶,又已经越过了我们的头顶。它并没有带来我想像中的暴雨。头顶上还是一样的,不紧不慢的细雨,我甚至能从一个高空的角度俯瞰下来,看见雨线一道道划下来。然而那乌云的确是带着威胁而来,像暴雨一样沉重,而又尚未释放,因此更加令人不安。它改变了天空和地面的关系。也改变了我和同伴的关系。他已经不复存在,只剩下我,看着黑云滚滚经过。一切都变了。

二

在另一片空地上,更抽象的地方,我像一个小孩一样注视着天空。黑云像不断倒进水里的浓墨一样涌动着,向另一半还算晴朗的天空洇开。它的细节,它的对比度,都不再像是自然的一部分,而是更接近那种流行的数字视频:它的边缘在扩散,卷曲,转动,细微的肌理一边渗进原有的天空,一边扩充出新的空间。

我说:看!

邪恶的事情发生了。必须做出反应。要么是逃跑,要么是抵抗和清除。要么同时是这些所有的可能。要做出反应……我们进了一片树林。然后是地下城一样的房间，一间连着一间，灯光昏黄，偶尔有一两个明亮的。我们迅速经历了许多事情，就像是快进一样，像被一个祝福推动着一样，我们已经开始了一个漫长的旅行。

　　我还记得在一道门的外面，一个新的城市的角落里，或许是长途汽车站附近，有一个卖小吃的小摊。摊贩说着方言，似乎来自古代高原，我曾经梦到过他们的家乡：穿过一个黑漆漆的密道，从山的内部一直向上爬上去，钻出去，到达阳光刺眼的雪山之脊。但他们都是汉族人，那种在任何地方都能活下去的小贩，就像是在全世界修鞋和开饭馆的四川人。我要了一种面食，但没有人端给我，两个小贩，显然是夫妻，还有一两个顾客，都露出一种得意的神情。那就像是说：看，一个外地人，你不知道我们的习惯。我没有理睬他们，心里嘀咕着，又要了另一种吃的，点心之类的东西。这次，那女的来向我收钱。四块五，她说。我给了她五块。也许是六块。我也注意到纸币的面值有点奇怪，搞不好就是一张六块钱的钞票。或者是四块的。她接过去，不停地唠叨着，和其他人聊着天。我意识到自己没有和同伴在一起，这让我有一点着急。这着急，让我和小贩更加隔阂，我们不能互相理解。我们只是在买卖一种陌生的食物。我即将离开。如此而已。

我还记得，在这之前，我的同伴，她累了，躺下来，很快就睡着了。一瞬间之后，她已经睡了很久很久，终于就要醒来了。我把手凑到她脸上。她用嘴吸着我的大拇指。她实在是太困了，她想继续睡下去，但不是这里，而是一个更舒服点的地方。于是我们就在一个被许多房间围着的房间里了。那是一间旅店，客栈，或者一个在许多层层叠叠的房间深处、被人们忽略了的空房间里。她躺在一张大床上。或许我们都躺在这床上。门窗敞开着，远处是公路和树林，也许还有水面上带着水汽的风。她的倦意使得旅途渐渐减速，停了下来，停在这里，不再有任何事发生。不再有那些人、妖怪、朋友。也不再有街道和神秘的风景。大学消失了，城镇消失了。地道也消失了。那些威胁和兴奋，未完成的任务，就此停顿了。我们周围的一切，包括曾经存在的，和存在于未来的逻辑中的，都这样悄无声息地不见了。

两个梦。5月15日

一

一个高高的建筑,像是古代的城墙,或小山,下面是门,或者不是门,但至少有个简单的通道。我从里面走出来,路边满是小吃和杂货摊。虽说还没有到晚上,但已经坐了很多人,在吃东西。不那么吵闹。我仔细看了看,全都是台湾人,摊贩、顾客,都是。他们好像在这里找到了一个同乡会似的,相互亲近,因为默契而并不吵闹,甚至在静默中又有点喜气洋洋的感觉。

我走着,看到他们在看我,并且流露出惊讶的表情。好像在这样的地方看到一个大陆人,有点不可思议。我想,这有什么,我不过是路过罢了。

二

我对一个人说,如果不去阅读含义呢?而只是把组成文字的黑白相间的小点儿数出来呢?说着,我们数起了一个字上的黑点。这个字,就像是二维码,又像是眼科大夫测试色盲的马赛克画,要靠许多黑色的小方块组合起来。我数到了十几，他说算了你数不过来的。我没有理睬他，继续数下去，然而并不是一个一个地数，而是目光扫视着，嘴里飞快地念着数字，我想我才不会去挨个数呢，只要有一个大概的数字就好了啊。的确有点难，它们并不规则，有大有小，间隔也不平均。我嘴里数着数字，这说话的速度影响了我的目光，我不得不飞快地扫过。我本来是趴着说话，现在上半身完全坐直了。至于下半身，它仍然处在沉睡之中。它有点固执地拒绝存在。但我无法理解既然它并不存在，又怎么样去拒绝自己的存在。

我数到了七十多。应该差不多了吧。我说：七十六。

我们继续应用这个方法，用目光扫描每一个字，像扫描条码一样，而且也随之产生出了声音。就像我们是电脑，扫描到的二进制数据在软件里生成了声音。但这些声音不够有趣，还太单调了，我想要它们能够偶尔停下来，又能够形成一些长音，一些重复，最好是形成一种慢速的演奏。对的，慢速的，我喜欢的风格，和所有那些忙忙叨叨的电脑音乐不同的缓慢的风格。我一边指导着学生，同时在另一个空间里，处在一场排练之中，同时，似乎也在又一个地方和某位长辈一起演出。我的乐器，在我这些愿望中慢慢形成，又变化着。

我始终记着这个扫描的方法，并且和几个朋友讨论起来。他们是台湾人，几个同行。我们在微缩的台北坐上汽车，赶往书店和唱片店，一路上还继续讨论着。车越开越远，就像在游乐场绕来绕去。等到终于绕回来的时候，另一些梦开始被我们的游逛打开，从过去重现，叠合进来：比如说，我曾经梦见，在一家小店门口，我遇到了几个刚刚买了新唱片的人，我们像是在电脑游戏的小镇场景中对话，然后就各自走开，去下一个店铺门口，和另一些人对话。现在这个梦就真的在重新发生。然而我始终是还在车上，有时候是在地图上，绕来绕去，终于，我们回到原来的路上，又继续前往某地。有时候，在之前的另一个梦里，我在兀然转弯的u字形路线上看着地图；有时候，我在公交车里查看站牌，听着其他乘客讨论站名和路线；有时候，我在出租车里看着汽车拐弯，从闹市，驶向清冷的远郊。

我还记得其他人用扫描器演奏的例子。2006年在首尔，choi joonyong 或者是秦相太，曾经一边扫描可乐罐子上的条码，一边用笔记本处理这些数据，用它们定义参数，发出声音来。 2011年，在湾区，我看了迈尔斯学院音乐系研究生的毕业演出，有几个学生表演了一个混合着戏剧和音乐的节目，他们也扫描了几十件东西上的条码。我眼前一直有种激光一般的视觉，所有的字都在从右向左移动，缓慢地，被我的目光扫描，同时发出声音。

即使是在台北，在旅行中，在如影随形的过去的睡梦中，这些声音还是排在意识的最前边，而且它们随着我的喜好，从数字的声音，变得越来越模拟，而且越来越简单。

一个梦。5月16日

一种音乐在前方的景象中升起。清晰的音乐，清晰的景象，一个缓缓的下坡，明信片一样的小城镇的街道，两旁是简单的建筑，有高有矮，像是仿照欧洲小城的明信片而简化的设计，带着一点点80年代文学的味道，童话的味道：它们也许是邮局、政府办公楼、药店、修理铺、几排不同的公寓，然后是一处空隙，也许是另一条街道。临街的建筑背后，有一两个更高的建筑，像是塔和高楼，但并不比街道本身更显眼。路面就像是专为我的视线而打扫过，干净平整，空无一人。那微微向下延伸的街道，不知通往何处，随着我的注意，而放大，而更清晰，像是变成了微缩的模型，要么就是我变成了空中俯视的观察者，静静地，长时间地和它们相对。那音乐伴随着远处的雾霭。或许是光，雾一样的光。或者干脆就是色彩本身：水彩一样的，塑料一样的。清淡的色彩，涂抹了整个背景，又笼罩着所有建筑背后的空间，那是一直向不远处延伸并最终有个尽头的空间。一个男声在唱着，就像我是电影中的人，而这歌声是电影配乐。我想，那应该是英式流行乐，带着一点清新的迷幻味道，很慢，或许是自恋的带着鼻音的歌声，配合着简单的节奏。每样乐器都轻巧，像电子游戏里粉红色、淡蓝色的格子，从里往外敲打着屏幕。

我开始注意听这音乐。那歌声似曾相识。但比所有我记得的都更轻，更从容。这种印象也许是因为距离。但它并不是从街道的某个角落中发出，也不是来自任何一个建筑的任何一个房间，它是这景象的配乐，但实际上，我并不是这景象中的一员。如果真的有一个歌手，在此时合着他的乐队演唱，那么他大概也和我一样，跟这片小小的街区保持着既清晰又不可靠近的距离。

他大概是在用英语唱歌，而且已经唱了有一阵子，但我清楚地听见，第一句歌词，像是刚刚被他，被我们，写出来，像另一种色彩和光线，在这平坦的路面上方，以一种既无发声源也无声音体的声音呈现。它像所有已经准备好了的诗，或者歌，的第一句，坦然地开始，而且不需要翻译。它是这样的：有谁能解释芒果的香味？

一个梦。5月19日

我在房间里待着。我想,还要在这里待很长时间呢,也许是三五天,一个星期,也可能会更久。我想起那个身材苗条的女孩。她并不瘦,长得匀称,我感觉到了她的胳膊和大腿侧面的光。我得给她一些钱。但应该是多少呢?我还有多少钱呢?我感觉到了我的钱包,是一个深色的皮夹子,里面应该还有不到一千块钱。她会需要多少钱呢?一千块?五百?或者两千?

我有了一种感觉,我感觉到自己的一个念头:我想要请她进来,到这里来。不是到房间里来,而是到"这里"来。究竟是哪里?我想:是到床上来:和房间相比,床要更真切一些,我感觉到了床,我也感觉到了房间,但很难说我真的感觉到了房间:究竟什么是房间?我想要请她进来,不一定要进入这个房间,甚至也不一定是到床上来,而是进入这个现实。我想要她的陪伴。

陪伴的意思,是一种很慢的动作。在动作的表面下,其实是长时间的无意义,就像可以用动作来掩盖意义中暴露出的空洞,那个真实的空洞,它比它周围的稀少的意义要真切得多。

她背上的光，和胳膊、大腿上的光，在黑暗中形成一个身体的轮廓，仿佛正在弯腰，正要到床上来，正要俯身：不光是俯身到床上来，更是俯身进入下一个动作。我特意从意识中停下来，不再体会那空洞，而是开始体会陪伴。那对于我自己来说，也是一种非常慢的感觉，大概要整个下午才能完成，才称得上是了解了陪伴。就像我是一个渺小的自我，被饱满、柔软的嘴唇包裹起来，被鲜艳的粉红色舌头接触着的无形的自我，需要在逐渐融化的过程中脱离自我，从而看见下午的房间。同时，某种清凉的东西，或者说是稀薄的空气，就像稀少但是清晰的意识一样，在这过程中，让整个空间都升高了一点点。非常微小的一点点。但足够让我完成融化，任凭泡影消散。被胳膊和大腿，还有头发所环绕的，将会是一个真正清醒的我。这是一种非常平淡的感觉，而且很慢，和现在这个安静的、被其他人忘记了的房间非常搭配。

　　这就像是所有的计划都已经做好，所有的欲望都得到了安排，在一个若有若无的下午，偶然产生了一个意外的愿望。她让我想要看清这个房间，整架机器都停止运行了。

两个梦。5 月 20 日

一

已经快夜里十二点了,灯还都亮着,外面的天也还亮着,至少,既不是黑夜,也不是白天。那就是一个所有人都还醒着,还在做着什么事情的时间。

至少在我家里是这样。至少我家周围是这样。我在收拾东西,今晚要高考了。我一边准备文具,一边和爸爸,还有姐姐说着话。也许还有另一个人,就像是姐姐的另一重身份,来自未来,也可以说是来自她的愿望。对,我能够感知到她的愿望。那是一个已经工作了很久的女人,一个专业人士,税务官,或者调查员,或者是一位老师,比如说,年轻的教务主任。她比姐姐要果断,也更清晰。只是她并不总是在我们中间,她在水边和围墙边,从车上下来,走走停停,她在高一点的地方俯身看着我……爸爸和姐姐都不紧不慢的,就像是刚吃过饭,还不着急收拾桌子那样。这是一个闲暇的时间。

但我还是有一点紧张。已经十二点半了。已经十二点四十多了。我一边拖延着出发,一边享受着这无所事事的时间，同时心里又期待着，等待着最终要出发的时刻。

已经快一点了，我问姐姐：怎么，你不去考试吗？今天？她说不啊。这时候爸爸在旁边接过话头：今天是你去考试，你姐已经考过了，她下次考试的时间……

我突然意识到，只有我在和时间玩这个游戏。我迟到了。

考试是十二点整开始的。我在路上，和一个声音对话，他说，快点啊。我说，来不及了，好像是十五分钟后就不能进考场了吧。他说是啊，怎么会这样啊。我感觉到了他的慌乱，在他没有说出来的话里，有一种要命的绝望。

我到了学校。很久没有来了吧，一排一排的教室，分别属于不同时间的记忆：每过一个学年，我们都要换一次教室，所以我看到了这一年、那一年、另一年上课的教室。有一次，我曾经走去另一个年级，去拜访某位学长，而我现在也看见了这一次拜访……我来到最后一排，那是高三时候的教室。远看并不太高，但又像极高的红砖砌成的仓库一样，要仰头才能看到房檐。里面的墙是刷白了的，简简单单。我边走边想，如果还能让我进考场去，只要一半的时间就够了。我各门功课都不错啊。一个老师从半空中现身，加入了我，他给我看了看卷子，有好几页，问答题、选择题，等等。我模拟着奋力答题的兴奋感，心想没问题，以我现在的能力，可以在一小时内答完一大半。只要让我进去啊。

门口站着几个同学，在等人的样子。他们是不是已经交卷了？

是啊他们已经交卷了。在另一边，另外几个同学也交了卷，在后门外站着。我急急忙忙地，想要进去。恍惚中，我置身于考试的最后几分钟，每个人都在抢着答题。我出现在老师的办公室里。我在透过门锁的镜头中。我身处乌有之地，一个看不见的人说，不行太晚了，你已经不能进去了。我在同学和老师中间，这实际上已经是大学了，我上了大学，但仍然卡在高考这一天，为不能参加考试而焦躁。我离教室内部的白墙非常近。我穿过了整个校园，躺在大学的床铺上，仍然在收拾文具。

另一个人说，你只能参加一个月以后的下一次考试了。只要你能被一个注册资金在 60 万美金以上的公司录用，就可以参加下一次考试了。

二

黑漆漆的大学，没有亮着几盏灯，也看不见月光。我在收拾东西。我总是在收拾东西。不是为开学而收拾，就是为了放假而收拾，要么就是为了毕业，或者为了在毕业后又一次入学。总之，我总是在宿舍里，对着床铺，弯着腰，对着上铺或者下铺的床头，收拾着一个箱子、几个箱子、翻开被褥、打开一个旅行包……

在整个大学时代，我都很少住在宿舍里。我住在父母单位分配的房子里。我也很少上课。这让我偶尔有点不安，担心会被学校找麻烦，或者，万一哪位老师不高兴，干脆就不让我及格了。我会偶尔回到宿舍，在昏暗的灯下，或者天亮前的一线天光里，问问室友课堂上的情况。有时候，已经几年过去了，我的床铺还没有用过一次，我在深夜回来，小心翼翼地躺下。室友们看起来都那么熟悉。他们只是不说话，也不看我。就像我是一个鬼魂，回到了以前的时间、未来的时间，重复着一样的动作，而周围的人，仅仅和我保持着一种秘密的、时常被我超越和破坏的默契。

我总是住在不同的地方。我有两套房子。有时候更多。我没有时间好好利用所有的这些房子。包括房子前的地窖，还有围墙外、密林里的地下室。我总是在几个月，甚至几年之后，才充满渴望地想起那些另外的生活的可能。我总是在几年之后，才有机会去查看一下那些书、磁带还有其他宝贝，我摸着它们，就像是和老朋友重逢，彼此打开了陌生的宝藏。

我遇到了几个老朋友。其中有人在卖新疆烟。他邀请我出去，从我住的地方走出去，到前边不远的另一套平房，去和他们聚会。那是一间昏暗的房子，确切地说只有半间，也就是被灯光和窗外的车灯照亮的这部分，包括偶尔有人点亮打火机，点烟的时候照亮的那些部分。其余的部分尚未存在。

我没有抽就已经晕乎乎的了。我想,啊,用不着和这帮傻逼浪费时间,我自己有啊。我想起来,就在地窖里,很久以前,我存了很多。是的,用胶卷盒装着,一盒又一盒,我嗅着它们的味道,掂量着它们的分量。是真的,只要我醒来,就可以回到那里,下到地窖去,把它们取出来。

我醒来了,在一个除了意识之外什么都没有的状况里,琢磨着这些够我一个人抽很久的烟,是啊,我几乎都忘了它们。我把它们忘在我的意识之外了。我回到刚才的梦里,继续和那些人说着话,继续在宿舍里收拾东西,心里装着一个妙不可言的秘密。

两个梦。5月27日

一

这是一道高墙,就像练习攀岩用的岩壁,显然是人工砌成,笔直,光滑,巨大,四周什么都没有。就连它顶上也什么都没有。没有天空,没有屋顶。一种既不是阳光月光,也不是灯光的光,抽象的、先于其他光而存在的光,照亮了这巨大整洁的空间,没有什么阴影,这里开阔得纤尘不染。

我走近一点,看见墙上粘着一排排的彩色小球。有点像攀岩练习用的那种凸起,但要小得多,整齐地排着,粉红的,淡黄的,浅绿,浅蓝,更像是一排排的棉花糖。我被一种想要一试身手的愿望鼓动,也许是因为旁边还有什么人,让我想要表现,要逞能。但旁边看不见任何人,没有对话者,没有陪伴者,确切地说周围极其整洁,除了我没有任何生命。这个愿望没头没脑地,让我有一点点不自在,但似乎也没什么大碍。

我用手抠住那些小东西,脚尖顶上去,踩着它们往上攀爬。很软,真的和棉花糖差不多,只是并不黏手。我感觉不到肌肉在用力,但这并不轻松,需要全身贴住墙壁,脚尖绷紧，两手尽可能多地抠住这些小东西。真是些软绵绵的，一捏就收缩，摩擦起来发出呲呲的声音的小东西。有的几乎要被我扯下来了。我侧过头看看，哦，还有更多，一直排列出去。它们大概有指头肚那么大，偶尔也有半个拳头那么大。有时候，整排都是一种颜色，比如说青色。再往上是夹杂着粉红的青色、淡绿色。我从一个比较远的视角看过去，就像是从身后的半空中看过去，嚯，有点太多了，排得太密了，失去了形式感，不像那种一个一个独立存在的样子，对，失去了诱惑。

也许这攀登根本没有尽头。我知道这个墙的高度并不固定。也许会变成无限高。那样就太荒诞了。我可能不会害怕，也不会掉下来。但这件事会变得很尴尬。难道我不是要爬上去吗？难道，这不是一个即将结束的场景吗？还有下一个、另一个，和我的情绪和愿望无关的场景，像是未知的曲线，在别处自由地伸展着，没有人能去转折它，缩小它的弧度，或减缓它运行的速度。如果我不能爬上去，就不会加入它。就和它彻底无关。

我决定完成这趟攀爬。我决定高墙就这样到头了。没有什么无限。到此为止吧。我三下两下，连一个抬腿翻身的动作都没有做，就已经站到了最上面。也许我是太着急了，或者太任性了，最后的这几步，像是未完成就发表出来的画作，像是勉强说得过去的自我催眠，不大真实，让我有一丝作弊的内疚。我站在顶上，多少感到了一点遗憾。

二

顶上是宽大的平台，没有任何修饰，平坦得像是被人想象出来的。攀岩墙上的小东西也都不见了，下面看起来是一片空场，不见边际，但并不是没有边际。我知道它的大小，大约是一两百米长，不到一百米宽。我对着空场站着。正前方，远处，是深灰色朦胧的意识的边界。右边是视觉上不可见的，是连接着之前的时间的入口，就像是体育馆的入口，记忆正在那里，向清澈的远方退去。我的左前方有一些勉强称得上墙的东西，也可以说是一个出口，有更亮的光从外边照进来。我不是很确定。当我再仔细看过去，甚至用更近距离的视角看过去，那里就不再有门，也不再有墙，只剩下明亮整洁的边界，带着一点点青灰色。

那是意识的青灰色。那是未完成的意志的颜色。

之前发生过的，在时间的球面的各个点上漂移的事件，在我眺望的时刻，穿插进来。就像是我自己成了一道曲线，在那球体光滑的表面上移动。那甚至是有一点晕眩的。

之前，也就是来到这里之前，我曾经坐在车里，向窗外仰望一座高楼，它在我的仰望中变得越来越高，它的竖着的四边是闪亮的金属结构，在晃动。当我看着这建筑的时候，我知道自己曾经进去过，并且在里面和人会面。那是一间宽敞的餐厅，另一面的落地大窗正对着铺满绿草的山坡，我和两个和蔼但无趣的大人物坐在一起。介绍我们见面的，是一个以前就认识的年轻人，一个在媒体圈混的文艺青年，一个在我记忆的不同节点上一再活过来的人。而所有这些节点、它们关联的场景，都像是地图上的路线，起落，交叉，以各自的规则和节奏发展着，最终它们涌向时间的表面，不再属于时间线，给我一种滑动在球体表面的感觉。对，时间线已经失效，取而代之的，是时间曲面。

我坐在车里，赶往另一个地点、车站、城市，和其他无数次一样，有一点兴奋，有一点急躁。也像是乘坐着地图上的出租车，在曲线中起落、加速，回应着地心引力或者随便什么引力的作用，在不同的场景中，在球体表面的轨道中滑行。

时间又落回了它的车站，我停下来。此时，眼前的空场看起来正像是一个空荡荡的停车场。我身后，右边，走过去一个裸体男人。像是会在健身中心浴室里看见的那种人，懒洋洋，或者说得意扬扬的健身教练。他走向那边界，既没有跳，也没有走，就已经在下面了。他轻松地走着，空场也因此变得小了很多。我看着他，想，哦，他的鸡巴呢。这时我看见了：他背对着我，向左前方走去，鸡巴就夹在左胳膊下面，龟头向后。像一根法兰克福香肠一样光滑，不软不硬，若无其事。我想，嘿，到底是健身教练，身材不错啊。

一个梦。6月18日

我想象着一片树林。

我在晦暗之中,然而是清澈而宁静的晦暗中,想象着树林、风吹草动。我已经在这里了,但树林和风吹草动还不在,我还在想象它们,并且用这个想象的行动,向这片晦暗的、沉默的空间描述着它们。

也许有一只老虎,或者两只,我想象着。它们在树林中走动。我想象着自己趴在地上,端着枪,一种可以快速连续发射的半自动步枪。我想象着老虎向我冲过来,有点危险,在它们到达之前我要准确射击。我试着想象了好几次,当作一种模拟训练,但都不够逼真。我像是孤身一人,搁浅在无法成形的梦中,百无聊赖地想象着。

这时候一个巨大的物体占据了这片想象中的树林,将树枝、树干、树丛,从我的意识中逐渐驱逐出去。我慢慢地,知道了,并且最终看到了它:一只巨型动物的腿。包括蹄子、小腿和整个的大腿。瘦而健壮。多毛。黑褐色,也夹杂着灰色。既像是风干了,又像是原本就这样独立而无变化地存在。它横躺在地面上,阻挡着我的想象。它就像电脑游戏中掉落的宝物,无视逻辑,独断地,也是沉甸甸地到来。

我用刀砍削着它。一把砍刀。但并不是用手挥动。我并不需要用头脑去指挥手臂去使用工具，而只是去使用，我也确切地感觉到砍削在动物皮肉上的反应：那些振动、声音，那些阻力，还有飞溅起来的碎屑。我既不需要挥手，也不需要隔空操纵，也许可以说，刀和"我"并不是两件组合起来的事情，搞不好我就是刀。不，应该说，搞不好刀就是我，比如说"我"的延伸。我不需要知道为什么要去砍，对，就像刀不需要知道自己为什么在砍东西，那是刀存在的方式，所以这也是我的存在的方式。说是存在，当然，不如说是和某个对象发生关系，在这种关系中，我面前的这个东西，不管是游戏里的宝物、火腿、野兽的腿还是随便什么，都没有区别，因为它也并不真的是一个外在于我的对象，它不就是和刀一样的我的延伸吗？

也隐含着某种目的……为了将另一个形体，另一个人或动物从这个形体中砍削出来……我已经可以预见到隐藏在这巨腿中的另一个形体，一个即将获得动作，意志，甚至生命的形体：一匹马，一个军官，一个演员，一头巨兽，狼，扑克牌上的杰克……但都还不是。在砍掉多余的干肉之前，它还不存在。它是必然要存在的，也的确正在从哪里回来，但它还没有从虚幻的语言里出来。就像是水里的盐。也许应该说"将要是水里的盐"……而且我还没有开始预见。

关于这个新的形体，现在我知道了，它将会是有生命的，它的脚，有着和这巨型的、孤立的动物蹄子一样的形状。

两个梦。6月19日

一

我和 y 在房间里说话。与其说是在房间里，不如说是在一个封闭的，不规则的，也许是软的空间里说话。与其说我们在交谈，不如说我们并肩坐着，存在着，使用了相同的一套思维。也许我们也并不是在一个独立的空间里，而是在现有的空间的一个缝隙里，在缝隙的包裹之中，在某种庇护中，和空间隔开。与其说是我们，不如说既没有我们，也没有我，只有一种缓慢的思想，在这个共同体中生成，并且继续停留，就好像在黑暗中待舒服了的猫，开始了一段没有时间的假寐。

然而我确切地知道那是"y"。在我尚不知道那是我的情况下。这个名字和它对应的人，像一线不知从哪里漏进来的光，在这完整而混沌的意识的边缘，像一道持续的清晰的声音，像一种在下雨之前提前到来的，雨后的气味。

这光、声音，同时也是气味的 y，从这空间与时间的裂缝中退出，看起来好像是从我的视觉盲点中退出，站在房间里，在自然光线的照射下。我也因为看见了她，而重新存在了。但我并不在场。我只是存在于对她和那个房间的观看中。我存在于距离中,就像是距离本身之于观看,是使得观看成立的条件。反之亦然。

她就像一个刚刚结束了手头工作的人,停下来,向人们解释着什么。她和 l 站在一起。她谈论起他们的策展和公司运行,嗓音清澈。

二

我和姐姐在酒店里收拾东西。这是一段旅行的最后一天。看起来是另一个梦里的一段旅行的延续,或者是它的再现。这应该是一次全家旅行,爸爸妈妈,姐姐,我,总共四个人。虽说只有四个人,但感觉上却是一个很大的团体。这是一次浩浩荡荡的旅行。

也是一次愉快的旅行。大家都很轻松,也并不赶路。在另一个梦里,我们曾经到过一些地方,经过了一些风景,也许还有过早餐、楼梯、湖水、汽车。现在,在旅行的终点,我们聊着天,一边收拾着行李。有时候只是坐在床边和沙发上说话,毕竟已经要结束了,就把收拾行李这件事完全留给了之前的那个梦。

我们也开着电视。一种既是窗户也是电视的东西。有时候,它并不以物质的形式出现,也就是说它并不在我们的身体所在的地方。只有它呈现的影像,包括这个影像所依存的扁平的长方形物体自身，在我的视网膜或视神经上呈现。

电视里，一个叫璐璐的人在表演，看起来是在拍电影。她从一间明信片风格的木屋里出来，镜头推进，背后有她的新男朋友，一个崇拜者，可能是个学生。这镜头的推进，也交代了其中的背景：她并不需要明确地表示什么，只是作出一点暗示，比如说漫不经心地挑逗一下，那个男孩就陶醉了。她一边向镜头走近，一边揭示出这个角色的"并不做出任何承诺"的态度。我对这些态度和关系的了解，当然不全是从观察而来，虽说并没有字幕，也没有画外音，但还是有一种视觉之外的，来自语言的补充说明。这语言的维度颇深远，而且可折叠，可扩展，它使一切可见、可闻、可感知的事物比它们被见闻和感知到的更多，仿佛我和无尽的时间在一起，获得了全知的能力。

如果只是从视觉上看，她就只是一个人，轻轻迈着舞步，在配乐声中走出房门，向右，向镜头转身翩翩走来。

那音乐相当清新，是一种最为深情的民谣，还加上了电子乐伴奏，一种青山绿水的键盘长音。有一个呆滞或者说朴素的男声在唱歌，就像是大一男生在手淫时候梦想的那样，淫荡但是崇高，非常诚恳，他的歌声里洋溢着痴迷，确切地说，洋溢着一种瓶装饮料的纯真气息。

我觉得有点无聊，目光从电视上挪开，往窗外看去。外边是一片绿色的山丘。

这时候璐璐停下来，在木板铺成的栈桥上做一些小的动作。她的脸的特写。镜头拉回全身：她在跳舞。再推进：她穿着极高的高跟鞋和类似旗袍的衣服，这身衣服，随着镜头的推进而出现镂空的设计，露出后背和大腿，然后是肩膀。当她蹲下去时，高跟鞋里的脚几乎是直立着的，她的衣服露出肚子，从侧面看显得肥大、失控的肚子。

她的男朋友跟过来，迎接着她的转身，她站起来，也迎向他的怀抱。

我边看边想，哦这实在是没有什么意思。可能是一部剧情长片，可能和我们的时间一样长，也就是说它要持续整个下午，一直到梦的终点。姐姐已经没有在看了。她似乎已经收拾好了东西，静静地坐着。

我拿出手机，对着窗外的风景拍照。那些山丘、巨石、水洼，直接贴近过来，没有深度，没有透视，就全部呈现在窗边。窗户也变成了落地式大窗。我举着手机，拍到了苔藓和石头组成的长条画幅，又不断地移动着手机，调整着构图。这时窗户显得更平整，更大了，就像我们在逼视一幅图的时候，那画幅也会变得更大，将全世界其余的部分都排除出去。这时候姐姐在旁边说：再减少一些噪点，提高对比度。她明明是在我左边，可这声音却像是来自右边，而且是画外音。我想，什么噪点啊，我哪里懂这个。就继续按自己的方式拍下去。

我将手机对准地面的水洼，它倒映着黢黑的山石、云和苔藓。它也带着一层水墨似的灰濛濛的湿气。这时候有人走过，影子也被它映出来。我已经站在风景之中了。也不再有房间和窗户。姐姐仍在我身后，安静地坐着。也许是站着。我抬头，看见三两拨行人走过迂回的河岸、眼前的水泥地小路、微缩的山谷，又有人从微缩的山坡上下来，也安静地走着，经过着。

两个梦。7 月 15 日

一

我们来到建筑的深处。说是深处,其实是随着步伐,在游走中推进、转折、进出。我们经过了房间、大厅、走廊、楼道,从一个空间到另一个,从内到外,同时也是从外到内,这样经历着,深入着,也不知道究竟到了建筑的什么位置。连时间也显得是可以进出和转换的,它自身就在转折,在延伸和收缩,在它之内的我们的漫游,也跟着在变化。时间之中的光线,从它的各个阶段和角度中散开,被时间的帷幔遮挡一半,又让开一半,深深浅浅,照着这步伐和身影。

我们走过大会议厅,或者大教室。也许在那里待了一阵子,看见了一些人,也许是熟人,在讲台上发言。也许没有。这无关紧要。只有这建筑内部本身的韵律,它的深浅和转折,似乎更值得关注。应该说,我们不是在自行走动,而是被那空间邀请、引诱、安排,按照某种内在的韵律,在其中漫游。

我们经过一段全然空无和封闭的经验,就像是从水下抬起头,穿破水面……但当然没有水这件事,也没有被其他的物质或感觉所包围。不过，憋着一口气从水面下钻出来，那个恢复了正常的听觉、视觉和一部分重力的瞬间，的确就跟从这个经验中回来的瞬间一模一样……我们往左下方走去。那是一段倾斜的小坡，一段台阶，或者随便什么吧。在这一小段距离中，我看见一位女艺术家，坐在工作台前，手里拿着按照自己的头和脸做出来的模型。一个小巧的骷髅模型，偶尔也带着白色的脸。只有她的头的一半大。从不同的角度看去，它既是面具，又是切掉顶端的人头模型，也是一副完整的头骨。她拿着它，向我们简单地展示。看来那并不是一件作品，也许只是一个心血来潮的实验品，一个小玩意。的确，最近有不少人在做类似的小东西呢。我已经在这个建筑外见过另一个艺术家做的骷髅和面具，面具也像是白色石膏做的，后面是枯黄的头骨。

我原地不动，径直跨越了这段距离，拿起那面具骷髅端详着。还行。一件可有可无的小玩意儿，可以在艺术商店卖的那种。我发现它和我自己还有点像。我把它举起来，请伟棠为我拍照。

也许是其他人怂恿我拍照。这时候，伟棠就正好在台阶下面，就好像他早就在那里了。也许他真的一直都在那里，只是刚才我们需要一种安静的气氛，而隐去了他的存在。刚才，在宽敞的空间里，光线很少，像声音一样少，像是被吸收了，被交回去了。我们享受着那个缓慢的，什么都不大可能发生的气氛，忽略了他，使他不在。但事实上，刚才，在那个安静的气氛中长久伫立的同时，我们也在人群中，挨着桌椅，和伟棠聊着天，谈论着晓涛的旅行，或许也谈论着其他的北京的人和事。而在这个谈论中，晓涛其实也在我们身边，只不过，他是以一种更加深沉的安静，既和我们说着话，又被这一层现实所掩盖。

现在，伟棠就举起相机，和别的人一起说笑着，指挥着我往前一点、靠后一点，在光线中找一个合适的位置。

光线是那么的分明。我举着面具骷髅，自己的脸露在光线中，它处在阴影中。如果把它举到光线中，我自己就留在黑暗里。我和它的对照那么鲜明，我笑着，它就像是在哭，我严肃起来，它就像是一个笑的面具。与其说这是一种对比，不如说我们正在互补：表情、明暗，都是。我们像两个人一样摆好姿势，伟棠在相机后面说：没问题，别看光线对比很强，我完全可以拍出来。他说这话的时候，我感知到他在其他的梦里随身带着的诗集和杂志，还有他的朋友们，然后，还有他在旅途中看见的路面和墙壁。

我相信他的摄影技术，也相信相机、镜头，以及诸如此类的技术，就像是相信这里的一切。相机和它对面的现实，就像我和面具，它们相互对应着，相互环绕着，双人舞一般地存在着。

二

我在大学教书。教室非常宽大,但也非常破旧,光线昏暗,但每个人都安之若素。每个人都像是教室的一部分,穿着灰色或者黑色的衣服,悄悄地坐着,像在为画家摆姿势。

迈克尔·杰克逊和他的朋友,一个中国人,来听课。我在门口遇到他们。打过招呼后,我想,那么我是不是应该用英文讲课呢?我特别地回想了一下他的带卷的长头发,好像总是刚刚烫过,上了油,衬托着雕塑般的脸。

我在心里嘀咕着,试着用英语解释了一下现在正在发生的这件事。像是在向整个群体、一个民族,或者至少这所学校,发出广播一样的声音:各位,按照学校的要求……但我看不见他们俩。我只能看见一个狭小的空间,也就是我的呼吸所及的,我的声音所及的边界。

一个梦。7月17日

天已经黑了,但还谈不上很晚。我和q已经回到了住处。外边是空旷的街道,酒店,邮局,庙宇。我们站在窗边,确切地说是站在关于风景的意识的边上,望着它:

开阔的黑暗中,隐约的远山轮廓,或许有月亮,或许只是一个月亮的概念,一个从意识深处升起的词,它的光并不照在任何建筑或植物上,而是照在我们的知觉之中。我慢慢向右边转过头去,看见遥远处高大的神庙,放射着五彩的光。是那种霓虹般的光,一开始像是旅游景点的装饰,再看下去就变成了抽象的光华,并不依赖于灯泡和电力。然后,它们一起向更远处退去,变成简笔画出的轮廓,比如说,湿笔画在宣纸上的房屋的轮廓,像天坛,周围是同样用简笔渲染出来的月光的轮廓。这个光的轮廓,它也在放射着光。

我感到惊讶,因此它浮现出歌舞的声音,词汇也从中升起,我感到自己站在高处了,就像是在一个小县城,站在高坡上的窗户后面,遥望着郊区。那郊区现在更清晰了:一片水。湖。黑暗中墨水一样的湖面。另一些建筑,也带着光的轮廓,也有崇拜的人群在唱歌跳舞。我并没有听见他们的歌声,但我知道他们在唱歌。也许他们不是现在在跳舞,而是在昨天，明天，另一年，另一世，单纯地唱着，伴随着舞蹈，其他人开心地走着路，像空荡荡的夜空一样开心。

我想，我决定，我体验着，呼吸着这样的时刻：我们这是在去西藏的路上啊，在青海的一个小县城。此刻，就像是在地图上旅行一样，我们折叠了夜晚的大地，看见了遥远的白昼，和白昼背后的另一些黑夜，我们让地图就停在此刻：在青海的中间，既不是藏地，也不是汉地，在高原的较低洼处。我们和一些陌生人，陌生的民族，陌生于整个地图的人们，保持着连地图都不能容纳的距离：在视线和听觉之外的距离。

我们看着湖面上庆典一般的黑暗，和黑暗上发光的建筑，像是在一个假日里。在一个例外之中。

两个梦。8月23日

一

一间小屋子。我大概是路过。我在离它两三米的地方。

我并不是走路路过。我没有从任何地方来,也没有使用任何交通工具。我只是偶然经过。或者说,它已经在那里,我是后来者,然后我将离开。它已经以它的方式,沉着地,存在于哪怕是无限的时空的这个角落。我只是刚刚接触到它、刚刚开始、刚刚被它的样子和实在所吸引、塑造、完成。我是它的听众。

说它是间小屋子,因为我看到的那部分外墙的确低矮,而且很短,显得非常俭朴。也许是土坯墙,但又像是年代久远的木板墙。

里面有一台洗衣机。正在旋转和振动的洗衣机。它的振动透过了墙体,带动着整个小屋,向四周扩散。但并不扩散得太远,并不是越来越远、声音越来越小那样有一个衰减的曲线,才不是,它停止在几米之外,像一团绒毛状的暗影。也谈不上是声音,因为我并没有仅仅在听,我感觉到振动,几乎能看见这个振动的黑乎乎的形状。我专注于它,它就更清晰地感染我,像在抚摸。然后,我的注意力松懈下来,才从中分离出了听觉,而这听觉和整体的振动相比,只是一个可有可无的补充。

那洗衣机和整个的小屋,在它们的振动中,似乎也并不需要我,甚至正在以它们的恒常和圆满将我微不足道的重要性抹去。它们不需要我的路过,不需要听众,就已经存在,而且不会消失。

除此以外什么都没有。

二

三个名字依次出现:一了大师、曹曹、高丹。

我记得一了是一位画家。但一了大师这个名字,并不是"一了"和"大师"的组合,而是一个整体,一个不可拆分的,铁板一样坚硬结实的连续体。它只是听起来比别的字要长一点,多几个音节,就像一个比较高大的人:在这个名字的侧面,的确,短暂地有过一个人的形象:或者说一个即将成为形象的暧昧的对象:它即将成为一个白袍老人,瘦而轻盈,精明,世故,他的衣服白得像是刚从广告里穿出来的,他即将拄着手杖,从小河边经过。至于这条小河,也不过是在他脚旁划出了一小片沙土、一小道河岸、一个尚不确定的流向,它也只是个意思而已。

曹曹就只是一个简单的名字。我感觉到它并不真实。两个字音都向上挑起，有点夸张。是先有了声音，后有了字，但没有人来对应，它只是两个快速重复的字，不属于任何一个具体的人。

然后是两个韵母：ao、an。然后是两个封闭的，或者看起来封闭的字形："口"。方正的，对称的，稳定的。喜悦的，红色的，暖而亮的。高丹，这仍然不像是一个人的名字，这是独立的，是名字它自己，不需要属于一个人，不指向一个人，它像是从一个人而来，又脱离了那人，也脱离了所有的人，只带着一种普遍的人的性质，就像它有着和人类一样的体温。

第四个名字也快要出现了，但我又重复体味了一遍前边的三个。一个小小的舞台，像教室的讲台，也像一个宽大的土炕，适合一个人站在上面向我讲授、给予、展示这三个已经出现的名字。但并没有人站在上面。可以有人站在上面。也几乎就有人站在上面了。我几乎可以看见他了。我几乎已经知道了。然而并没有。舞台仍然是空的，而且很快就消失了。连一片空白都没有留下。我被那三个名字吸引，为它们而呼吸，而活，我甚至知道自己在打量它们，在听，在听刚刚听见的，在重新听那个已经发出、不再重现的声音。

一个梦。9月11日

我用左手捂住他的嘴，或者是脖子。在某些时刻，在更紧张，狂热，连呼吸都顾不上的时刻，用这一只手同时捂住他的嘴和脖子，不让他发出一点声音，也不让他后退或挣脱。而且，也许，也有一点担心血会溅出来，弄脏我的衣服，或者不如说，弄脏我。这一只手也同时是我的一双手，使用着从两肩和后背传来的力量，甚至也同时是我的全身，它并不在我的眼前，它是我的全部，它就是我自己，我的狂热和慌乱。我用全身来扩展它，使它，使我，能够在黑暗中，像一片更大更结实的黑暗那样，将对方死死地按住，捂住，禁止他，压制他，使他的声音消失在发出之前，使他在这黑暗中沉没下去。

我右手握着刀，直直地推出去，穿透他的喉咙，然后是整个脖子。我让刀尖慢慢地刺进去，用我全身的力气，捂着他，同时刺穿他。刀身穿过肌肉和喉管，触到硬的部分、空的部分，又继续在大片的浓烈的肉和血之中前进。血流出来，我的左手，确切地说，我，被这看不见的热乎乎的血浸没，就像是黑暗的一部分变热，融化，像一种无法看见、只能触摸的浓缩的眼泪，带着它的无法听见，只能被淹没的痛哭，淹没我的手，用它剧烈的温暖将我吞没。然后我感觉到刀身从左手下面经过，它已经切到了脖子中间，还在继续向前推进。直到我完成这个动作：彻底的切割：完整的：远超过杀死一个人所需要的深度：只有让刀完全刺穿脖子，从另一头露出刀尖，才能释放我的痛苦：刀尖从无法呼吸的热烈的黑暗中奋力挣脱出来，在空无一物的空气里，犹豫了一下，不敢相信似的，停了下来。

一种无法描述，也无法理解的力量，推动着这谋杀。一旦试着去回忆，它就不复存在，然而一停下回忆，它就又像一头睡着的猛兽，停在我身体里，笼罩我，呼吸我，和我交换着彼此，甚至打量着彼此。它也像一群四散的野兽，一群乌鸦，在"我"之中和之外起落，扑扇着翅膀，召唤着远处隐约的回声。在我将"我"凝聚成那个向前的姿势，并且进一步浓缩在刀尖、刀刃、刀身、肌肉、筋膜、骨头的移动和摩擦上时，这力量从四处飞起，既撕开我，也合成我。它如此陌生，以至于我从中体会到了那个被撕开之后仍然存在的我，残留的我，孤零零地，在这个动作中，像被人潮裹挟着的一个路人。一个丢失了身份证的主体。一个还没有睡醒就已经赶到了登机口的市场经理。确切地说，一个完整的，然而是被遗弃的我。一个因为被血浸湿了而感到不安的凶手：一个尿床后幻想自己是别人的小孩：一个在子宫中醒来的陌生人。

我必须杀死他。尽管他同时是我的朋友、表兄弟、儿子。他也是抓捕者，或即将成为告密者。他拦在我逃命的路上。大概是在我杀掉七八个人之后，在从后门到巷道的路上，另一扇门的后面，在小院的门口，黄土的地面上。天色始终是黄昏，黑色的黄昏，从一开始就是黄昏，以后也不会改变：就是那种永远也不会移动的时间，在里面，无论向哪个方向跑，跑多久，都还是一样的时间。

在我左冲右突的奔跑中，每一个动作似乎都是本能。然而本能又是什么？所有的动作都只是一个，是它的分解和片断，簇拥着，环绕着它。它们已经在我身体里排列好，也已经在这团黑暗里等待许久：我扑上去，我手中并没有刀，然而我用刀捅进他的喉咙，就像是谋杀一个活着的，正在泄气的轮胎，而它还没有学会挣扎。我和他一起完成着这些动作。他似乎早就已经是我的一部分，而我是那动作的另一种形式。似乎我就是那动作为了体会到自己，而化身为我，也化身为他。

那种被刀切开的痛苦，并不比用刀去切割的痛苦更大，或者更小。它们并不是等同，而是一体。我几乎是为了和痛苦抗衡，而奋力将刀插进一个人的喉咙。这痛苦鼓舞着谋杀，尽管，在刀触到喉咙之前它还并不存在；当我想要哭出来的时候，它是所有的液体；它的疆域在我的感知之外，像一片无限远去的回声，无法跟随。有时候，我也的确想要跟随,去穷尽它也穷尽我的无知,但这欲望,反而使我被更多地撕裂和更混乱地合成。

也许这就是亨特·汤普森所说的,作为人的痛苦。他用死来摆脱它。我在另一个人的死中认识它。我是在彻底的静默中和它相会:像一大团揉皱了的纸一样,被挤压和折叠的静默:没有摩擦声,没有撞击声,没有血液喷溅的声音,没有咕嘟咕嘟冒出的气泡和恐惧的呻吟,没有控诉的呼喊,没有恸哭,没有呼吸声,没有鞋底在沙砾上磨擦的声音,没有风。所有的声音都在那折叠和皱褶中截留下来,它们像用铁块压住的照片一样:仍然活着的照片!这是我的声音,在我的听不见之中沉入海底,蒙上厚厚的泥沙。然而它们已经是我的了,是我们的,是"我"之所以仍留在这里的证明和对象……全都是人的声音,肉体和思想的振动,我在这个没有听觉,甚至没有时间的地方,第一次认识了它们,也许也认识了人:人是没有目的的。

一个梦。9月16日

我趴在床上,大概是呈"方"字形,左腿伸直,右腿抬起,胳膊向两边伸开,松弛地。脸朝下,朝右边侧着。如果抬起眼角,可以看到床角那个方向的门。

床是白色的,要么就还没有颜色。反正房间还没有颜色,它只是勉强称得上房间罢了:有门,有界限,有这张床,而我以自己的身体为坐标,可以大概知道它的大小。

如此说来,我似乎是趴在一个女人的身上。我的嘴,刚好能够碰到她左边的乳头。我就开始去碰它,轻轻地舔一下,用嘴唇含一下。又一下。然后是含着它同时用舌尖拨动它。不大的乳头,也许可以说是弱小的。我感觉到了"弱小"这个词。这使得她的整个身体也显得瘦小。确切地说,她的身体,还仅仅是一个平面的轮廓。我仍然能够感觉到床,它的弹力平均地向我升起。它从我的膝盖、腿、胳膊和肚子的边缘向上浮起,接触到身体更多的部分,但不承受其重量,而仅仅是接触着,像一种拥抱。她还只是这拥抱中的一个形象,有其界限,但没有内容。也许,她还只是刚刚从这个乳头开始,被唤醒,从一个抽象的对象,缓慢地,变成她自己。

我不知道她是什么时候成为了她：一个人。骨头硌着我的骨头，胳膊环绕着我的背。我的脸从她的乳房上擦过，从一侧，换到另一侧。我用两手将她托住，捧起，从后背的两侧，然后是整个的腰。她谈不上多么投入，但似乎也没有理由不投入。她从一开始就是那个躺在我身下的女人，不到30岁，有点瘦，胯骨突出，短发，她正在产生体温和神情，她为这个体温而存在。我想我应该见过她，可以说我们认识。但此刻我才刚刚开始真的认识她。因为她的姿态和表情，在摆脱了衣服之后，而变得更实在，也更令人惊讶。那是一种摆脱了社会的存在，和她平时的风格没有关系，她没有身份，没有和任何人相关联，没有情境，她的自在，让我感到陌生。我能感觉到她的皮肤下薄薄的脂肪，微热，滑腻然而干爽，她整个人都保持着这样的清晰度，微热，然而是一滑而过的清晰度。我们贴紧然而保持着距离。

她已经湿了。我并没有用手去试探。我只是知道。也许我只是需要。

（……）

我们在说话，但没有声音。像是紫砂吸收水滴，声音也被这状态完全吸收了。我们在沟通，但根本无法沟通。也许我是在问她：怎么样？这样可以吗？或者：可以进去了吗？而她显得模棱两可，就像一个在社交场合遇到的人，没有别的可说，就随便说几句，但仍保持着傲慢的惯性，随时准备转过身去，对另一个人说"这人是个傻逼"。她既不是在笑，也没有陶醉。很多人不都是这样吗，在床上，比平时还要更冷静？她像是在想"很少有机会可以不穿衣服，和一个陌生人说话"这样的事情，她宁可自己是另一个人，可以观察自己，也许还可以加以记录和评论。

我有点喜欢这种态度了。我们有一点礼貌地保持着距离，共同观察着正在发生的事情。这让我变得更硬。我俯下身去：已经期待了很久了，现在还能干什么呢，进去，出来，又进去，又出来，进去，我们都同意这样。这种整个被包裹和滋润的感觉，像是在一个、许多个，本质上是所有的平淡的身体里遇到了光。然后我像是喷出了更多的光，向着更深、更不可克服的平淡，带着一点疼痛和一点失望，激烈地射了出来。

我们都有一点惊奇。尽管是迟缓的，延缓的，而且仍像是两个在社交中对视，在交谈中保持着无声的人。我们分别惊奇着。

两个梦。9 月 24 日

一

他向我转过身来,问:有什么想记录的吗?

那是一辆宽大的轿车,停着,我坐在后座。司机座在右边。所以他是向左后方探着身子,像电影里那种谦恭的司机,但又多了一点兴奋,跃跃欲试,打算一起干点什么的样子。车厢因此就变得更明亮了。至少是更清晰了。它的尺寸并没有增加,但却让我感觉到了一个广场,一个体育馆,一个巨型的地下停车场,它们和这车厢分享着同样的尺度,我的视线在其中长久地移动,不受阻碍,细小的回音在慢慢折返、湮没。

我知道这和一个住在黑桥的艺术家有关,他装扮成黑车司机,偷偷记录了乘客的言行、姿态、故事。

透过挡风玻璃,我看见一小片透亮的前景,暖色的,在脏乎乎的窗框里,像是一只煎焦了的鸡蛋,中间,蛋黄依然是鲜嫩的。

二

我们围成半个圈。小河站在中间,手里拿着什么东西,可能是件乐器。排练开始了。我用假声唱着既不是京剧也不是评弹的东西,咿咿呀呀,半真半假。我的调门比其他人都要高,搭配起来可能不错,但也说不好,也许实际上很突兀呢?我唱出来一些词,珍珠宝塔之类的,有时候并不连贯,甚至含混不清。没关系,可以发展下去,我觉得有戏,有一点力不从心,也有一点高兴。

我们是在一间屋子里排练。也许是在一个高台上。周围什么都没有,就好像"周围"这件事已经被我们忘掉了。被我们全体放弃了。但周围仍酝酿着什么,深浅的黑暗、距离、不同的高度,它有它自己的韵律和法则,不被我们的歌声影响。那甚至不是宇宙中的一个角落。在黑暗和虚无相互弥合的交界处,有一种陌生的宁静,并不太远,但无法触及,它包含着让人哭出来的冷漠,和对这种情绪的安慰,仿佛并不需要到达和触及,只是投射最微弱的注意力就已经足够,就已经可以满足了。

我们就在这唯一的明亮处,被地面和墙壁托起来的高处,继续排练着。在距离、黑暗和虚无的环抱之中,既不沉陷,也不升起,但也许还是在持续地垂直移动着。那些歌声是如此真切,也因此而贫乏,它是如此没有价值,就好像我们排练只是为了忘掉这环抱。而我们忘掉它,又是为了让它更广大、更不可知,以便给我们更不可触摸的安慰。

一个梦。9 月 27 日

一只苹果,躲避着飞刀:在这个长方形的空间里,也许是一个小型的货柜里,一只苹果轻易地从中间闪向一边,让那柄小巧的、亮闪闪的刀飞过去。

不是从左向右飞来的尖刀,也不是从右往左,也不是自上而下。在这封闭的空间里,纯粹就是它自己的空间里,只有最基本的相对性,也就是因为我的目光而产生的相对性。但是,就连这目光,也算不上一个坐标,因为它并不连续:并非来自于一个身体,一个镜头,或任何的实体。坦白地说,也许连空间这件事,也正在没有坐标的时间里飘浮着呢。

不知从何而来的光,照亮了六壁:惟一看起来真实的东西:大概是木头的,至少看起来像是硬木地板,那种原本可以敲打,在上面弹跳、跳舞的地板:惟一来自经验的事物,它又平静又具体。

这个苹果,像是命中注定要被刀刺中,切开,或者它就是要被削皮:难道这不就是一个苹果的命运吗?它身体里,红亮的果皮之下,藏着那种"哧哧"的被刀刃摩擦的声音。它只是在回避,在否定,试着去修改命运。但是,命运已经到来了。

那可不只是一次性的袭击。刀是来回飞的,到达一头,立刻折返,极快地反复穿梭着。快到看不清楚,也许稍一恍惚,苹果就会被钉在木板上。刀是果断的,清晰的,像是被纯粹的理念所加持,而苹果是慌张的,归于未知的,在现象界里笨拙地努力着的。很快,苹果从轻盈但是被动的躲闪中发展出新的策略:看来刀只是在中间穿梭,那么就干脆躲到旁边去好了。不用再针对每一次袭击而躲闪了。它几乎是松了一口气,但仍然担惊受怕地,靠到了一边。和那种运动中的紧张相比,它的惧怕倒不十分强烈,就好像已经接受了作为苹果的命运,只是例行地,或者说例外地,让自己和那个命定的时刻保持距离,也同时被那个时刻、那个"喀哧"的声音所牵引。

然而它还是晃晃悠悠,一点一点滚了回来。绕着圈,左右摇晃着,终于又回到了中心。像是累了,没有电了,仍然是悬空的,但已经无能为力,接受了重力的法则,也承认了自己的身体。它就像一个胖人,努力收着肚子,扭着腰,在给擦肩而过的自行车让路。它微微地扭动着,居然也从刀尖下躲开了。一次,又一次。

刀的飞行已经快要结束。尾声已经到来。苹果已经无处可逃。在看都看不清的接触中,刀刃已经擦过了它,也许已经削掉了一大片,至少也削掉了一块皮。

结束了。刀没有再回来，就像刚才坚决穿梭着一样，现在它坚决地消失了。在这个瞬间，一面墙也消失了，外面什么都没有，空间变得深远，朝向极大的未知。也许就是那个曾经支配着，也保护着苹果的未知。晦暗的光，停留在无法测量深度的地方，像一种对存在彻底无视的力量。那些曾经真实的木地板，现在显得太过真实，以至于一钱不值。

苹果被削掉的那些部分，它的碎片、水分，毫不犹豫地回来，在伤口上连接起来，变成一朵小花，又快速而无声地延伸出来，成为曲折的花枝。

一个梦。10月5日

眼前，知觉的屏幕上，显示出一个足球队的合影。像是意大利队，在汗水泥泞和阴影中，依稀看得出他们的蓝白竖条球衣。但我期待的是德国队。

在欲望的屏幕上，不需要眼睛的视觉中，黑黄红三色略微地出现了一小会儿。只有一小会儿。

我的注意力仍在眼前：这些球员，应该是刚刚结束比赛，挤在一起，以不同的姿势，塞进长方形的相框，有的躺着，有的看不出是坐着还是站着，有的歪斜地靠在别人身上。他们脸上看不出笑容，或是任何的表情。他们太疲惫了，连厌倦的表情都没有。他们刚刚全力投入的，不只是自己的身体，也是和他们相关联的一切，空气、城市、尘土，其他所有人，认识的和不认识的，整个世界。那是一场世界大战的疲惫，但是是欢乐的世界大战，是消耗掉所有人多余能量的大战，一个为和平而毁灭的节日，丰收之后的饕餮、倾泻、坠落，所有的积蓄，都随着汗，热量，还有喊声，而清空了。

其他的球队，也一个一个出现在我的视觉之中。其中的一队，每个球员的身体，在高对比度的照片上，在阴影中，显得像是由饱满的石块砌成，他们的胳膊，脸，头，都变得更结实，更沉重，边缘变得圆滑……的确，在这样的消耗之后，人类的身体不再是必需之物，它们可以成为其他的物质，其他的形状，也可以就这样停留在图像之中，不再返回。

他们，从图像中开始，跳起了舞，跑了起来。满是泥泞的图像的世界，也许还下着雨，不完整，也没有流动的时间，但已经足够给他们狂欢了：一个球员在地上打滚，不断地前滚翻，或者后滚翻，一边用一只手扔着泥巴，就像一台电脑游戏里的战车，向怪物发射着火球。另外两个，面对面跳着舞，其中一个用力扭着屁股，而他的屁股，也就越来越大，越来越高。伴随着他们的扭动，我听到类似于南美的安第斯音乐，打击乐很忙，有种停不下来的感觉。这迟到的音乐，尽管庸俗，倒也突然间恢复了这个图像的世界的活力，即使再彻底的消耗，也挡不住重新生发出来的能量；而它的生发，又纯粹是为了再次消耗一空。

我想象着我也在场。我想，在这样的狂欢中，全城都已经加入，你可以在任何地方打滚，或者跳舞，一直到半夜或者明天，然后你就两手空空地，回酒店去洗澡，睡觉。

我想了一下，确认如果我真的在场，应该能找得到回去的路，或者至少记得酒店的名字。

一个梦。10月6日

在死后的清明之中,我知道了一切。

在那一刻,我仿佛从昏沉的睡梦中醒来,静静躺着,轻盈,清亮。我知道我知道了一切。我几乎就要把对一切的理解和感知付诸实际了:去理解和感知那无尽的细节。那可能只需要一个小小的瞬间,但也可能要很久。应该说,这个行动和时间无关,这让它更加简洁。

但我只是知道了这个事实。我知道自己知道。就像巨浪涌到最高处,那刚刚聚合的水滴停留在顶点,还没有落下,它知道自己可以落下。

我从不同的角度,两个角度,认识到了这个事实。我从一个既不是躺着也不是站着或者走着的姿势,一个没有姿势的身体,一个没有身体的意识,之中,再一次知道了我的知道。就像我醒来了,并且体会到了我的醒来。

然后我决定不要知道一切。我决定再重新回到无知。甚至都不想要体会一次对一切的感知。这决定就好像是巨浪的落下,丝毫不费力气。就好像我知道了一切,因而在这个"一切"的另一侧,即刻去返回到"不知道"。是全然的不知道,同样轻盈和清亮。这获得与放弃,如同镜像一样相互依存，完整。

在第一个瞬间的全然的无知中，我开始有了一种满足感。继而是怀疑：真的吗？我要放弃和返回吗？我会感到遗憾吗？然后这问题引导出了我的呼吸，从那轻盈和清亮之中，身体又返回了实在：那不是回答，而是，仅仅是，像从顶点落下那样理所当然。

两个梦。10月19日

一

一前一后,我见到了两个辈份比较低的亲戚。像是表弟之类,也可能是我的学生,我的朋友的兄弟,我的下级,等等。在围墙边,小路旁,在散步的时候。我们打了招呼,也许还停下来说了几句话。

然后我见到了他们其中一个人的父亲:我离开这一带,向高处走去。就像是从现实中抽象出去,从事物中离开,进入概念的世界,那些路和墙,地面的浮土,夕阳温和的光照,距离和速度,都抛在身后了。但我并不是彻底抛弃了现实,而是经过这一个无声也无时间的过程,像在一张纸上折叠了一下,又回到了远处的另一个现实:我去吃饭。

这位父亲旁边坐着老叶,还有几个别的人,围坐在桌边,像是在一个饭局的中途,已经吃得差不多了,在一边闲聊一边等下面的菜。我向大家问好,但他们似乎反应迟钝。我向他表达我的心情,我说:刚才见到了你的孩子,还有另一个,我一下子感到了更多的高兴。这个情绪和我是脱节的,不能说"我感到更高兴",而是"有更多的高兴被我感觉到了"。同时，我有点不会组织语言，说出来的话颠三倒四，只是把基本的意思笨拙地组合起来，像一个刚学会中国话的老外。我仍在笑着，可他们立刻表现出担心的样子：你是不是不高兴？出了什么事吗？要紧吗？我们深深陷在各自的逻辑里，语言帮不上忙，我们就这样坐在一起，徒劳地互相解释着。

老叶放下酒杯的动作，像他的担忧一样缓慢，像正在变暗的暮色一样缓慢。

二

在回去的路上，他，或者她，说：好像要下雨了呢。

路面很宽，像是那种可以走马车和拖拉机的乡间大道。远远看去，天空中飘着一些白色的碎片。是花瓣一样的东西，菊花的花瓣，或者别的什么东西。近看起来，它们像是根植于空气中的小小的海洋植物，在摇动，在抖动单薄的身体。在那抖动中，又时而像是菱形的纸片在微风中摇晃。我知道那是要下雨的前兆了。

我们走得更快了些。然后开始跑。似乎有一种预感，在我感觉到它之前，就已经开始抓紧我的身体，拉扯着我，推着我向前，在未知中奔跑起来。

也许并不是雨。还没有下雨，也没有刮风，天色还是照常，但已经有什么正在到来，已经开始，即将证明。我看见左前方有间屋子，人们正在跑进去，有的跑向两边，去其他的屋子，就像电影里那样：一个用布景搭成的小小的村落，因为敌人入侵而显得一片慌乱。我跟着跑过去，一边喊着：等一下，让我也进去！也许我并没有喊出来，只是在脑子里喊着。在行动中，我用身体的一部分，细胞、激素、电子……构成着语言，并且将它转换成一种内在的声音，一种和喘息混杂在一起的肌体活动。我奋力地跑向那扇门，也用全身呼吸着这句话、这几个字，就好像不是我，而是这些叫喊在向那扇门冲去，要穿越它，将另一边的空间填满，好让自己松弛下来，再重新化为一片混沌。

我跑进了那扇门，然后急急忙忙想要把它锁起来。但门扣竟然是在外面！我用指头伸过木板的缝隙，胡乱拨弄了几下，也许插上了锁扣，也许没有。我宁愿相信已经锁上了，我转过身去，知道已经大祸临头，也许这房间马上就要被连根拔起了。整个我所认识的世界，在那即将和已经发生的天灾面前，都无可幸免。

而且，这根本不是一间房间，这扇门就只是一扇门，两边连着的并不是墙，而是一道简陋的旧木头栅栏而已。栅栏的两端，是敞开着的！

我继续跑起来，和一些熟悉，然而并不确切知道是谁的人一起跑。我们跑上一个小土坡，沿着山脊向看不见的地方转过去。我似乎知道转过去就是另一个世界，它不一定存在，但至少可以说不是现在的这一个。我们越跑越慢。天空已经不见了。原来是天空的地方，现在既不是一片虚无也不是一片混沌，它只是无法被认知，我们的探询和疑问都无法返回。我看着它，然而那里并没有一个可以称之为"它"的东西存在。那里，如果可以勉强称之为"那里"的话，已经将原有的、临时的"天空"收回，将它的全部真实性轻轻抹除，就像一张刚刚过期的信用卡，一缕刚刚从身体里钻出来就被蒸发掉的汗。而且并没有任何取而代之的事物，没有任何的概念，就像是派对已经结束，笑话已经讲完。

我们所环绕着逃跑的小山是存在的。接近山顶的地方，那仿似圆锥体的上部，正被从内部出来的一颗火球划开。我们在顺时针跑，它在我们上方逆时针切割着山顶。不可思议，这山丘变得不再真实了。我们从未想过的，它的内部，还有看不见的另一侧，已经率先失去了，回去了，留下我们在仅存的真实之中、之上，踩着草皮，踏着黄土，艰难地移动着。那个红热的火球匀速推进着，就像是有人手持着高温的乙炔枪，在世界的另一侧操作，彻底漠视我们的山、树木、房屋、沙土，以及我们本身，以及"我们"这概念，这些相关联的意识和激情……

两个梦。11月23日

一

我向墙上看去,果然,是一个方形的相框。它的中间靠下的地方,虽然并不是边框,但也有一条大约四、五厘米宽的木头横在那里,就像是边框忘记了自己的位置,正到处试着搭建,因而形成了一个岔路,或者副本。就和真正的边框一样,它已经被空气和尘土侵蚀,变旧,变得有些松软,模糊,褪色,占据了原本属于下边框的地方。它上面有一小团深色的,也许是黑色的印记。

当我看着这黑点的时候,并没有看见另一个、原来的、真正的边框。

当我看着这黑点的时候,我意识到,刚才已经看见过了原来的边框。因为我已经看到过整个的相框。我曾经来过这间屋子,看见过但并没有注意过这个黑点,还有这整个的空气、光线,连同墙壁的色调,全都微弱地似曾相识,像是在一张相片上贴了一张最薄的糯米纸,或者干脆相反,在一张薄得几乎不存在的糯米纸下面,悄悄塞了一张相片。对,是相反的,是倒转的时间,在我第一次看见这相框的时候,又追溯到了之前的时间,增加了另一次看见的经验,它们之间,形成了一个后知后觉的呼应。而我自己,像一个旁观者一样,体验着这经验的叠加,知觉着我的第一次看见,和随后追加的、先于第一次的、上一次的看见。我似乎已经习惯,或者我无动于衷,我看着相框,同时也观察着我自己:两者都在变化,像植物在生长。

当我仔细看下去的时候,那黑点显示出了它本来的样子:就像是我的注意力让这个普通的痕迹现出了原形:原来是一个弹痕!它缓慢地回应着我的看,它真的是一个弹痕,一个证据,它甚至是一个深深的弹孔,边缘翻卷起来,再往外,木头因为烧焦而变黑,变成金黄色。之前发生的事情,以一种同样缓慢而不可抗拒的速度,带着我向时间的上游延伸回去。一次枪击!一个人!那个人!那些人!那个房间和周围的草地、阳光、星期天或者星期六,或者任何一个像是星期天的日子!那个比其他人更清晰,更重的人!因为我知道,他身上的愤怒,或者说他的傲慢,使他比其他的人更具备意义。就是他!

这个相框上的弹痕,具有一种在时间里扩散的力量:我因为看着它,而知道了那个人如何掏出手枪,向相框开枪:是为了留下一个证据。为了宣告。是为了让这些来自他的时间的力量,跟随着子弹,或者说跟随着弹痕,向其他的时间,比如说我的时间,其他人的时间,向它们穿越、延伸。

这弹痕不只是在向我展示它的故事，它也是在继续这个故事：就像是为了让我看得更清楚，它周围有了玻璃，有了一幅看不见的照片，边框上的木头交叉起来，像时钟的指针，在那个力量的威胁之下慢慢移动，然后我看见这移动实际上是两个彼此逆向的旋转，尽管它们同时还仍然属于一副真正的相框，限定着一幅真正的方形的照片：它们各自在一个方向里旋转。

随着它们的旋转，玻璃也慢慢裂开了。那两三道裂痕，像是要回到一个它们早已熟悉的位置。可以说，它们胸有成竹地裂开着。不过，倒不是一段回放的特写镜头：它们的裂开，既是在展示彼时的细节，也在将现在拉进一个缓慢的漩涡：让我，在我的无动于衷的观察中，接受它，了解它，使我向它开放，让我全然地得到它。我没有做出任何举动，也谈不上真的站在那相框面前，但就是这个看见的过程，已经把我和它联系起来，在我的知觉的慢动作中，我已经卷入。

二

一个平面之上，人们围过来。大概是两三个人，也许也包括远处的人，还有他们认识但并不在这里的其他人，他们围过来。有人说，看。

一片漆黑的平面上，有一个肉色的圆形裂口。也许不只是肉色，而真的是肉的开口。就像身体的黏膜。可能是软体动物。也像是阴道口。

是一小截简单的圆柱体，上面裂开，像嘴一样，露出里面的肉色。也许还有一点湿润。也许真的是肉，有生命，软而有弹性，显得被动。也许正在从裂口发出微弱的光。它介乎于科幻电影中活着的生命和没有生命的电影道具之间。

它有点问题。搞不好它已经死了。但对我们来说不是什么大问题。我们围过去看了看，也许有人说了："啊。"或者："哦。是这样的啊。……"

我注意到，随着我们的观察，那肉红色的开口的下边，已经有点变色，颜色变淡了，也许也有点变干了。就像是正在死去。或者已经死去，只不过刚才没有被发现，也没有产生什么影响，而现在得到了证实，也就无可挽回。

就像殷都的城门外，卖白菜的妇人对比干说：人无心不能活。于是比干就死了。

一个梦。11月25日

我捡起门外的信封,里面有一张纸。

还没来得及看,又有人递给我一张折叠起来的纸。

我将它们揣起来。还有一两张其他的纸,上面写着,或者印着些内容。我有点高兴,但还没时间读。也许可以边走边读。或者我也可以走快一点,等到了地方再读。

小巷,小街,像是小城镇的傍晚,人不多,有一些车经过,有时候还开着灯,发出两道雪亮的光束。我急急忙忙地走着,有时候一下子就跨越两条街,就像在地图上走路。但这样还是太慢。有一种堵车的感觉。那是一种气氛,倒不是真的堵车。路上并没有多少人和车,但就是这个气氛让人没法前进,必须等下去。我尽可能让自己心平气和,但仍然无能为力。

我往左边平行的路穿越过去。跳过去,或者说横穿过去。成排的道旁大树的另一边,是简陋的乡间大路,坑坑洼洼的,有时候树枝垂到头顶,也没有经过修剪。用不着真的有车,就已经看出它忙碌、慌张,还有点天真的性质。这是一条更新鲜的路。更野蛮。像年轻人的身体。

但我跑得有点太快了,一下子收不住,穿到了更左边的下一条路上。就像是忘记了本来是要干什么，我整个人都悠闲起来，左右张望着，开始游荡。开始跑题了……这条路是真正在堵车的，已经塞满了各种车辆。前面有车祸。巨大的车体，已经撞得不成样子，应该说已经撞模糊了，它极其夸张地躺在路边，像一幅淡淡的青灰色的画，躺在炭笔和墨汁胡乱涂抹的背景中。其他的车，膜拜一般地围着它，保持着一点距离。已经无能为力，已经不再慌张，没有任何焦虑，大家都心平气和地静止下来。后面的车全都被它们挡住了，也都平静下来了。

整个车流也就这样停滞了。不过，仔细看下去，总的来说，车并不算太多，就好像只是那情绪，那运动，或者说那条路的生命停滞了。这时候，终于有一些车开始着急了。现在是一些人，不愿意接受这平静，从队伍中挤出来，喊着，焦急地往前跑。像是终于忍不住了，从黑影中脱身而出，从群众中挤出来，变成具体的一个一个的人。一群人。一个冲动的，危险的小团体：他们已经不再伪装，打破了沉默，正在加快速度，冲破现实。他们不再是墨水或者阴影，而是从中飞溅出来的事件。

我跟着他们，往左边的下一条路穿过去。他们嘴里喊着什么，像是"必须"、"马上"之类的话。这条路上的人要更少一些。确切地说，这条路上没有别的人，也没有车，只有这群人从抽象中现身，而原来在这条路上的其他人，只是

"其他人"这个概念而已。没有衣服，没有表情，也没有声音。这些有了衣服、表情、说话的声音的人，也就变得越来越具体，越来越真实，同时也越来越危险，就好像只有更危险，通过暴力和破坏，才算真的从概念变成了人。就好像一旦突破，就不能停止。就好像必须毁灭，才能完成约定。

他们拔出了刀，掉头向后面走去。我想看得更清楚一点：第一个人只是拔出了刀而已，很难说是匕首，砍刀，还是别的什么刀。那还不是一把具体的刀。我又仔细看着另一个人。他举在手中的，分明是一把多功能折叠刀。模仿瑞士军刀的那种山寨货。胖胖的弧形的刀刃已经打开。旁边还有一个开红酒用的螺丝起子。就像是为了配合他的姿势、他的举起的手，这把刀显得非常大，也许比他的整个胳膊都大。但也许这只是我的观察，从我视觉中放大的局部……

他们一个跟着一个，弯腰从小树丛中穿过去。我们其他的人，都不敢动，远远地停下来，看着，随时准备逃跑，又不敢惊动他们，就都原地站着，希望自己不显眼，不要成为这股愤怒或者仇恨的对象。这时候，最后一个人穿过树丛，等在他前边的另一个人，挥起长刀向他砍去。斗争开始了。

但不是混战。好像其他人已经进入背景，停留在其中，只有具体的几个人在战斗。最后过去的这个人被砍了好几刀，消失了。另外两个人转身走回来，砍那个砍他们同伴的人。我们看着，感到害怕，感到事情变得严重。必须逃离这片即将毁灭的区域!有一个人爬上了右边的小土坡,又滑了下来,他不敢再跑了,怕引起什么灾难。他静止下来,回到背景之中,回到概念之中,就像是一个刚从旅行中回来的概念,身上还沾着生命的痕迹,一些泥点。我接着往上爬,踩着一个巨大的壳状的东西,也许是个面具,也许是 pvc 水管,或者是个大葫芦……我毫不犹豫地用力踩下去,将它踩破,咔嚓!即便是在逃命,也忍不住要享受一下这个小小的乐趣。

上面是一个平台。几乎什么都没有。一片均匀的混沌,就像是置身于一个刚刚洗过毛笔的大水池中,用来写字画画的墨,已经彻底溶在淡青色的水里了。身后也几乎什么都没有了。不存在,不复具有意义,连记忆都配不上了。就像是一些假象,被轻易地否定了。

我似乎在这里遇到了一个女人。她来自斜上方,也许没有走路,那里也没有路。她是直接过来的,比如说,也许是飘过来的。她应该是穿着蓝色、青色的长裙。我并不感到惊奇,和她说着话,一边活动着身体。好像她是一个熟人,家人,而且我们早已经约好要在这里见面。这时候,我仍然回味着刚才爬上来的最后一个动作,那个一下子摆脱了之前的努力,从姿势中解放出来,站起来,登上高处,的动作。它充满了这平台上的混沌,使它空虚。我一无所求。我感到高兴。

2016

两个梦。1月5日

一

一把吉他。至少我知道那是一把吉他：是个晶莹闪亮的，扁平的东西，可能样子也有点像吉他，镶在一个同样明亮的圆盘中。那么，这圆盘的直径，应该至少有一米多吧。像是金属的，薄薄的，或者是玻璃的，呈金黄色，香槟色。它反射着光华，轻轻地晃动，水面一样，骄傲地，当然也是喜悦地晃动着，像是来自一个灯火辉煌的世界。尽管四周什么都没有。什么都没有，除了一个角度：我从斜下方看上去，几乎就要伸出手去，不是为了摸到它，而是仅仅被吸引，像是有一种力，牵引着目光的同时也就牵引了我的身体。

圆盘是吉他的托盘，是它的容器，我知道我可以伸手将吉他取下来。只要伸手去拿，就那么简单。而我也的确已经伸出了手。有点高，我踮起了脚尖。这时候我发现，吉他的箱体中心，还镶嵌着一个更小的东西。另一片亮得几乎透明的小小的装置。它才是真正的吉他，因为它是吉他的心，是吉他的秘密。我并没有一下子将它取下来，甚至根本没有去碰它。

我用左手握住琴颈，右手拇指拨了一下，琴弦在振动，发出两个低音。一个声音，或者说，一种知识，告诉我：这把吉他的琴弦，会在振动20秒之后降调。这多少是个缺陷，但也可以说是一个特色。我继续试着拨动琴弦，嘣～～，嗡～～，它们振动着，声音和四周近乎透明的金色合在一起。我等待着它们开始降调，但因为站得不稳，手指使不上力，琴弦并没有振动很久就停下来了，还不到20秒。好吧，我调整了姿势，又去拨动琴弦。我把吉他的心，从箱体上取下来，又轻轻放回去。

这是一个单纯的夜晚。也许是傍晚。是那种刚刚从大楼里出来，在院子里随便蹓跶的时刻，没有什么地方要去，没有什么事要做，一抬头就可以看见天空，而天空并不存在，院子和大楼也并不存在。这是一个迅速到来的时刻，像是从大量的、丰盛的时间里，飞快闪现出的时刻。那个指向吉他的角度，就像是一抬头看见了电报大楼上的大钟那样的角度，或者不远处高楼上的广告牌，或者一片低垂的云团。然而那也是一个突然从时间里解脱了的时刻：用空间来打比方的话，可以说，就是可以站在地面向上方看去，也可以在失重的飘浮中，向前方，下方，向随便哪个方向看去，然后你会知道，所谓的方向已经没有意义了。

一把吉他的概念，先于它的形象。一把吉他，先于它藏身的圆盘，也先于它的心。那些光，柔软而明亮，先于它们所依附的形体。我并不是站着然后踮起脚尖，我只是属于一个动作，这个动作并不需要身体的参与。我就是姿势。我是我伸出去的手，它拨动琴弦，为了尝试，检查，为了验证。它不由我的意志左右。相反它先于我而来，而在。

这是一个一闪而过的时刻，我伸出手去，它变慢，产生了细节，有光和声音。我也分享了一点点的喜悦，一点点思想，就像是被极轻微的风吹动的灰尘，在最微小的尺度里，塑造出曲线和形状，在动势中变化，生发。

二

一种透明的感觉，不知从何而来，为何而在。我轻盈地翻了个身，仍然在睡眠中，但听见了右前方的人在说话。右前方，那就是现在这个屋子的天花板的一角吧，然而这并不是一个有上有下的屋子，它不那么绝对，也不那么相对。总之，我还算是有着前后左右的概念，并且看见了右前方的人。然后是左边的，前边的，他们依次说着话，也许是对我说话，也许是对彼此说话。我躺着，睡着，同时也觉察着。他们说的话，言语中的含义，也是透明的。不需要理解，就已经知道。甚至我知道他们可以不是人，可以是鬼，或者以前的人，或者他们是一些包含着生前和死后的可能性的人，他们的生命也是透明的。我已经轻盈地了解到这些可能，就像一个盖子,啪嗒打开,或者一扇门,啪嗒打开。我知道他们不是人,也不是鬼,他们并非实体,而只是形象,在这方形的,类似于房间,但又没有上下也不在乎前后的空间里,各自坐着,站着,说话,又陷入一团沉默的黑影。

连那些黑影也是透明的,可以被理解,已经被了解。

我想,啊也许他们还是可以是鬼。这多少有点让人不舒服,我停止了我的知觉。那透明,那轻盈,也就和他们一起消失了。

两个梦。1月19日

一

我回味了一小会儿刚才的梦：那辆透明的公共汽车，一条街道，争吵的人，乘凉的人，一个名字，桌子和木板……然后我听见门外传来音乐。我也在甜美的黑暗中得到了一个位置：门在那边，那么我就在这边。那么我是躺着的。那么那么。我想这音乐应该是从208房间传来的，昨天，我们说起过，住在那个房间的人，总是在开party，放着大声的音乐。

是那种有着很重很饱满的贝斯的音乐，可能是法语hip-hop，要么就是dub step。贝斯像潮水一样，鼓动着黑暗，就好像黑暗还不够黑。也许黑暗真的还不够黑，它根本不是黑的，它还不能被眼睛分辨，它根本不吸收光线，而是只在其他的，黑暗的，沉重的，饱满的事物周围呼吸着，像一头谦虚的巨兽，始终远离着其他事物的轮廓。是啊它的存在只是为了被占据，为了对照，或者为了从存在中离开。它是退让的野兽，而且它还并不存在。

我想起昨天，在出租车上，我请司机放一些法语hip-hop

来听。他搜索着广播，找到了一个台，但没有我想要的那种音乐。只是一些带有 hip-hop 元素的流行歌。我始终在渴望着那种声音。它并没有出现，但却一直就在那里，在我的渴望中，或者说在我的身体里。现在它回来了，连门都被它叫醒了，我的身体也跟着有了方位，它甚至让我意识到了整个楼：干净又冷漠的水泥地面，彩色的墙壁，那些即使是彩色的也仍然什么表情都没有的空间……这整个楼都还在沉默着，谦虚地待在深不可测的，柔软的阴影中。只有门是清晰的。一道薄薄的木头门。白色的。音乐并没有将门打开，它只是在到来中，顺便叫醒了这道门。

那音乐，原本是没有方向，也没有时间的。它甚至没有长度，因为它没有先后顺序：可能有一声或者几声贝斯，也许也有鼓或者其他的节奏组，但更确切地说，不如说，是节奏之间的空白充满了整个空间：它们的长短，决定了音乐的类型：这是 hip-hop 的节奏，在混响中弥漫的低音，并不是按照一定的顺序发生，而是同时出现，那个低音长时间地延续着，也许是几个低音同时延续着，那些节奏之间的空白也同时延续着，那短暂的敲击也延续着它们的短暂：我知道这就是昨天的音乐，出租车里缺少的，208 房间也缺少的：这声音并没有真的缺失，它只是需要一个恰当的时机回来。

现在它回来了。它给了我"现在"的感觉。然后它又消失了，连同我对"现在"的感觉。连同我。我也并没有记起昨天的出租车、昨天的谈话，我只是储存了它们，可能就存在胃里，淹没着那些已经发生过的事情，驱赶着它们，使它们无限地远离，而又始终并不彻底消失。我记起了所有的欲望和诱惑，但不是用记忆。它们回来了，回来过了，我也跟着，从"我"之中远去了。

二

……一辆公共汽车从后面开过来，我转身去看。

我在路右边走着。这是一条原本就不很宽的街，路面上又堆着、扔着一些有用没用的东西，垃圾，家具，纸片，还有水洼……东一片西一片。我停下来，等车开过去。我向右转过身去，却面朝着街道。左手的方向，是那辆不紧不慢开过来的公共汽车。是透明的。能看见它的框架、一些扶手，也许还有底盘。是透明的，我对自己说。车里有一些亮晶晶的东西，也许是金属，或者玻璃，也许是灯，那种小小的，一串串的装饰灯，它们随着车身，摇摇晃晃地前进。

这辆车把整条街都变暗了，但也更清楚了。天色也暗了。天空从遗忘中重现。明明是空的天空，却好像就离我不远，它有一点害羞，有一点恬淡，正在从深蓝变成更深的蓝。

我继续往前走。或者说，我站在那里，看着透明的公共汽车开过来。我仔细地看着那些闪光，它们像一个节日，就这么悄悄地开过来。我并没有看到它从身边开过去。那个站着，转着身子，扭着头看着的我的姿势，和那个摇摇晃晃一口气冲过来的公共汽车的姿势，也就是看与被看的，主与客的，相互映照的两个动作，两个相互对应的坐标，就这样湮没在时间里。直到我再次向前走去。

前边有一个人，抬着一张桌子。我加入了他。毕竟，要有两个人才称得上是抬啊。我们，一前一后，抬着一张长方形的桌子，是深色的木料，也许是深色的漆，桌面上面还有一块另木板，木板上放着饭菜，碟子，碗，汤汤水水一大堆。不过，其实，木板并不是直接放在桌子上的，桌面和木板中间隔着大约一巴掌的高度，我们抬着桌子，同时也抬着木板，我们的手既在桌子下边，也在这块木板的下边。为了让逻辑合理，我们简直是手忙脚乱。我建议把木板放到桌子上。就这样。我们只需要抬着桌子、桌子上放着木板，这就行了，桌子、木板，连同那些碗、碟子、汤汤水水，不就一趟抬起来了吗。我像一个出色的帮忙的人，解决了一个小难题。现在我们继续往前走去。的确稳当多了。

哦，我想起那两群吵架的人，其中有来北京旅游的一大家子人，我还和他们聊过天，几乎就要卷入他们的争执，现在，我已经全忘掉了。一条街就是这样，让人不断经过，不断往前走。我曾经从这条街上走过来，现在，在某个折返点之后，又往回走。它已经不再是之前走过的那条街了，但至少我曾经走过。不是吗？

一个梦。1月22日

还是起来吧。往外走。穿上衣服。

往哪里走?为什么要起来?我随手抓过一件衣服,是睡裤,就像病号服那样,白底上有浅色的竖条纹。我一边走,一边把它套上来。这应该是已经发生过无数次的动作了:早晨,迷迷糊糊地,从卧室,向洗手间走去,一边走一边穿衣服,一边醒来。但是,这一次我并不是从睡梦中起身,而是从另一些动作中起身。那是一些交谈和走动,我摸着一个朋友的肚子,然后是后背,她正要去工作,也许是去开会,我和好几个人说过了话,现在感到了厌倦,我从这些活动中起身,向灰蒙蒙的早晨的客厅走去,身后是一些仍在沉睡的人,一些朋友,家人,客人,我对老婆说:那我去洗澡了啊。她说嗯,随你。我们仍还抱在一起,但我已经起身,这两个动作同时存在,在两个不同的含义、不同的深度里:我呼吸着她耳边的温度,我向外边走去。

睡裤一时还穿不上。我把它胡乱套在一条腿上。有一个动作,或者说一个方向,让我不要停下来,继续走。是吗?向哪里走?外边有更多的房间,有一条宽大的走廊,这里那里,睡着一些人,就像是以前朋友们成群结队睡在我家里那样。"怎么会有这么多人住在我家?"我嘟囔着。走廊变得粗糙起来,如果有气味,我应该会闻到湿冷的水汽,混合着从水泥预制板上落下来的尘土。但我什么都没有闻到。地面变得不平了,我脚下有一些台阶,或者干脆就是坑。黑乎乎的,看不清。

前边那是什么?一个大东西。像是脏乎乎的涂黑的油画布上,开辟出了一片纸本的铅笔素描,它应该属于非常远的另一个空间,现在却离我那么近,它身上的光线还不能和这个走廊协调起来呢。

它成为一头大象。至少我觉得它是一头大象。于是它活动起来,有了重量,说不定还在呼呼地喘着气。

一头大象。这太突然了。就像是经过经年累月的酝酿,走廊自身的灰尘和阴影中长出了一个沉重的,然而也是清晰的生命。

不,那原本不是生命,是我使它成形,成为一头动物,也许还有着意志。现在它真的动了起来。它向我走来,至少我觉得它是在向我走来。还挺快的。我来不及想,赶紧把睡裤套起来,至少得把裤管分开套在两条腿上吧。真是有一点急了,越急越不行,裤子太薄,没有形状,怎么也套不上去。

算了,我又看了看大象,它的确是向我走了过来,谈不上有什么恶意,但这毕竟是一头大象啊。我还是回去吧。睡裤已经不是问题了,也许已经穿好了吧。也许我根本就穿得整整齐齐的,说不定脚上还有一双鞋呢。我一步就从黑乎乎的走廊跨了出去。

我走过了平整的大厅,然后是一截小小的上坡路。如果我并没有用腿走上那个斜坡,那么至少,无论如何,我现在是在坡上了:我在更高处了。这是一个忙碌的世界,有着社会和人的世界:我再次见到了刚才起身前在我身边的人:一些画廊经理,策展人,忙忙碌碌的人。这里面有我的朋友,穿着礼服。至少,我意识到他们穿着衣服。那个我刚刚摸过她肚子和后背的朋友,已经出现在我的身边,她比刚才胖多了。我继续用一只手搂着她的腰,感受到她的体温。鼓起的后腰上散发着热量,向我的手传导着,那么饱满,简直可以说是热烈的。好啊,我一点不嫌弃人胖。我这样想着,就像是要给她一些信心。她很健康,而且年轻,而且富于色彩。就像那些小时候吃了很多黄油和奶酪的美国孩子。她们总是一副很开心的样子,眼睛放着光,不是吗?

有人向我发出邀请。

什么邀请?什么人?我应该已经拒绝了……为什么?

两个梦。2月6日

一

一队裸体的男人,在空荡荡的街上活动。是那种为了举办活动而清空的街,是一条大路的一截,两头禁行了。

也许并不是为了一个特别的活动。没有庆典。什么理由都没有,只是一些没有穿衣服的人,在一个没有特点的空间里列着队。这段路没有名字,之前没有人走过,没有车辆,之后也不再使用。没有故事。时间不从这里经过,不向西,也不向东。这街道仅仅是为这些人而空着。这件事,它本身就是一个庆典:包含了展示和观看,但即使没有展示和观看,它的形成,它的过程,从呼吸的缝隙里悄然生起,实现了它自己。这本身已经值得庆祝。这本身已经是庆祝。

说是一队裸体的男人,但好像是同一个人以不同的形象同时出现,排了一排。然后是两排。这同一个人成为了他们所有人,但每一个还都是他自己。也就是说,并不是那种复制者、生化人什么的。这里的每一个,既是原来的那个他,也是现在的,各自的他。所以很难整体地说这就是"他们"。这里没有他们:只有他和他,还有他、他。这取决于我注意到了谁，这个、那个、一个、两个，或者同时注意到好几个。在我仅仅是观察着全体的时候，这些他，就似乎并没有在动，也谈不上有什么形体，甚至都变得暗淡，身材也变小了。毕竟，要一次注意到那么多的个体，对我来说是有困难的。

这一队裸体的男人，先是背对着我，不知从什么时候开始跳起舞来。或者说移动起来。以队形来看，应该是舞蹈吧，何况这些身体向左移动，向右返回，有其结构，却没有实用性。似乎没有任何目的，甚至可以说，连表演性的目的都没有。我觉得这才是舞蹈。说不定就是最好的舞蹈：没有常见的那些舞蹈动作，既不表现力量，也不表现美，也不表现结构。这些男人，向一边晃晃肩膀，向另一边转一转腰，动作并不大，也不很整齐，但是每个动作都很明确：明确而没有功能的动作。即便如此，我还是感觉到一种欢乐。至少他、他还有他，自己都挺高兴吧。就像那些跟在广场舞队列最后边学着跳舞的人，跌跌撞撞，东倒西歪，一会儿，居然也都出了汗。

我发现这些人差不多都是中年人，既不年轻，也谈不上健美。是成熟的男人，对于裸体的事实，和对于跳舞，都有一幅熟习而自在的样子。其中还有几个老头，七十岁，八十岁，既不干瘪，也不健壮，好像从生下来就一直是这样裸着，在街上裸着，在商场裸着，在哪里都是这样子。至于这段路，其实，就是他的整个世界了。

这些裸体，让我有些兴奋，似乎我就是这些人。在观看的动作中，我就是他。我已经得到了光的照射，也许还有风吹着汗毛。我几乎感觉到了自己的裸体，四肢在空气中转动，皮肤充分地呼吸着。我这样感觉着，看着，就有几个人，然后是所有的人，都转过身来，在我周围继续跳着舞，一会儿又转回去，再转回来。只是一些简单的步伐，但我觉得这就是庆典。

我多少还是有点不好意思。不好意思看见，不好意思裸露。这样一来，那个不可避免的焦点就出现了：我就看见了一个男人身上垂挂着，而且甩动着的阳物。先是模糊一片，就好像一个含糊其辞的故事，然后清楚了，历历在目。然后他变得诚实了，平静了，把故事变成了现实。我继续看下去，就像并没有在看，就像我因为存在着而无暇去看。

但事实上，这些阳物并不是垂着、甩着，而是翘起来的。我感觉到自己的，也和所有其他这些人的一样，或者说它们一起在舞蹈中翘着。从某个角度看过去，它就像江户时代的日本春画，巨大，夸张，龟头边堆着线条勾出的褶子：和整个身体一样大。就像崔健的歌词说的那样：我重复地摸着自己。舞蹈者摸着自己的阳物，也等同于摸着自己的整个身体。在舞蹈的某些段落，他们，他、我，快速地摸着，上下滑动，像是打手枪：不是模拟打手枪的动作，而是真的在满足着自己。身体兴奋了：没有什么舞蹈，没有什么表演，这些动作都是真的：走路，转身，抬手，有时候是重复的动作。没有模拟。猛然间，我确凿无疑地置身于舞蹈中，再不是那个观看的人。我整个人都鼓胀起来，许多细小的，针尖大小的感觉，在全身内外不断迸发，这些感觉也并不停留，因为其他的感觉和动作还在后面跟着，是一连串的，似乎所有的动作都平等，它们一样特别，要么就一样普通。

其他人也就都不存在了。然后，经过了一个短促的呼吸那么久，我又回到观看中。

那些老人，也兴高采烈地转着身，晃动着，也快速地撸着自己。对，应该说，快速地摸着自己。这些兴奋的感觉，使舞蹈更快，更热烈。我感到高兴：看，这些老头活得多精神啊。

这些人，包括我，这些动作所使用的身体，就是舞蹈本身啊：是同一个身体，也是临时的身体。然后它和舞蹈一起消失了。

二

我等待着，或者说，在间歇的时间里，我翻开一张报纸。

房间里没什么有趣的东西，也只能翻翻报纸。就像坐飞机，七个小时，八个小时，十几个小时，不是非常难捱，但也只能看看小屏幕上的电影，翻翻机上购物杂志。

报纸上介绍了顶楼马戏团乐队，有两个整版。前边有一段乐队介绍，然后是每个成员的介绍。已经换过了几个成员。主唱还是陆晨，他笑眯眯地，随着报纸，浮现在我眼前。报纸也跟着他而变得立体了，虽说还不算是变成了现实，但我看得见上面的文字所描写的，已经是一些场景，一些活动的人，几个电影一样的片段。另一些话语也浮现出来，补充着、延展着报纸上的文字。

我发现鼓手，要么就是吉他手，是个兰州人。他就坐在那里：哪里？是报纸上，照片变成了活动影像？或者我透过报纸，向深处看见了这个人？要么是我已经忘记了报纸，直接见到了他？这几种情形同时，交错着发生。我看见他就在"这里"。我看，他存在，我们不在同一个世界。我不在"这里"。

我看得更近，更清楚，不再有文字。而他呢，先是一个印象，一个轮廓：精瘦，又有力，像席勒画中的男人，线条清晰，有一点夸张。他的确是有点夸张，一个人，瘦骨嶙峋，但全身的每一个关节，还有五官，都硬生生地突出来，几乎不成比例。这怎么可能？我再仔细看下去，他更清晰，也更自然了一些，还是瘦，很精神的样子，留着胡子，下巴的边缘修剪了一下，把山羊胡分成左右两道。他坐着，冷静，知足，犀利，等待着下一次旅行，是一个好乐手的样子。我想起鹿特丹的朋友皮特，不修边幅，又干净利落，穿着皮夹克，很酷啊。果然，他也有点野，我看见他茂密的鼻毛，从鼻孔里钻出来。他叫三师。就像张师，王师，"师"发轻声。但通常都是把姓放在前边，没有人这样称呼一个人。三，也许应该是三三，或者尕三。总之这就是他的名字。我一点不觉得这名字怪。因为大家都是这么叫他的。

不大像兰州人。似乎已经脱离了原来那个圈子。对于家乡也似乎已经没有怨恨和眷恋。一个住在外地的年轻人，音乐已经让他满足，所以他安静。三师，这个名字，可能是他的大城市风格和兰州之间惟一的联系……在另一个梦中，我见到了所有的兰州乐手，那些重组的老乐队，新组建的老乐队，几个朋友不断地讨论，策划，争吵，有的人令人悲哀地回忆着过去，而正在发生的事情，演出，排练，仍然只是回忆的不同版本，从来就没有新的演出和排练。那个梦里还没有他。"这是第二代兰州乐手了"，那个梦里残存的我的意识，在向此时的我介绍这位三师，也许是在解释我已经不再了解的乐队圈。我突然想要打扮得酷一点，摇滚一点，我突然理解了年轻。

一个梦。2月12日

一个声音和一个窗口同时出现:窗外横着一条两米来宽的通道,红砖铺成,满是落叶,对面是高过房檐的墙,也是红砖砌成的。时间是晚上。也许房间里亮着灯,但我身后什么都没有。我只是站在窗前,向外,向对面墙的高处望着。

那声音可能来自窗外,但也可能是我的耳鸣。

一开始它只是"一个声音"这件事,而不是任何的声音。它不具体。甚至它也不一定有声。我知道了它,但并没有听见它。我被它吸引,我想这声音可能是来自窗外吧,要么它就是我的耳鸣。我这样想着,抬着头,那窗户也确凿无疑地变得更高,更小,好像要配得上一个来自遥远处的耳鸣。

那是很多次出现在我梦中的窗户,和十几岁的时候,姐姐的房间里的那个一样。外面的通道没有什么功用,其中一头是封死的,几乎从没有人走过。有时候我会从这排房子的另一头绕过去,捡足球,捡羽毛球,或者仅仅是为了好玩,就像是探险。 秋天,会有人从另一侧翻上高墙,再走过封住通道的那堵短墙,跳上我们的房顶,去摘枣。很多次,我穿行在落叶和垂落的树枝之间,或者我穿行在垂落的阴影和灰尘之间，我轻巧地跃上高墙，或者我走上高墙，我站在窗前，我走出窗外。这样想着，窗户也就变大了，外面虽然已经是夜晚，但似乎也看得到树枝和墙头用砖砌出的空心装饰。

那就是一个类似于正弦波的声音啊。我听见了。有点响，毫不停歇。如果是耳鸣那还真有点讨厌呢。我掏出手机，打开频谱分析app，我想这大概是1000多赫兹吧，来看一看吧。我听见了其他的声音：机器的声音、水滴、风，可能还有干枯的树叶在地上滚做一团的声音。手机上出现了一个8000到9000赫兹左右的曲线，然后是300到500赫兹的另一个，音量比较小的。这个是发动机的声音。那个高的，大概是电机发出的高音，水流振动管道的声音，也像是干枯的树叶和废纸微微抖动的声音。泛音。神经上的电流。这些声音不再和任何实体有关。我忘记了机器和水，和风。那么快。我听见了一片沙沙作响的高频，一片乌涂的中低频声音，一个持续的，饱满然而又黑又重的声音。还有其他的声音，它们构成了窗外的形状：结实的砖线，被雨水打湿过的橡子，模糊一片的树和灰尘，墙，远处的地面，也许有楼，更远处的天空，不再以我和这房子为坐标的远处，斜着的，转折的，弯曲的，一层一层的，深的，粉末的，晃动的，到来的，凝结了水滴的，没有名字的。

手里的手机变成了录音机。我站在十几岁的时候站过的窗前，想把这些声音录下来。

一个梦。2月13日

就像是在乡下，或者县城的旅店里，连大堂都谈不上的房间里。像是门厅，也许是餐厅。黑乎乎的，可能只有一盏25瓦的白炽灯照着整间屋子。也许只有9瓦。我身边有一张方桌，墙边有另一张，旁边各摆着一两把椅子。

我并没有看见灯。就好像光线太暗，以至于连灯都看不见了。

q在我身后。我们大概是坐着。或者刚刚坐下。前边坐着另一个人。一个朋友。或者干脆就是我自己。另一个我。应该说，那至少是一个熟悉的人，一起来的，一起在这里待着的，从这个角度来说，也就算得上是我自己的一部分。要么就是q的一部分。不，那是个男的。有点瘦，个子有点高。或者个子并不高，但因为瘦而显得高。穿着深色的衣服。他背对着我们。他侧对着我们。也许他穿着浅灰色的衣服。总之，整个人的轮廓都朦朦胧胧的。我可以把他和q区分开来，不过，也就是如此了。他在干什么？

一些声音：一个比较大，也比较低沉的声音。如果有体积，那它应该能占据三分之一的房间。一个来自外部的声音。也许是隔着墙传进来的。也许并不需要穿墙，它就在那里，在我们对面，捎带着它的距离和背景：是一个从外部进来的声音。就好像它并不是自一个外部的音源传递而来的连续的振动，而是带着它的故事，它的历史，不知怎么的，完整地来到了我们眼前。此外，还有一个四处跳来跳去的小东西，也在发出声音，可能是个玩具，或者什么机械配件。

我身后的桌子上，摆着一台收音机。算不上很大，但也绝不是袖珍的。在这种乡村旅店，天黑得早，附近也没有什么娱乐，晚上，听听收音机，也算是一件事了吧。现在，我就在听收音机：是新闻吗？一个男声在说话，也许是在播报新闻。声音很脆，可以说单薄，大概喇叭已经很旧了。我这样想着，听着，它就变得粗厚起来，男声裹在黑色的烟雾和毛刺中，烟雾和毛刺随着男声流动着，慢慢响成一片。q给收音机连上了吉他效果器。比一般的boss单块要大一点，已经旧了，至少看起来很旧。在这里，一切都是旧的，不是吗？连光线都是。连声音也都是。那粗厚的噪音就是这个效果器造成的，持续，有粘性，有磁力，飞溅的大颗粒，中高频激烈地顶着耳膜，发亮，让人兴奋。听起来像是日本的masf噪音盒子？我又看了看q，也看了看这套装置，效果器也跟着变小了，是手工效果器常用的那种紧凑的铁壳，没有上漆。但仍然老旧，黯淡无光。

这倒是个不错的主意，我想。下次可以试试，用收音机和效果器做反馈。一片强烈的噪音，随着收音机里传来的人声，或者音乐，而发生轻微的变化，但总体上还是持续的均匀的流动。

我拿出录音机，开始录下 q 玩收音机的声音。房间里的另一个人，也拿着录音机，对着他正前方。还有一个人，还有一只手，拿着另一只录音机，录着另一个声音。那是谁并不重要，我们都在录音，在我们之中，随时可以产生出另一个，又一个身体、人、角色，在做同一件事，使这件事更丰厚，更多层。他还不能被称之为他。那还只是一个录音机的附属部分。录音机在录音的行动中得到了"他"的承载。录音机也罢，拿着它的人也罢，都是我们的一部分：我们的混沌中，一道正在成形的阴影。就像这种乡下餐厅的厨房，天花板上，总会有油烟聚集而成的一串串灰土。你不需要知道它是什么时候出现的。它就是空气中无时无刻不在游荡的尘埃。

这时候进来两位客人。一男一女。他们有点吃惊地看着我们。又有点吃惊地寻找着发出噪音的源头。

这种惊讶，让每一个人都摆脱了原来的朦胧状态。我们变成了三个人：我，q，另一个人。连光线都变得更单调了。这两位像是刚刚经过了一段旅行，刚从火车，或者长途汽车上下来，身上还带着一种外地的气息。也许是上海附近的气息。苏北。无锡。嘉兴。随便哪里吧，他们身上带着潮湿的气息。也许，他们已经放下了行李，就站在房间中央，东张西望，被我们小心翼翼的神情感染，也就很快明白了，也就看到了收音机。不过，他们还不知道收音机上接了效果器。那大片的噪音，淹没了他们想要听清楚的声音，也许是新闻，也许是一个男人在讲故事，他的单薄的声音在噪音的乌云中穿插着，但再也无法连成清晰的词句。就像是一个梦，像是可以理解，就在眼前，却始终无法理解。

他们坐下来。其他的声音都停止了。q 和另一个人也不见了。收音机和它的噪音也没有了。我向他们演示了那个小巧的声音，就是地上那个不停弹跳的小玩具。我大致知道，他们虽说要稍微陌生一点，但本质上和 q 和另一个人并没有区别。他们也会消失，也会再回来，就像是"我们"中的一道目光，落在黑乎乎的房间的地面上，就看见了自己的影子。他们也随着这些目光，而变得黯淡，和我，和房间融为一体。什么上海啊，苏北啊，这些都不存在了。就好像房间里的人，并不需要什么背景和身份。就像是已经和时间切断了联系。只剩下几个人，除此什么都不是。

而那个小东西，噼啪地蹦了一阵子，发出长时间咔啦咔啦的声音，然后也停了下来。我在原本是一张桌子的地方蹲下来，伸手翻了翻，掀起一层原本并不存在的棉被，或者衣服：看，那小小的机械装置，已经停在了这里：一个小小的橡皮筋。这里，还有这里，又一个，还有一个，小小的，蓝色的橡皮筋，静静地停在被子下面，当我掀起被子的时候，它们也静静地,停在被子朝下的一面,而不是在地面上,它们既没有粘在被子上面,也没有卡住,就像是一个决定,一个结局,违背了重力的原则也没有关系。我拿起其中的一个,递给我们中的一个人:你看。

一个梦。2月26日

在许多梦的间隔中,我看见来来在附近,在右前方,也就是一步那么远的地方,看着我。

就好像它已经在这里很久,在等着我的目光。

那是纯然的黑暗。也许是来自一个夜晚的客厅,具体地说,来自桌椅和地板之间。现在是没有轮廓,也没有边缘,无论怎么走都不会碰到家具也不会踩到什么东西的黑暗。当然,不会有人去走。我也不会。我是惟一的人。我不会去这黑暗中走,去扩大或碰触它的边界,或者,去验证它的平整。地板上什么凸起、裂缝都不会有,甚至,其实,连地板都没有。我是完整的。我连脚都没有,不是吗?至少,我和这黑暗一样完整。

那也不是什么黑暗,不是吗?就像是时间的缝隙中的一个小小的停顿。或者相反,是那许多个梦之间的缝隙中的一小段时间:单纯的时间,没有梦,没有事情发生,也没有我。

来来向我靠近了一步,两步。也许它并没有走动,而只是给了我这样的错觉:它就停在那里,带着一个方向和一个动力。我有点高兴。我知道它就要抬头,轻轻地叫上一声了。喵。它就要低下头,用耳朵和脖子蹭过来,来回地蹭了。它看着我,它的眼睛同时也是某个人的眼睛。某几个人的。也包括我曾经谈论起的某一种眼睛:细长的,单眼皮,安静,像玉一样温和然而结实的小眼睛。但那是睁大了的小眼睛。我也在电影里看到过这样的眼睛。它们同时是所有的这些眼睛。但不包括其他的眼睛。

当然,我并不特别喜欢玉器。这种石头,只有在它还是石头的时候才是可爱的。

我像猫一样,向前伸着脖子,也伸着脊柱,我在从自己的身体里伸出去,去接近来来。它的眼睛,就像是一种微笑。也许是我的微笑。也许是我的身体的微笑。但我并没有身体。我是完整的,只有在向前伸出去的时候,我才开始有了一个要从中脱离出来的身体。那么,也许是我的动作。一个等同于微笑的动作。我从对面的眼睛上看见了这个动作:我正在和我要接近的动物等同起来,我正在摆脱这具人的身体。

两个梦。2月28日

一

一群诗人的聚会……他们是什么时候开始成为一个团体的？也许是一个社团，也许是一个俱乐部。或者仅仅是一个小圈子，几个好朋友，没有结社，但可能一起凑了钱，要不就各自出钱，买了吃的喝的，但总归是有人张罗的。他们聚会，喝酒喝茶，聊天，看风景。他们站在黑压压的天空下。隐约的小树林边，有低矮的房子，可能是旅社，也像是饭馆，反正中国人，尤其是中国文人，巴不得就常年住在饭馆里，哈哈。他们站在门口，抽烟，闲聊，看着远处。如此说来，也许远处还有水。一条河，一个小小的湖，或者池塘。沼泽也行。总之，看起来他们是看见了水。他们是那么平静，随和，有的人正准备喝醉，大吵大闹一番，但这时候还都是安静的，甚至是彬彬有礼的。他们适合远处的水汽。

一群诗人，在此之前可能还是零散在各自生活的角落里的人。现在成了一群。一个快要固定起来的团伙。但也没什么不好的。我想，他们应该定期，或者不定期，结伴去旅行，或者，去同一个地方聚会。我好像是看着地图，我俯视着灰蒙蒙的大地，看着大家到来，打招呼，进屋。没有细节。没有细节的人和屋子，简朴而温暖，就像是水墨画旧了以后，只剩下轮廓。生命就在这轮廓中静静地，甚至是平庸地持续着。应该说是住在这轮廓中。这是一群简单的人，我认为他们是诗人。

那么是不是也可以邀请其他人呢？封闭的还是随意混杂的团体？这是一个政治问题。我想了想，觉得还是不向其他人开放更好。

但我在想着这个问题的时候，在另一个地方，另一个维度上，在远处，我其实是在想着，一群数学家的聚会……一群数学家不妨去一个地方聚会，定期或者不定期……在地图的背面。

二

有人要邀请一位大师来这里。大概是米歇尔·席翁。名字听起来很像，但长相不像。

其实我也并没有见过米歇尔·席翁，只是那长相的确不像。它属于另一个人，一个路人，一个亲戚，一个丈夫，一个亚洲人，总之不会是米歇尔·席翁。但这也没有关系。因为，毕竟，我也并不认识米歇尔·席翁。

我们跑过去见他。在跑着的时候，他当然还没有在那里等我们。他还只是一个概念。一个消息。我宁可说，是一个好消息：所有的好消息都和一段距离有关，它们总是穿过窗户，越过院墙，从远处来。是吧。所以，我们跑了起来。从我们得到这个消息，谈论这件事的地方，向远处，确切地说，是随便哪里，跑了起来。一开始像是在夜晚的操场上跑，脚下是平整的，但少不了有点沙土飞扬的感觉，或许还在刮风。然后我大概是看见了山，丘陵，海岸线之类的景象。只是看了个大概。没有功夫去仔细看。我们在大步地跑。越跑越轻松，步伐越来越大，也似乎越来越快。不大需要用力就能跑得这么快啊，我仿佛变得更高大了，我感觉到空气从身躯和两腿、胳膊边上擦过，我跑高兴了。

跑在没有距离的空间里。两旁也没有参照物。我跑得太快，太投入，顾不上左右看，也顾不上去知道得那么多。这不像是飞行，因为飞行的时候总是能看到下面的风景，也能感觉到自己的高度。好吧，飞行的时候，可能是比较清闲吧。跑步就不一样，我得驱动自己的身体，张开胸怀，甩动胳膊，脚尖轻轻扣住地面再轻轻弹开，两腿交错，不停地交错。我跑得跟飞行一样快。但我是自己跑的，没有依靠任何的神力，或者科技。

我像个小学生，已经见到了大师，已经忘记了自己是怎么停下来，怎么到了这里的。我和我的朋友，和这位远道而来的客人，站在没有路的地方，就像站在路边一样，说着话。我们都很高兴。这是一个类似于傍晚的时间，人们快要回家的时间,远处的山,或者建筑,都因为模糊而更加远去。我们却毫无牵挂地,就站在那里说话,就好像这么站着,随便说会儿话,就是人生全部的意义了。

两个梦。2月29日

一

似乎在一切尚未开始的时候,我已经感到了厌倦。啊又是这样,我想。或者我连想都没有在想,而只是感觉到了。啊又是这样,老一套的到来,升起,浮现,发展然后消失,隐退,复归于虚无。在一瞬间,我已经看到了它将要发生和将要被自己的发生抹去,好像是一个重复太多,然而又谈不上舒服的姿势。一个场景,一些临时的空间,临时的人物和动作,关系即将展开,可能还会说话,可能跨越很长的时间,经过许多细节,搞不好也会激动,也许不是线性的经验,而是跳过时间,折返或者并行,可是这又如何。我突然感觉到了它的界限,而在这界限之前和之后的那个空白,才恬静,才让人舒服。就好像可以发明一种睡眠的姿势,不需要床和被子,也不用躺着。

于是一切就在即将开始的时候结束了。

二

在称得上甜蜜的昏沉中,我突然接近了一个感觉,也许是一个想法，一句话，它后面还跟着长篇大论，要么就是一个完整的感觉。但什么才算是感觉呢？它可以被称作它吗？是一个、两个这样说的吗？我还来不及分辨，我接近了一个即将展开的时刻。没有形象，没有空间，我并不离开现在，而只是临近某个状态。一个可能的状态，但不是所有的可能。一个方向，它饱满，实在，和现在一样甜蜜而昏沉，但比现在更实在，也就是说它即将带来意识和思想。我被那个即将产生的内容给小小地惊吓了。我不大喜欢这种可能，就像是一个坏消息，小小的，最小的坏消息，就像是"忘了把手机静音"这样的事情给睡梦带来的危害。

这个不喜欢，就轻轻地膨胀，然后爆炸开来。同样，也是以一种甜蜜而昏沉的味道，爆炸开。差不多可以说，就是在我胸口，在胸腔里的黑暗中爆炸开，让胸腔里的黑暗醒来，膨胀，爆炸开。

因为受到这轻微但又坚决的震动，我几乎就要醒来了。

两个梦。3月4日

一

我是这样醒来的：是因为一个印象，并非视觉，更没有什么场景，就好像因为还没有吸收到足够的水分，还没有被雷声振动，种子还只是在一个萌芽的姿态里，准备要成为，要伸展。或者干脆就是相反：因为太累了，太完满了，全都结束了，不需要再画蛇添足。在一阵风把尘土和灰烬吹走之前，它们就随便地停留在地面上，在角落和中心之间，也带着之前运动的印记，和未来将要产生的消散的身形……就是一个凝固的，静止的状态。一个小小的世界的一个切片。一张即将被团成一团扔进垃圾箱的纸，蛋糕印在包装纸上的形状和色彩……我也不是什么都没有看到，我只是没有在看而已。我没有以任何方式参与。我保持着这个微弱的印象，直到意识在这个梦的皮毛上轻轻晃动了一下：这也是会发生的：就在一根毛发的顶端，轻轻地颤动了一下，我就像开始随着飞船移动，轻微地偏离了那个印象。

对，绝对不是一个视觉的印象，我也没有一个视角，一个坐标。只是，那原来存在的静止，被打破了。原本由我和我自身的这一点点投射，而构成的轻盈的印记，被移动了。就好像原来有一个图像，有一个世界或自我的切片投射于此，现在，它分离出第二层、第二片，它们开始分离。或许原来有一个从我的存在中投射出去的意志，要么就是意志的残片，随便怎么说吧，它曾经附着于我，现在，它将要脱离我。在原来和现在之间，时间像两节火车车厢一样，嘎吱嘎吱，在连接处摩擦起来。

我不知道究竟哪一个才是我，是原来那个静止，还是未来将要移动的知觉？或者是那个被投射出去，不断投射出去的意志？

而且，我也并没有真的醒来。

二

我大概是要从大学毕业了。不错，像许多人渴望的那样，我保留着毕业多年之后的人生经验，包括一点点智力上的增长，重新从那个22岁的身体出发了。

毕业前很长一段时间，我就已经不在学校里待着了。我有很多朋友，到处都有，说真的，学校是什么样子，都已经不大记得了。这一天，我来到一家杂志社，有个朋友在里面当编辑，或许是主编。管他呢。我们讨论文学，张三李四，天南海北。办公室很宽敞，有时候是一个大开间，有时候阳光从窗外倾泻进来。看样子我可以在这里找个工作，至少是负一点责，行使一点点权力，对，就是那种可以干点什么的感觉。

我打算做几个选题，比如说：中国的噪音摇滚：眼前就出现了几个乐队，几张唱片，一个舞台，几个不认识的人在调音，我们在调音，空气中有一种按捺不住的静谧，我们正要演出，我听见自己的声音，尖锐，简单，还不错，我在台下看着这些乐器，还有空着的桌子、放着电子设备的桌子、鼓，像是放在食堂的空地上，它们像是来自另一个梦，已经被我梦到过一次，几次，演出不会再发生了，我向自己描述着这些音乐，李剑鸿和d!o!d!o!d乐队，josh和潜鼠51，我探测着记忆，看是不是能把某个死亡金属乐队的作品放进来，它们在前方，上方，孤立于这里的其他一切，它们在演奏着，还没有加入进来，在某个紧急的时刻，在我也在场的演出中，它们的设备出了故障，我被热浪一样的喘不上气的激情所感染，在另一个时间，鼓手配合着噪音，改变着原本稳定的节奏，我冷静地品尝着：我描述着这样的节奏，它坚决，快速，打在紧绷的军鼓上，声音很脆，甚至有点尖锐，噪音缠绕在它周围，节制而源源不断的激情，很好，我想，我就在办公室里，和这些朋友们，在一种90年代文学青年的气氛里，谈论着即将出版的文学杂志，包括那些扉页上的诗，隔壁的编辑走过来，喝水，办公室的墙消失了，我们一起体会到那些铅字的字体，还有那些信件，从远处到来……

这个编辑朋友像是康师傅,至少他相信自己是康师傅。管他呢。我们讨论着康师傅的作品,主要是那些他还没有写出来的诗。我喜欢这个作品,它很长,似乎没有结尾,每行都长,能看见它印在纸上的样子,它长得像一条路,它孤立于我和我们,也孤立于我们写过的其他作品,它只需要一些纸,就可以到现实中来,像是源源不断从空气中经过的白色纱巾。我打算给它写一篇评论。对,就发表在下一期杂志上。

我对他说,或者他对我说,可以去那份杂志上班啊。是那份杂志,不是这一份。但它们是同一份杂志,只不过我们正在从不同的角度说起它。我想,这不错,我就住在杂志社附近,在湖的那边,可以骑自行车来上班。走路也行。但是每周需要几天坐班呢?三天?四天?四五个半天?剩下的时间我要待在家里写作,每天只有一个上午和一个下午,一天里并没有太多的时间。最好不需要常常坐班。但我应该先写一封求职信,而不是讨价还价。对,应该先去接受这个机会。现在,我简直就能遥望到未来的工作:

我想象着从住处到杂志社的路。地图慢慢成形,又慢慢被小路、路边稀疏的杨树替代掉。一个巷子,拐着弯,从深处伸展出来。那就像是下午的村庄,一个人都没有,深处藏着一个傍晚。我将会从那里走出来,经过不存在的湖,来到湖边的建筑里：我几乎就要看见那些在湖边上班的人，小说编辑、诗歌编辑、主编，就像是通过望远镜看见：我们没有说话，却谈论着已经存在于未来的作品。

一个梦。3月6日

应该是到大学报到的第一天,我来到这座大楼。里边很宽敞,简单地用木头搭着些结构,光线充足,人来人往……都是新生吧。我必须仔细盯着看,才能看清其中的一个两个,否则,他们就都那么远,身材也都那么小。这些从我身边经过的人,并没有用他们的话语和脚步打扰到我,就好像还离着十米八米似的。我有过一点紧张,现在只剩下一点兴奋。是啊,重新回到校园,带着更成熟的心智,多好,就像打过了一遍游戏之后,带着经验值,又回到开头,再打一遍,记忆消失了,技能和装备还在,世界是新鲜的,但我已经先于它而存在。相比它清澈的,有点凉的轮廓,我多多少少是温暖的。

给我分配的房间在二楼,一大间,大约有50平方米。我来回看了看,有床,有桌子,有椅子,或者是沙发,地板是木头的,留着一些很宽的缝,能看见楼下。新生在楼下走来走去,这是去食堂打饭的时间。门也不结实。毕竟是大学,没有人在乎隐私,我突然感觉到一种不自在,毕竟是大学,那些限制啊规定啊什么的,也会落到我身上啊。一种凉冰冰的感觉,从那个看不见的权力中渗过来。我掂量着它的强度。

没有厕所。我在床下找到一个长长的塑料盆,开始在里面拉屎。条件简陋,可是难不倒我。但墙角似乎有个窟窿。哎,真的是一个窟窿,一个洞,装修时留下的,可以看到墙壁其实很薄,不过是几层复合板、泥灰、纸而已。向下看去,似乎是个设备间,通着几条管道,地面是水泥的,没有装修过,而且很低矮。我想,回头可以下去探索一番。我想,得把这个洞堵起来,谁愿意让人看见自己拉屎啊。这时候外面越发喧闹起来了,我并不急着出去,我站起来,左右看看,来回走走:哦,房间的另一头,居然有一个正儿八经的蹲式马桶,白色陶瓷的,冲水式的。刚才怎么就没有看到呢。我就把盆里的大便端过去倒掉,再蹲上去,继续拉屎。

在这个厕所和房间另一头的床之间,地板干脆就是一层木条搭成的,很多地方都露出宽宽的缝,真是偷工减料。下面明明就有很多人经过,我就住在这里,简直就是临时建筑,让人太不踏实。虽说并没有人抬头看上来,我想,那也是因为他们当孙子当习惯了,彼此之间没有隐私,也不再好奇。我也要习惯这一套吗?我这样探索着,踩在这些晃晃悠悠的木条上,走到了桌子边上。哦,已经有一叠报纸放在那里了。《广播电视报》,《青少年报》,还有一份什么报。全都是新的,干干净净,挺括。我拿起来一份翻翻看,没什么意思。当然没什么意思,不过就好像在飞机上翻杂志,一定要找点意思出来，好吧，我翻到了文化版，这两版全都是绿色的，不知道是字印成了绿色的，还是纸就是绿色的。

仍然不是很有意思，我放下报纸，想，好吧，无聊的时候可以看看。我突然意识到，这些报纸，是打扫卫生的阿姨放进来的。也就是说，每天都会有人进来，想进来就进来，不管我在不在。这可有点讨厌，我脑子里快速地过了一遍，未来的大学生活中，可能会有不少不愿意别人看到的东西：女孩，也许是裸女，也许有鞭子和裸照，也许是好几个女孩，武器，会有武器吗？也许还有禁书，还有酒，我可不希望被别人打扰……好吧，再说吧，未来的生活，还真是要走一步看一步呢。

一个梦。3月8日

我对这两个人说,来,我们发明一种更简单的产品,功能要少,但是非常实用。要 functional,对,就叫方壳神脑。你们四川话叫方脑壳,笨和呆的意思。这是一个方脑壳的神。只卖两百多块。

两个梦。3月12日

一

一个灯泡灭了。我可能还听到了"啪"的一声,非常干脆。并不响亮,但的确非常干,非常脆,毕竟,爆裂声来自灯泡内部,它被那层薄薄的玻璃挡了一下。那是我头顶上传来的声音,"啪",像是上帝打了一个响指。要么就是魔鬼。

灯就灭了。那是和家里的挂灯差不多的,一组三个的灯。灭了一个,还有两个。还很亮。连那个刚刚灭掉的,也让人觉得很亮:那一声,像是倒提醒了它的亮度,像是暴露了它不被重视的,甚至都不被自身所了解的,一种大摇大摆的明亮。而现在的亮,也并不依赖于剩下的两个灯泡,它们只是自己在那儿亮着,可整个空间,也许可以说这个房间,却处在一种既不需要灯光也不需要阳光的明亮中。

没什么,它并不耀眼,也不令人惊奇,只是足够亮。就像一种简简单单的清醒。如此而已。

二

我们在街头小馆坐下。这是一排楼房下边沿街的小饭馆，门前摆开小桌子小凳子，再前边是树，旁边是小小的坡，走几步下去就是可以通行车辆的街道。像是南方小城，随随便便，怎么都好说。

g说哎呀，要下雨了。我说没关系，半小时之内肯定不会下，我们赶紧吃饭，然后换个地方去喝茶喝酒。要不就唱卡拉OK。我抬头看着天，一片乌青的水汽，连个缝都没有，更不要说云。

我们已经坐在下一个地方了。也许是饭馆，也许是谁的工作室。也许就是在刚才安排座位的乱哄哄的过程中，大家挪来挪去，坐下去站起来，一不小心就坐到了这里。还好，至少是室内，不用担心下雨了。除了刚才那一群年轻的乐手，又加入了新的人。我旁边就坐着一位，是个作家，或者编辑，至少是个文人吧。是我的老朋友。他是专门赶来见面的，打算过会儿再换个地方请我们吃饭。我说好，待会儿你买单。

桌上几个年纪大点的，忙着泡茶。我接过一个大茶杯，里面有茶叶，像是生普洱，另一个人又端着更大的盖碗，也泡着同样的茶，给我添满。我想了一下，到底是换个没有茶叶的杯子好呢，还是就喝这杯子里的呢？反正也好几泡了，就用杯子也没关系吧，即使再加进来额外的茶水也没关系，不会太浓。这时候，左边的一位喊着干杯干杯，他在主持酒局，已经张罗起来了。我赶紧换上一个玻璃的白酒杯，往里倒上茶水：来来来，意思一下，干杯干杯。大家手忙脚乱，说话的说话，喝酒的喝酒，还真有点热闹。

过了一阵子，趁着周围安静下来，我又和 g 商量，等会儿到底是去卡拉 OK，还是饭馆。我觉得可以先找地方待着，晚点再去吃饭，不然这一顿接着一顿的，也太密了。而且，有的人要走，有的人会来，到晚饭就主要是和文人聚了，慢慢过渡吧。真是热闹的一天呢。她说好，一会儿我请客。旁边的朋友却抢着说我请我请。我说对，还是你买单。哈哈哈，大家就这么定了。

我弯腰穿上袜子，应该是 g 的袜子。我又套上第二双，比较大的一双。在国外的时候，冬天住在朋友家，我总是穿两双袜子，暖和，而且有种接近于鞋但又不需要鞋的感觉。我站起来试了试，还不错。

一个梦。3月13日

257，391，两趟公交车，可以坐其中的任何一趟去那里，我刚刚查到的，为了可能要去那里，尽管也不一定真的要去，不过至少也可以预先了解一下，再说，为什么不呢，哪怕只是为了探究一下这里和那里的关系：用一条曲折的线，把它们从分隔的概念上联系起来，然后是交通工具，把一段简直不可能完成的距离给解决掉，这是空间的奇迹啊，有了这样的知识，世界不但可以是可知的，也可以是可以进入的。

在这个黑漆漆的时刻，就像夜里打着手电看地图一样，我俯身看着这两趟公交车：它们的概念。我像是看着桌上的地图一样，微微地俯身，向下看着这个概念，而它也几乎就要形象化，几乎已经从我经验中找出相应的道路和车，连同电影里看到过的俯拍镜头，还有地图，好让我可以亲眼看见。从无知和未知中，我找出那个地方，然后是路线，然后是将这个路线实现的公交车，慢慢地，黑暗中有了一点点可见的东西，不是有了光，而是那些地点和路，自己从黑暗中显影出来，就像是慢慢离开理念，物质化了。我眼前，就像公交车站一样，似乎还显影出枝叶稀疏的杨树、路灯的影子、马路牙子、围住侧柏的金属栏杆。或许更多的，是从这知识的黑暗中投射出来的路灯周围的暗影、暗影后面深深的黑夜。

公交车停在眼前，随时可以跳上去。同时也是和模型一般，被俯视，甚至可以用手拿起来摆放的小东西。它们同时存在，也同样分享着一个介乎于概念和实体之间的形象：那并不是真的通过视觉得到，而是直接来自经验，它也可以随时返回经验，只给我留下一个细小而坚硬的概念。但我从未体验到这样纯粹的概念，我像是听见了它的声音一样听见它：公，工，gong，空，一段空的车厢，在空的夜晚的路上，轰轰隆隆地开动。ong。我也像是看见了它的身体，就好像我有一双眼睛似的，我看见它：一些路段，一些拐弯，树枝，阴影……因为上述的两种连接方式而被两次实现的、被双重使用了的空间：还仍然没有方向，谈不上前后，南北，也许已经有了上下，但还没有地面。

我反复念着这两趟车的名字：257，391，我也同时要把它们和375、369、215之类的名字分开。当它们从显影的信息中向我传来，是惟一的、确定的，当它们到达我的意识，就又分散成若干数字，我必须把自己弄得清醒一点。但不需要完全醒来。我给了自己一个联想：257，就像是258电子市场。这个思维的动作差一点让我醒过来，但我还是回到了原来那个行动中，就是努力要将它们直接印在脑海里的行动：

两组数字，像一种巨型的白色物体，从黑暗中飘上来，挡在眼前，让我无法分心。但是，的确，我并没有看见任何巨型的白色物体，我也没有看见黑暗。我也没有眼睛、目光、视觉神经……我勉强可以称得上是我。然而我又是谁呢？我为了什么，而在深不可测的无知和未知中查找着去往那里的路线？那里是哪里？我又在哪里？我是什么？这里又是什么意思？257，391，两趟公交车的名字，只有它们是确定的，轻易，简洁，不带任何含义，没有任何暗示。孤零零的两个名字。也只有它们是孤零零的，因为也只有它们存在。

一个梦。3月15日

何女士抓着一条蛇。我知道她以前养过蛇,一条小蛇,不咬人。但这条有点大,而且看起来挺活跃。可是,我对蛇还真是缺乏了解,也许这根本不算什么,她应该能对付得了吧。

这是一个光影斑斓的房间,可能她正站在窗前,门前,可能外边就是长满了花草的院子,阳光从树叶间打下来,又将树叶的剪影投射到房间里,有一种夏天的感觉。那种到处都在发生着什么,但这里什么都没有发生的夏天的感觉:即使什么都没有发生,也那么凉爽,它暴露在热浪的边缘,其他地方的确是在发生着这个那个,但那都不重要了。也可能根本没这回事,只有白墙,一些旧家具,五斗柜、立柜,除了此情此景,外边什么都没有。可能连家具也都没有,房间里的光线也不斑斓。而且,也并不是夏天。

我看着她,为她感到一点害怕。很快,这种害怕变成了我自己的。我自己抓着蛇,就像从她的身体里伸出了我的手。是右手。我抓着这条蛇。它扭来扭去,在我手边上下盘着,扭动着。我一边学着她,尽量平静地抓着蛇,一边看着她轻松地和蛇玩耍,一边又感觉到它不受控制的野性。一种危险正从她的手传递到我的手中。我想要安静地，仔细地看看它：那不是一条圆柱一样的蛇，也不像是粗粗的面条。还不是。它还只是一条扁扁的，绿色的带子，像是一个小孩用橡皮泥捏出来的，有些地方还不大整齐，不是捏得太宽，就是不够对称。它一边转着脑袋，扭动着身体，一边努力地去成为一条更像样子的蛇。

我也在努力。我看见了它的身体。我也努力去看它的头，而且看见了。我确切地知道了它一条毒蛇。也甚至看见了其他的毒液，在玻璃试管里，在热带实验室里的那些毒。我也预先感觉到了一种被咬到的疼：皮肤被戳破两个口子，牙齿扎进肉里。虽说并不是我而是何女士在玩蛇，但这种疼，却已经在我身体里预演了一遍。我几乎要浑身发抖了。只抖一下。剧烈地抖。像一个积攒了整个冬天的冷颤。差不多，在这个抖动之后，我可能会整个垮掉，散架，至少也是从现在的身体上瘫倒下来。我用即将发生的抖动对抗着这种疼。

我也看见了何女士以前养的那条小蛇。它滑下去，溜走了。没有多少光照在它身上，这让它显得有点谦虚。它又溜了回来，果然，它认识她，它熟悉她，它对她有一种信任，或者说是一种微弱但牢靠的依赖。就像那些生活在野生环境里的动物，对一棵树，一条河，一群刚刚飞过来的苍蝇的依赖。我知道没问题。而且，这条小蛇是真的，是已经存在了的蛇，它是圆柱形的，像长长粗粗的面条，有蛇皮，有蛇头。

而她手中，此刻，抓着一条尚未存在过的蛇。有一点重量，对应着地心引力，有一种力在让它扭动身体，但却看不清楚，也很难用皮肤去感知：没有压力，没有温度，连一点摩擦都没有。我甚至感觉不到自己的手，只知道到自己在用力。也许是因为我的害怕，而阻挡了它的身体的到来？我学着何女士，去安慰它，用另一只手去摸它的头，对它说话。果然我摸到了它，有一点轻轻的摩擦，不比摸到一只猫的绒毛更真切。可它还是不肯安静下来，就像无法理解我的动作，我的态度。也或者是它理解了我心里的恐慌。说不定它就是我心里的恐慌呢，如果我有心的话……我看见何女士站在旁边，就想，要不我就用力一甩，把它扔给她好了？不对。不行。越害怕越不是个事儿。我知道它会在离开我的手之前，回身猛咬一口。

怎么办？我试着去捏住它的头，又试着松开手，让它随便折腾。终于我握住了它的头，好，我想都没想就用力捏下去。它意识到大事不妙，猛然张开嘴，但已经太晚，我决心已定，牢牢地捏下去，就像另一次掐死一个人那样，任凭它，或者他，或者她，挣扎着，身体像钉死在河床上的一条床单，围绕着一个固定的点，在水流和漩涡中起伏不定。我这样杀死过的所有的人，此刻都在挣扎，无声地，爆发着最后的激情。我的惟一的这双手,这只手,毫不妥协地掐着那个脖子,就像是要成全他们的激情,这是他们所有人的存在中的惟一的事实。我看着这件事,就像是要见证这个平淡的时刻里,这件事本身的激情。

我知道它马上就要死了。他们马上就要死了。但在此时此刻,它,他,也是她,还仍然是一个确凿无疑的生命,还有着意志,还可能反转败局,也还和之前的动作、事件、关系联系在一起,也还在我其他的梦里自由地穿行,现身,或者消隐。我被这种生命的独一无二的力量给震撼了,在这一刻,它和他们是活着的,而我不是。我最多只有害怕,而且,很快,这个害怕也将要消失了。我将只是一个没有形体,也没有痛苦的自我,就像是被淘宝买家抛弃的包装纸箱。这还真的是一种空虚呢。我还来不及去体验,我也将无法去体验,现在,或许就是为了在这场搏斗中再多存在一会儿,我才没有再向下一个瞬间推进:我没有掐死它,也没有松手。毫无征兆地,一切,连同时间,就都在这里完结了。

两个梦。3月26日

一

长桌上摆着一些酒瓶。可能是并排摆着的。但也不算多么整齐。也没有很多。我手边是一瓶白酒。透明的瓶子,没有标签。我知道它是中国白酒。但也没准儿是格拉帕。或许真的是用葡萄或者葡萄皮酿的,蒸馏酒,烈酒,即使不打开瓶塞,也在向四面八方散发着明亮的能量。也可能是高粱酒,没有勾兑过的。浓烈,饱满。甜蜜的炸弹。在这个昏暗的空间里,夜晚单调得有点惨淡,我没有和任何人在一起,也不会有人来。这瓶酒从一种索然无味的情境中醒来,越来越清醒,也越来越具体,向周围赠送着能量。相比之下,我的存在并不那么重要。我只是默默地,也是短暂地看着它,然后伸手拿起了另一瓶酒:一瓶伏特加。也是透明的玻璃瓶子,没有标签。可能是清香的,但也是浓烈的,也许是白亮的。我打算把它们兑起来喝。在这个短短的瞬间里,我已经体会到了和酒同时存在的醉了的感觉。也就是说,醉本身就溶解在酒里。酒以一种静止的方式保持着醉。而我已经和酒一起体会到了这个真理:我只是还没有醉,但我已经拥有了醉，因为我已经和酒合而为一，就像世界上很多人，很多东西，同时是彼此，同时是全体，也同时是其中的任何一个细节。不管是酒在用我的身体感知着，还是我在用酒的存在存在着，都不重要，重要的是能量。对不对？我从两个透明瓶子里分辨出了白酒和伏特加，也从我和酒中分辨出了我和我的对象，或者说，我也从世上所有的醉中分辨出了没有勾兑过的这两瓶酒，这完全是因为我已经消失在这个真理之中：我并不重要啊。

果然，就在这时候，床动了一下，我就要醒了。我突然意识到自己是那么欢喜，也就是说，我有点 high，然后，一瞬间之后又落回了常态：最令人惊讶的是，这两种状态也并没有太大的差别，它们也是同时存在的，连清醒和梦也是同时存在的，它们干脆就是同一件事：我就像睡在一张旧报纸上，眼皮轻轻抽搐，这轻微的抖动，让我立刻就来到了报纸的另一面。

二

我手里拿着一个小盒子。可能是个小纸盒，就像淘宝卖家常用的那种，跋山涉水，重复利用，已经歪歪扭扭的了。

我随便地打开它：哦，一些彩色的碎片飞了出来。可能是因为静电吧。这些闪亮的小东西，就像是婚礼上往新郎新娘身上撒的纸片一样，猛然间窜出来，在空气中游荡，翻着身，一直往上，一直到天花板，猛地贴上去，停住不动了。它们先是在我眼前，粘在天花板和墙壁的夹角上，然后也往远处延伸，零零散散地，占了一大片地方。

一定是因为静电。我有一点紧张，这玩意不好清理，会粘得手上衣服上到处都是。不过，说真的，也挺好看，不如就随它们去吧。我抬头看看天花板，再看看手里的盒子：还有小纸片陆续飞出来。

就到这儿了。它们既不停止，也不定格，也不增加。时间到此为止。

在最后一刻，我觉得，因为我的这种迟疑，这个时刻就变成了永恒：没有判断，没有欲望，有过一些性格和习惯，也有过审美，但都已经作废了。一个连惊讶都没有的临界点……但也许不是这样。这只是永恒开始的地方，它的可能而已。在永恒和永恒的可能之间，我还是更熟悉后者。

一个梦。3月29日

在刚刚进入睡眠的时候,还不知道自己已经不再醒着,还残留着那个思考的,感知的姿势。还似乎存在着。突然,一张脸出现了。一个女人的脸,她在哭,一滴,或一行眼泪,从眼睛那里滑下来。

也并不是非常突然,那其实更像是顺理成章,悄悄地,自然地,平稳降落。或者就像一个早就存在于虚无的事实,不经意间,被一缕清风吹开。它先于我而存在于这个梦中。

就像是我自己在哭,我知道眼泪是怎么从眼眶里溢出来的。然后它带着一点体温,顺从着重力的召唤,向下滑落,在皮肤上延长,成为一个过程,这过程又显现为一个新的形体:一行眼泪,一条河,一段旅程。等等。从时间变成空间:这是时间的旁证,就像时间自己授权给一个动物,让它在一个简单的现象中,呈现出流动的本质。

也仅仅是一张脸,一个在哭的人。如此而已。她并不伤心,也不委屈。她没有带来一个故事。她不输出情绪,也不传递信息。没有暗示。我并不感到最微弱的触动,只是知道而已:哦,一个女人的脸,在哭。哦,我知道了我对此有所知。一切都短暂,静谧。也就是说,该什么样就什么样。

我又一次意识到了她在哭。就像倒带,换个角度,再一次看见了她的眼泪。这两次感知同时存在,也就是说,她同时以两种方式哭着。没有先后。我同时看见了两次眼泪。那张脸几乎是没有生气的,静止的。除了"哭"这个动作,这个现象,除了这个热乎乎的流动的状态,一切都几乎是静止的。而且,一切都是短暂的。这个静止,也许可以持续很长时间,也可以替代许多的动作、故事、感知;在这里它们简化了,浓缩在一个瞬间,然后溢出来,延续了一秒,或者半秒,总之从一个静止的状态溢出来了。这个流出眼泪的过程,也等同于其他一切被凝固和浓缩了的事件。它是动态的,热的,是全方位的,而且是被我体验到了的,那张脸是静止的,除了它自身,也包含着它和我之间的距离。它们原本就是一体。

我意识到自己已经睡着了,而且还在做梦。

一个梦。3 月 31 日

我坐在急速上升的机舱里。就像是在那种即将失事的飞机里。显然出事了,而且不可挽回,并且就是现在。

但有趣的是,我并不是被动地经历着:在这一刻我清楚地知道,是我本人触发了这件事,这个状况。与其说这是一个事故,不如说是一个选择。当然也很难说我知道自己做出了什么决定。那更像是,在刚刚过去的另一个时刻,确切地说是与此刻有着逻辑关联的另一个时刻,我被逼迫到了紧急关头,除了做出决定之外已经没有出路。我一伸手就按下了那个按键。就好像一个好奇的小孩,一伸手就选中了那个要命的字。

在那个时刻之前,之外,并没有其他的时刻,没有逻辑的关联,没有时间向度上的连续性。也正是这个不连续的时间,一大片的,空旷的,无边无际的,也许是白的,就像机舱外的白云,或者不是白云而是被白云反射出的阳光,这个没有方向也不需要时间的云海,时间过剩的、被理解为"外边"和"其他"的状态,因其浩大,而且源源不断,而且不动声色,甚至轻描淡写,而对我形成了逼迫:

我能够体会到的第一个时刻,就是此刻之外,或之前的那一个时刻,"此刻"的逻辑上的前导。我按下按键,以解除这种急切和紧张,以一个行动来实现这个刚刚获得了的存在:这个按键带来毁灭。

一个确确实实的毁灭,代替了笼罩在那个时刻之上的无名。也许这个无名才是真正的毁灭,是那种从不发生,或者,如果已经发生就从不结束的毁灭。也因此,就无法被认识,更谈不上有一个名字。

也就是说我现在真的感觉到了此刻。下一刻,又一刻,时间流动起来。我知道大势已去。机舱向上飞去,像是刚刚脱离了重力的保护。确切地说,像是一个数字,刚刚告别了它的公式,它没有用了,自由了,但也太剧烈,太快了,它不再是一个数字,而是成为一个野兽。它即将失去意义。也就是说,有一点像死亡。但死亡只是一个附带的部分。机舱,飞机的或者飞船的,随便什么的,也许还有其他人,这都不重要了,它带着我飞向毁灭。我知道那个时刻就要到来。并不是我跟着飞船坠毁,死掉,而是整个世界都一起终结。

我急忙用笔在纸上划着一些字,这时候机舱也跟着摇晃起来,像是要帮助我:我飞快地写,一边也念着:我爱你姐姐,我爱你妈妈,我爱你爸爸,我知道你爱我,妈妈,爸爸,我都知道。

这大概算是一种遗言吧。所有的遗言,都不是写给别人而是写给自己的,不是吗?我清楚地知道整个世界都将不复存在,也知道那是我惟一的选择。一个行动。没有人还能留下来读这些字。我也并不悲伤,尽管有一种类似于悲伤的东西,要求我去服从,去表演,但我大概只是从中穿过,就直接进入写作中:我发出声音。我急急忙忙地配合着眼下的状况,做出一副写遗言的样子,几乎可以说是手忙脚乱,同时我感到幸福,而且这幸福早已存在,现在只是要我把它呈现出来。幸福极其普通,平淡,以至于我毫不意外,也不激动:在那个最后时刻的表演中,我其实静止在这个平淡清澈的知觉中。我一点也不为幸福而激动,它理应如此,早就如此。我早就知道了。

一个梦。6月3日

一种清新的黑暗,几乎是自由的。至少是可以自由呼吸的。也许,也是可以自由穿越的。像早晨刚刚醒来的时候,从那种还不确切的空间里感受到的自由。要么就是晚上,深夜,将要睡着,但还清醒着,觉得仍然什么都可以做,可以马上起身行动的那种自由。

在这黑暗中,思想和身体是一致的,彼此醒着,呼吸着对方。

我们当然都醒着。也许这是深夜,也许是天亮之前。我们还不安定,或正要活跃起来。我们躺在被子里,像是刚刚发觉了对方,开始拥抱起来,也许是抚摸。在这个相互探测的过程中,我也觉得,也许她刚才并不存在,是我从睡梦中醒来,才使她出现在身边。她是新鲜的。她也觉得我是新鲜的。我知道她的感觉,因为她是轻快的,有点陌生,也有点高兴。我们一定还不熟悉对方,这让我们有了一个距离,好用来靠近。或者不如说是一种引力和斥力:很难克服,但也不需要克服,引力持续着,要让我们更多地认识对方,斥力也持续着,使我们需要去认识对方:这让我们在彼此的感觉中变得更加清晰。

也就是说，她因此而有点瘦，皮肤光滑，不热，我清楚地知道她的身体和五官。我伸手掀了掀被子，半个身子压住她，低头去舔她的乳头。她说了一句话，像是方言，我知道那意思就是"用牙齿咬它吧"。我听见的并不是一种语言，而是一个意思，它来自语言，有声音，有词，有字形，但只是随意地组合起来，就像是半夜起来接电话，随便往身上披一件衣服，或者毛巾。那个意思精确地传到我这里，和那句话几乎没有关系，就像是一个搭车来的年轻女孩，噌，跳上床来，甩掉了所有的衣服。

而她也的确没有了衣服。也许刚才有，但现在是没有了：我用牙齿轻轻地咬着她右边的乳头：它很小，但比刚才伸长了：一种尖利的快乐传递回来，沿着牙齿，先是和她的轻微的叫声有关，它是扭动的，它本身就在发抖，然后是整个身体的重量也向我传来。从这些轻轻的咬的动作中，我的牙齿，然后是整个身体，加入了和她的反馈。我的脸贴在她胸口，乳房不大，似乎反射着月光，或者灯光：可能乳房要小一点才会这样清晰，它不让我过分激动。

我们都有一点想要继续下去的意思。再激烈一点。或者再充分一点。也许是再醒来一点，哪怕是醒来就意味着另一种更深的睡眠：我变硬了，而且热乎乎地存在着，像是它独自感觉到了一个湿乎乎的对应者，它们自己开始谈话，朦胧中开始互相找。我的腰，屁股，腿，她的腰，膝盖，肩膀，都在轻微地扭动，换着角度，舒展一下，压一下，弯折一下。我也感觉到之前的许多次类似的动作正在重演，或者说在预演：很简单，就是翻身，把腿伸到她的两腿中间，她会突然把腿张大，抬起来，我们的胳膊和肩膀，也会处在合适的位置，好让两张脸相对……

但那种清澈的感觉，像是黑暗本身所描述的，一种平静的，也是压抑的气氛，又让我们慢慢停了下来。并且觉得这样就足够好了。现在我们已经互相认识了。一道平滑的激情的曲线已经完成。我们要睡觉了。

隔壁是我父母的房间。他们还没有睡，或者已经起床。或者，他们干脆就从来没有睡着过，一直都开着灯，从门缝中漏出光，维持着四周的黑暗。对，隔壁始终有人在监视。只要是还住在这里，我们就从没摆脱过被监视和干涉的状态。我们也只能享受这种平静，像是一种从来没有想过要变得激烈的轻音乐，沿着平滑的时间，向清晨流动。很难说，我到底是因为这种压抑而变得平静，还是本身就很平静：那种想要一起睡着的欲望，像黑暗本身一样广大，并且连接着外面的黑暗，它让这个时刻更适合微弱的声音，和逐渐平缓的呼吸。这是我可以意识到我自己，也能意识到她，也能被她意识到的时刻，时间在这里是脆弱的。

我们有那样的默契：既不会去打扰监视者，也不去打破宁静。那从门缝透过来的灯光，温暖的黄色灯光，让我们的黑暗显得更加清凉。一边是饱满的温暖，被四壁围拢着，保护起来；另一边是不确定的，没有边界，除了我们身下的床，还什么都不存在。也许我们是睡在一艘船上，在甲板上，正耐心地等着出发？或者这黑暗所包含的自由，就是随时准备着要摇晃起来，从原地离开，放弃，告别？不，还不是船，也还没有河流或海，甚至也没有想象。我们回味着一阵轻微的喜悦，同时也隐约是遗憾，开始进入睡眠。

一个梦。7月27日

我梦见一个人。应该说我几乎梦见了一个人。不好说。我认为我应该是梦见了。但怎样才算是梦见了,怎样又只是许多梦的碎屑和动机中的一小片暗影呢?

一个短暂的形象。连形象都没有。但我被他的特征震动了,也许是最微弱的震动,但毕竟我立刻就知道了他,记住了他。

非常短暂。要不是我已经记住了他,那他就消失在睡眠中了。也许连消失都谈不上:他可能就从没有存在过。

一个什么都没有在做,也不曾经历过任何事的人,一个完整然而什么都不拥有的人。我突然感觉到了那种类似于悲哀的气氛,然后他就出现在源头。并不是说他在散发那种气氛,而是说,他结束了那种气氛,他使一个空间结束,变成了还没有开始发展的、没有方向的起点。也就无法溯源,更谈不上扩散。他出现在这个没有空间的地方。他独立于背景,没有背景,也就没有什么来龙去脉。他与众不同,就像那半句诗:tua res agitur。"和你有关"。单纯的有关,只是有关,对吧,没有任何事联系在其中,不认识,也无可分享,除了有关就完全无关。那么到底是什么让我觉得有关呢？

　　大概应该反过来想：到底为什么让我觉得有关呢？是因为他身上有种无法去除的悲哀吗？就像是聚会结束的时候，有人开始告别，但还没有说出口，突然间大家都不说话了，连坐在角落里碰杯的那两个人都突然静了下来，掉进了空气的缝里，或者说，从空气里掉了出来：这个人就是这样的瞬间的实体化。这个人就是一道缝隙，我通过他离开空气。当然这样说有点夸张，好像我在他身边似的。不是那样的，我和他并没有在一起。没有人能和他在一起。我从梦里掉了出来。

　　这难道不是一个要命的关系吗？

　　我梦到的他，并没有站着，或坐着，也没有在移动。非要描述他的特征，那么他可能是穿着黑色的上衣，微微弓着身子，就像正在桌前写字，或喝水，总之他可以是一个这样的人，但他当然不是，我只是说他可以这样。这只是我的印象，一种感觉在经验系统中的分配，一个方便的命名。他可以是灰色的。他也可以是暗蓝色的剪影。要么就这样说吧，像一张用旧了的砂纸，在台灯下居然又反射出一些微小但是醒目的光点。但当然他不是这些东西。我从没见过他。在梦里，在梦开始前，在前几天的梦里，在梦和梦之间，在睡着之前的半梦中……全都没有。我不是非要见到他才算是梦见了他。一个梦也不一定非要以人物和形象来开始。何况我是从中掉了出来呢。

唯有这掉落使我耿耿于怀。就快要惊醒，又或者，就越发有了要向下一个梦沉溺进去的冲动。就好像你走路，突然间走到了一句话上，你踩到了一个词，这个词就是这条街本身，因此你不再需要那条街了，也不再有地面这回事了，你可能想哭，但是也来不及了，你连哭都不需要了。当然，下一个瞬间又完美地接续了上来，就好像没那回事一样，大家火热地告别着，留电话号码，往脖子上围围巾，称赞着对方的自行车，抬头看看路灯，回身去喊一个人，随口说出俏皮话，双手拉住双肩背包的带子，理一理头发，拉住同伴的手，给路过的车让路。

一个梦。7月28日

高楼的顶上,仿若平地,大概也可以无限地走下去。有一些邻近的更高的建筑投下来阴影:这是都市的高处。我离开了一阵子,去办点事。q和另一人在这里等我。或许他们在打羽毛球。也或许没有。但,不多不少,楼顶的天台,不正适合打羽毛球吗。

我回来的时候,或许也是我离开的时候。是同时:我回身去楼下,我走上来,两个时间重合在一起。远处的水泥柱、低头看见的水泥地面、向下的台阶和向上的栏杆,也似乎同时存在。我走过去,看见阿呆和另一人在等我。不再有水泥柱子和附近投下来的阴影。天空开阔。天空干脆被省略了所以开阔。她在左前方,另一人在右前方,稍远一点,似乎是个健身教练,或体育器材销售员,或长跑爱好者,要么干脆就是个打羽毛球的。

一个胡萝卜!

当我意识到它的时候,它随着我的意识而出现在脚下。一步之遥。完全不需要地面的衬托和支撑。应该说它刚刚诞生,还没有来得及和地面联系起来。

我边走边用右脚轻轻踩住它,往回拉,用脚背挑起来,它飞过我头顶，落下来，我伸出双手将它抱住。一个巨大的胡萝卜！他们已经在向前走去了，我把胡萝卜扔给阿呆。它足有一个灭火器那么大。我回味着它的重量，好像并不是很沉。阿呆接住了胡萝卜。我们边走边说着话。那些连续的动作就像是在足球场上，跑位，带球，传球，这让我有点高兴。也许是胡萝卜让我高兴：在无色也无质感的高处，有一个如此具体的东西。一棵菜！一种含着水分的发红的橘黄色物质！它是超现实主义的。

我走得稍微快了一点，也就慢慢赶上了他们。

但还不是那么近。我大声问：每天吃胡萝卜会很有精神吗？阿呆肯定地说：嗯，是。就像平时那样，她没有点头但是你会觉得她在用力地点头，你几乎会觉得她是个容易上当的小孩。她说话的声音，就像新鲜的胡萝卜一样干脆。我又转过头，问另一人：是吗吃胡萝卜会很有劲吗？他也大声说：是。

我们大步向楼顶天台的尽头走去。那里，水泥建筑已经逐渐模糊，变得像是山顶，就是黄土高原上的坪，边缘整齐，想必齐刷刷地直通沟崖底部。边上有个缺口，已经被风吹日晒雨淋，变得圆乎乎的，像是随时都能从经过的风里，扬出一阵细微的尘土来。从那里露出一小段斜坡，拐过去应该就是下山的路了。

两个梦。8月3日

一

地上铺着土,厚厚的一层。不知道下面是什么状况。或许根本就没有夯过,没人整理过,更谈不上铺着什么材料。就像是用来种菜、种粮食的地,松过,但还什么都没有种。没有种子,没有根,当然也没有石头和植物的枝干。但也没准下面是水泥地呢?毕竟这是一间十来平方米的房间,就像我以前住过的那间,安宁东路的那间。那是一套三居室平房中的一间。也许还摆着家具。有那么几次,我也看见了墙面,是粉刷干净的白墙,下面必然是大白粉腻子,水泥,红砖。对,还得有地基。如此说来,又何必要用土来铺地呢?弄得这么松软,还飞着浮土,走两步都不方便,却又一副理所当然的样子,而我们也已经习惯,就当它是理所当然的。

我一边往地上浇水,一边想,爸妈也真是凑合,这种松散的地面,很快就会变干,搞得尘土飞扬。或许我可以把它弄得结实一点呢?

我走来走去的,像是要体验一下这土,像是顺便也要把它踩紧实一点。但那需要花费太多的时间,我只是随便走一走。我踢起了足球。夏天到了，马上要放暑假了，不如每天去学校踢球？我仔细地考虑了一下这个方案，就目前的年龄和体力而言，也不是做不到，但运动量是不是也太大了，我行吗？我想象着自己又回到学校，也就是师大附中，在空荡荡的操场上，在另一个梦中，许多人，中学生、大学生、身高极高的陌生人，等等，成群结队的，有的也在踢球。我在想象中来到这同一个操场上，体会到另一个梦里因为我的离开而空洞下来的空间，寂静。我抬眼看看远处的墙，大概一个人踢球也可以吧，往墙上踢。我眼前出现了高高飞起的足球，缓慢地向上飞，高过了围墙，还有跑动中的脚，它定格在我的视线中，我在房间里把足球踢向墙壁，这足球变得虚幻，就像并不在我身边，甚至也不是来自我的想象，而是真真切切地属于那个操场，和它绑定了，是它"不可分割的一部分"。但是是哪一个操场呢？是我想象中的那个空荡荡的操场，还是另一个梦里人来人往的操场？它又如何允许这足球以一个实体的形式，来到我的脚下？足球不见了，我还在考虑着去学校踢球这件事，我知道只能一个人去，我已经离开了中学时代，一个朋友都约不到了。所谓的暑假，既不是我的假期，也不是学校的假期，那并不是操场空出来好让我去踢球的原因，那是时间里的一块，一段，一片，就像是一种周期性到来的暗影，它属于世界的必然性：它也是世界的不可分割的一部分。即便它已经不再意味着放假，或者空闲，它也仍意味着什么。它意味深长。它像是最终暴露出来的，真正的时间。至于足球，是啊，好在我现在买得起足球，我可以随时去买一个，惟一要考虑的，只是我到底需不需要它。

因为有些水分，松软的土地露出较深的颜色，但最上面的部分已经干了，变得苍白，像那种淡黄色的杂粮面粉，风一吹就会四处弥漫。我已经感觉到它们正在泛起，正在扩散，已经淹过了我的脚面，沾上了裤脚。我洒着水，踩着。一边想，父母过着容易满足的生活啊，对这样的事情，竟然一点都不在乎。

有同学来找我了。是一个女生。可能是圆脸的，开朗的女生，是很容易当上班干部的那种。我发现自己穿着帽衫。我觉得自己可能实际上穿着西装。我也穿着衬衣。同时我穿着白色的T恤。我在操场上跑着。我也在房间里，把抱着的足球放下去。她进来的地方有了门。之前这房间当然也不是没有门，但也谈不上有。总之她站在门口，她走进来，和我父母打着招呼，和我打着招呼。我想，这么多年了，我还是不会穿衣服，我怎么穿都差一点意思。

她也踩在这松软的，表面正在变干，变成粉末的土地上。

二

两截屎！

似乎是绿色的！就是那种发绿的，也许还带点黑的，脏乎乎的颜色。

与其说是屎绿色，不如说是油画般的绿色。卢西安·弗洛伊德，比如说，或者周春芽。那种远看是绿色，近看其实是黑色，黄色，蓝色，红色，白色，有意地搅合在一起的东西。或者不如说，也不算是什么颜色，而是一种质感，一种体积，是一种过程：物体由软变硬的过程，它和灰尘一起从视线中退去，又停在不远不近的地方，枯燥地停着，静悄悄……所以它们也并不是绿色的。

但终究是两截屎。不是粪便。也不是大便。就是屎这种东西。通常都是在路边、野地里、花园里，角落，墙根下，令人感到遗憾，但也就是遗憾而已，因为也只能对这一切都感到遗憾，对作为整体的那个遗憾的现实感到遗憾。通常就是这样。和拉屎的人，或者狗，或狗的主人，一概无关。就好像这个包含着这里一截屎那里两堆屎的现实已经先于这些人和狗而存在。显然是这样。当然是这样。

没有任何前奏，也没有发展，两截屎，就是这样。应该说是坦然地出现。而且并不出现在一个背景中，没有舞台，也没有画框。既没有空间作为背景，也没有时间作为铺垫。出现了，就是这样而已。

连地面都没有。连光线都没有。

我被它们惊吓到了。或者说也没那么严重。也许是被恶心到了。总之它们并不需要移动,也不和其它事情联系起来。这就足够让我醒来了:那就像是整个地面都振动了一下。一小下。

一个梦。8 月 9 日

我和 q 一起走着。应该是在散步。可能是向西走着,至少我觉得是。方位感还是在身体里起着作用,怎么走,都有那么一个坐标:上北下南左西右东。我们沿着砖石砌成的墙走着。是深色的旧墙,是也许蒙着一层青苔的深灰色,还有阴影中的黑色,枯枝搭在上面而形成的褐色和灰色,还有空气中的水汽,浸出一种傍晚的颜色。如此说来,我们又是在向东走着,左边是公园,校园,或者一个非常大的国有单位。老旧的围墙忽而变成了低矮的花砖墙。另一边应该有河才好,但我并不知道到底有没有。

沿着一段台阶,我们走上去,坐下来。台阶也是暗青色的,像冬天的河水,在夏天就变成了一截幕布。就像是在假期的大学里散步,没有什么人,也没有什么着急要做的事情,就随便走走,随便坐一坐,也许这样坐着,太阳就出来了,或者从什么地方就钻出一群人来,嚷嚷着,笑着,喊着,就冲破了寂静,也使得寂静更静。

我又站起来,自己往前走了起来。大约走了七八步,十来步,q 还坐在那里。我突然决定要这样走下去,就像是吵了架的男女,突然其中一个就不管不顾地走掉了。我突然觉得我们可以这样争吵,或者说我们可以不愉快,就像要去探测一下两个人的关系的边界,撕破那个边界去试试外边。当然,我有一点不忍心,也有一点好奇和激动。一步,一步,这时候我觉得,似乎我们已经吵过了架,已经真的难受起来了,并且陷入了那种凝滞的,共同承担着的苦闷之中,必须要这样走下去,才能走到难受的外边去。我试着走下去,好让这状态崩塌,就像既不是我也不是她,而是这状态本身需要长长地出一口气:它从一个缺口中涌进来的新鲜空气中溜走了。

也就是说,就在几步之间,不知不觉的,我已经解放了出来:先是有一种冲突,从我们的散步中涌出来,然后它困住了我们,或者不如说是那个突然出现的"我们"这个概念困住了我们,然后我决心去伤害我们:这是一种来自遥远处的暴力的天性:我们开始在距离中相互等待。这个距离是因为相互试探、试验、品尝,而产生的:我感觉得到背后有一股力,那是使我们各自存在的力。在背后,我感觉到 q 一个人坐在那里,她的委屈使她变小,像个小孩。那么还是回去吧,我想要去拉她的手。

我走在一条走廊里,离出口不远了。左边是两排男生,右边是女生,正在急急忙忙往外走。我排在女生的队尾,只好等着她们先通过:就像是列好了队,赶着去上体育课的女生。外面阳光灿烂,风把人们说话的声音吹得很远。我们就像是在一艘飞船里，或者一座高楼里。有那么一瞬间，我真的就在高楼里站着，数着楼层：50层，100层，啊我有点晕了，这么高，整个楼都在晃呢……我望着外面的风景，高楼像飞船一样升起、下降，漂浮着。我向前边的出口看去，就又有了走廊和出口，左边的男生们列着队，还在等，右边的女生们飞快地跑出去。我跟着她们也飞快地跑出去。前边，其中一个女生停下来，弯腰去整理她的鞋子，或袜子，或者裙子，而我并没有看见这些，我只看见她弯下腰去：对，一个单独的她，一个纯粹的动作：只是弯腰，没有衣服，没有身体，也没有这个人。这就像我们从雕像中看见的，如果是好的雕像，就显现出一个不属于任何人，也不属于任何形象的动作：一个停下来的动作，停在千万种可能中的一个之上。确切地说，像是吃了蘑菇，从一张照片上看到一个无止境的动作，它不需要从哪里开始也不需要向哪里过渡，它就是一直在动而已。一个几乎是永恒的弯腰。它并不是永恒的，因为永恒并不存在。就这么简单。

我跑出去，跑进那个除了一段台阶几乎什么都没有的世界里，去拉 q 的手。她已经在哭了。她坐在台阶上，抬着头对我说：你不和我吃饭了吗？还带着哭腔。我跑过去。我也没有在跑，没有这个动作，但是有跑动的姿态。在静止中，我经历了很久的等待，也跟随着一队学生穿过楼门，然后是门外的台阶，然后是向 q 靠近：这里面有一个跑步的倾向：

所以说，归根结底我还是跑了过去。我和她说话，让她放心。这时候妈妈猛地推开门闯了进来：她挥着一柄大斧，向我不停地砍下来。

高三那段时间，我总是在背阴的小房间里做功课，妈妈总是猛地推开门，查看我有没有在看课外书。门就是那样打开的，没有声音，猛然打开，她挥舞着长柄斧头冲进来，向我胸口砍下来。爷爷在旁边劝，或许也喊了几声，我也开始喊叫，我狂叫起来。但她并不能听见，她快得不像是和我们处在同一个时间里，那斧头就像是快放的镜头一样，没头没脑地砍下来。我抬起左手，拦在胸前。斧头就落在我的胳膊上，倒不疼，它飞快地，一下下落下来。我看见斧头是破旧的，别说斧刃残缺不全，就连整个斧头也缺了一半，就像是因为年代久远而裂开，脱落，只剩下了参差不齐的半个。我高声喊叫着醒来。

一个梦。8 月 20 日

一张脸,离得那么近,一抬起头就能碰上。但是还有一点距离,让我能看清楚:她可以是一个中国人,但更像是一个印度人,或者说介乎于西欧人和印度人之间。一个外国人,我看见她。一个女人。我靠近她,就像我并没有四肢和身体,而只是眼睛和我的脸去靠近她:我是她的脸的对应体;也就是说我也并没有眼睛,只有目光,是返回的目光,像镜子送给你的礼物,因为对面的人而存在。

我感觉到了她的脸,也就是说我的脸感觉到了她的脸。那还不是体温,也不是空气,是身体本身:身体是怎样形成的呢?身体在分开成为各自的身体之前还不是身体,在接触到世界之后才是。而世界不是身体的延伸和派遣吗?它不是从语言中长出来的最远也最广大的身体吗?用身体和世界隔绝开又相接触之后,身体独立了,但世界始终还是它的一部分,它的造物,就像一个人成为自己的客人,隔着玻璃门,互相打着招呼,也从玻璃的反光上看见自己:究竟看见的是自己还是对方呢?毕竟,已经不是浑然一体了,毕竟已经分开了,成为主和客,出发和返回,皮肤同时承载着两者,一面是肉的黑暗,一面是空气的光。分开的话,也就都是客人了，皮肤是门而且是玻璃的。

　　q还在床上。她睡着了。我向前伸着脖子，让嘴唇凑近这女人，她微笑着，或者说她长着一种微笑的脸，但并没有在笑。她不需要做出一种表情，她只是向我返回，就像镜子里的人，越来越近，哪怕是在后退，也随着时间，而越来越近。她的确在向后靠，我凑上去，嘴唇碰到了她的脸，但并没有碰得更确切，它也并不更热，只是勉强有一点点体温，有一点弹性，但即使是这样，也跟着产生了一种哼唱一般的振动：不是我的身体或者她的身体在哼唱和振动，而是在世界里有一种振动，它可以是哼唱，也可以是呻吟，也可以是一种梦的频率，也可以是一种缓慢而持续的运动，就像早晨醒来之前的最后一次翻身，看见窗外的风景，窗帘几乎在飘动，工地几乎在施工，蜘蛛从枯掉的树叶上掉下来，缓慢地滑动，拉动了整根树枝，它的身体的一部分在变成线，它牵引着这种振动，使它成为一种淹没了整个耳道的哼唱，或者说呼噜。

　　也许都算不上是动物的呼噜。

　　在皮肤里面的并不是我的身体啊，没有肉啊。皮肤外面也没有空气啊。我感觉到了她的皮肤的热度，但她难道不是内在于我，做为我的身体的一个延伸而存在吗？我并不需要感觉到空气就可以感觉到她啊。

　　我看见了她的身体：她伸出手，向下，我也感觉到了有床，她的手伸到身体和床之间，脱下一条宽松的内裤，又伸回来脱上衣。这正是我想要的，但总是比我的想法要快一点，这动作在我的前边，像一块快了几分钟的表，拉着我，让我激动。很难说这也是我的派遣，或者我内部的一种运动：要么，我内部的所有的运动，其实都外在于"我"。在世界里，只有"我"才是最不知情的，被动和虚构的那部分吧。

（……）

我来不及确认我们有没有笑，就像一开始，也并没有去确认她有没有在微笑一样。是啊，一个女人，她从一开始就和我的欲望在一起，为什么要笑呢，又不是什么女神：我们并不需要微笑。我们就这样渐渐消失掉好了。事实上，我们的确消失了。

一个梦。9月14日

向下看去，就像置身于高楼之上的空中，俯身看高楼的顶，将它看得矮了下去，而此身并不真的置于某处，那只是一个角度，连目光都谈不上：这大概是一种节约，要么就是谦虚，但它毕竟使得楼顶多出了许多附加物：一些墙、杆子、支架，主要是阴影，阴影压着楼顶，使它变矮，向下坠，收缩：在时间里萎缩的楼，变得陈旧，表面松动，衍生出临时搭建在楼顶的小棚子、植物、碎屑，和阴影：也就越发有了生命：在萎缩和坍塌的漫长过程中，建筑脱离了单纯的水泥砖头的属性，或者说它进入了一个更具弹性的时间，在这时间里，水泥砖头的坚硬并不永久，灰尘的飘动也不算太快，它加入了无所不在的细菌和植物，还有飞虫和蚂蚁之中，成为它们的同伴，并且，连自己也变成了现象的皮肤和骨肉，在阴影中呼吸着，起伏，衰老：也只有衰老赋予万物完整的生命。

这角度大概就是一只正在休息的鸽子的角度。要么就是刚刚被风抛到顶点，尚未开始下落的塑料袋的角度。

楼顶就慢慢地清晰起来。有了树和盆栽植物。藤蔓。水珠在叶子上。手扎的架子。黑色的泥。一大片。阴影变成了植物，大叶的，高枝的，在竹竿上搭着的，趴着的，黑乎乎的花盘下面的地面，可能还有小虫子在爬。那是当然的。但不是必然的。它并不必然。它尚未呈现于这缓慢增长并凝固的世界中。不但没有呈现，它根本就没有必要。

我也并不是靠在高处的阁楼边，探着脑袋向下看的一个什么人物。我大概是有思想的，也还有些逻辑，但我还不需要非得是谁。我感觉到了这个小小的花园的主人：他当然是个孤老头子，至少是个中年男人，一个穷人，寡言少语的人，把自己周围变成了植物园，自己也变得像是植物，今天一盆，明天一枝，喀嚓，剪掉一截坏死的枝干，走过去，端着水，提着水。没有人能说他是快乐的，不是因为他不快乐，而是因为他和其他人没有什么关系，那么又有谁配说他快乐与否呢？另外，他抽烟吗？

看起来，这多少是有点寒酸的。可能也可以说是苦闷的。但植物从不寒酸。它们只是尽管长出新的叶子，制造阴影，相互靠近，交织。它们连名字都没有。在高楼顶上，毫无预兆地，它们就在这个无限衰败的过程中，越来越具体，有了自己的空间，高度，有了风。它们几乎已经是绿色的了。

一个梦。9月30日

那是一个还挺复杂的时空。

许多场景断续地连接着,并不按照我熟知的逻辑,而是像自行移动的积木一样,一旦离开其中的一块,就陷入新的时空,再也回不去。比如说,只要走过一道楼梯、一个拐角、一段路、一道门,就进入一个新的独立空间,也彻底脱离了原来的时间。从这个意义上说,空间真是无足轻重,那不过是一些临时盛放事件和场景的容器罢了。比如说,一片阴影连接着两个不同风格的建筑,走近一点就发现那不是不同的风格,而是来自我的不同的经验,它们属于不同的时间,这边的快一点,那边慢一点。从视觉上说,这边的色彩淡一点,那边浓一点,连光线散射的速度都是不一样的……好吧,我是怎么知道光的速度不一样呢?我当然知道,我又不是科学家。我对它的感知,取决于我的大脑反应速度,而不是光学仪器。这是生物化学,也许也是生物电子学,但不是光学。

从这些不同中,我走进了不同的经历、人、事件。它们之间,也许有联系,也许有过但失落了,也许将会有,马上就有。

我看着一个矮架子上的东西：它随着旁边一个人的喊声而成形：一只蜗牛！他惊讶地说。随着话语，它从一条长而模糊的，软而灰黑的东西，形成了一只没有壳的蜗牛。或许它另有名字，但我不知道。就叫它蜗牛吧。它缓慢地，从架子的圆滑的边缘爬了过来。那架子和它一样，灰黑，陈旧，安静。我仔细地看着它，看见它，它也就越发的真实：它有了一张人脸，或许应该说，一个人头。它轻轻抬着头，向我们说着话。它大概是在大声说话吧。几乎是在喊吧。但我并不能听得清楚。反正我觉得，它说什么也只是它的事情：一只蜗牛的事情，我不需要了解的事情。就像是从小山顶上往下看，山脚下的人们在说话，隐约传上来，钻进耳朵里，然而无论说什么都不重要，那只是"山下的人们在说话"这件事情里最微不足道的细节之一。而已。

我见到了一只长着人脸，会说话的蜗牛，就是这样。

在无数的关联和转换中，我从一个木质的楼梯走上去，也许是钻上去，就像穿过那个陈旧而安静的矮架子一样：那古旧的木头，表面上遍布着阳光。或许阳光不是直接照上来，而是在更多的古旧而无声的木板墙、木板地之间，散射着，平均地分布着阳光的气氛与印象。

我钻上一层楼，或者说我钻进另一个经验，那是一个更简洁、更快也更多变的场景。我和几个人已经去过了某处，又将回到某处，我和其中的一个，或两个人，中途折返，路过此处、此时间、此事件之中，我们快步走着，我抓住了我们要去抓住的东西，然而它并不是以我们所熟悉的形式存在，它，不如说存在于一个次要的、几乎要被我们忽略的形式中，在追踪和寻找的过程中，我们即将错过真相，而它其实就在我的手边，只是需要一个合适的转折。这不是，它简直已经明明白白地告诉过我了，然而我还是毫无防备地，从偶然中将它一把抓住：

这是一截荆棘样的东西，黑而硬，带着刺，在我的手中变得越来越细，越来越小，像是在逃避，像是不愿意被我所认识。我大声喊住了同伴，他，或者她，回头看了一眼，已经了解到了，但仍在延续原来的动作和逻辑，就好像我抓住的，只是一个侧面、一段尾巴，就好像它是一杯水然而杯子是空的：和我们追捕的目标相比，尽管它同样是危险的，令人心惊肉跳，甚至它就是目标，但它不在规划之中，不具备完整的逻辑，也就无法去追捕。

然而，就它本身而言，它的确是那么阴险和邪恶，以至于真正的危险和它比起来，因为其显而易见而显得太过正常，甚至可能无害了。

它已经开始往我的手里钻了，它被我捏成两段，但它更快地，钻破我的皮肤，像那些恐怖电影里的异形一样，在皮肤下钻动。我知道这很疼，但并没有真的感觉到疼。我有一种大事将临的无可奈何：已经无可挽回，已经只能接受，可能没有希望，但也只能这样：立刻激动起来，成为一个行动中的人，临时的人，不顾后果，也没有后果：对于这种被迫，我多少是有点生气的，但这生气也让我更加敏感，甚至更冷静：我用另一只手去按住皮肤下窜动的刺，把它从创口中揪出来，这当然也疼，但还不比做出撕破自己皮肤的决定更疼。

我们知道它就要到处蔓延，不只是在我的身体里蔓延，也向其他人，向这些光线、楼梯，到处，向我们的叙述和我们的感觉，到处钻来钻去，延伸它又细又硬的带刺的枝干。但那又能怎么样呢，我们并不在一个必然的处境里，我们只是路过而已，没有什么是一定要发生的。就连我们所在的这段狭长的空间，像是过道一样的地方，也不过是两面墙之间的临时的空间，在墙的另一面，根本就是另外的维度。惟有此刻是真实的：此刻，我攥着一小截还在扭动的刺，将它暴露出来，折断它，也许这样没用，但至少我已经看穿了它，在制止它：时间正在变慢，我已经不再震惊于危险，而是攥住了它的细节。

一个梦。10月31日

我在路上跑着。但并不是那种姿势：并不是跑步，更谈不上奔跑，总之不是。

那大概是没有一个具体的姿势的跑吧。或者说，是一种"跑的心情"吧。

毕竟是深夜了，深到超过了夜晚的程度：不是半夜、凌晨，不是那个从 12 点到 3 点 4 点然后天亮了的夜，总之不是。那是一种不会自动返回的深度，或者说一种超越：在深夜，过了某个界限，就会进入夜的更深处、另一层，在那里，已经不需要黑茫茫的夜色了，那种夜色是可以指望着天亮的，这个不是。这不是黑夜。它就像是提炼过的黑夜，已经不黑，已经远离所有人，清澈，寂寞，通向无物，然而也应有尽有。除了没有人。

我似乎是要去取什么东西。比如说，在做一件事之前，想起来还缺点什么，或者说忘了什么，而需要去补办一下。就像走到了楼下才想起没锁门。不，应该说，就像是出发之后，才知道目的地还很远：并不是真的要去到某地，而是，始终是，从每一个愿望中，生出新的路途和岔口，为了保持其中任何一个愿望，就要返回它，也就是某种程度上的反观自己，于是又在返回中生出新的岔路。这种折返和补充，其实才是真正要走的路。所以，就连现在这件要补办的事情，也不大可能继续下去了。就像是拿出来钥匙，却找不到了门锁。甚至根本掏不出钥匙，在通往钥匙的路上，只有一个又一个新的门锁。那个最初的愿望，像一个沉甸甸的钱包，还揣在口袋里，坠得衣服晃来晃去，扯着肩膀，撞着肚子，然而一路上根本就没有什么商店，谁会需要一个钱包啊如果是去往夜的深处。

然而毕竟是已经出发了，像看地图一样，低头看看：哦，要先跑过一条没有铺过的长长的大道，山野间的，笔直的大道，然后是拐着弯的，被墙壁和暗影挤压着的巷子，然后是城市的角落，短小但密集，并且没有方向，几乎是无限多地生发着岔路和变局的节点，就像是新宿地铁站的原型和变形，然后是什么？然后呢？然后并不是没有了，也不是暂时还没有看到，我从这低头的一瞥中，看到的是一种只能称之为"然后"的状态，一种并非空间性的"然后"，而是逻辑性的"然后"，一种只要一路跑过去就一定会有实体出现的"然后"：一定会有楼梯、门、栅栏，随便什么，但这也并不重要，因为这都会在半路上失去原有的意义，它们不再是目标，不再必然，并且就此湮灭。

我快速地，以一个并不完整的身体，运载着我的意志和感觉，从那大道上跑过，同时也预感着即将不复存在的未来的可能：那些小巷、通道、电梯和楼梯，它们同时是我的预感，也同时失去着意义。我轻快地跃起，没有脚，也没有腿……如此说来我并没有身体……我像空地上的弹簧，反射着阳光，轻盈地弹起，落下，路面在飞快后退，我也看见地上的水洼和砂石，远处模模糊糊，然而又清澈，我知道我的愿望已经不再有效，此去并不能到达，更谈不上返回。但又能怎么办呢。也只有快速跑过去吧。就像把这个没身体的身体扔出去：扔向路的另一头，尽管可能并没有另一头。

这轻快的运动很快就不再继续了，我已经看到了新的路和新的天空，从前方，从侧面，生长出来。就好像夜其实是一种书，一页一页翻下去，就翻到了深处的语言的礁石，触到了实体：那里被军队把守着。也许是警察。我认识其中的一些人。但这又怎么样，人们不是随时都会变吗？加入一个团体，获取一个身份，得到一种态度，从此就变成敌人。我几乎要停下来了，我设想着一辆公交车，由三个人驾驶，冲过去，急刹车，把车身甩过90度，从车上向他们投掷石块。三个我，引开军警的注意力，第四个我从车后向右跑，冲过关口。但我并没有开着这样的一辆车，我只有一些愤怒，或者说一些厌恶，甚至是轻蔑：是啊，我就要被他们拦住了，不能再跑下去，愿望会被阻拦，无法实现。我的生活中，不是一直充满着这样的事情吗？军队随心所欲地堵住路口，甚至随便把一条路拉长、缩短，以他们的存在来定义路口。我就要又一次被压抑,可能会是危险的,或者是羞辱的。没有自由。欲望被否定,被嘲笑。

  但那又怎么样呢?

两个梦。11月30日

一

来了两位客人,一对老夫妻,是爸妈的熟人。也许是以前大院里的邻居,或者他们以前的同事。

他们坐在狭小但是亮堂堂的客厅里,或者不如说,实际上是坐在里屋,坐在靠墙的短沙发上。并排坐着。我对面,左边的是女的,右边的是男的。我奉命去接待他们。或者不如说我此刻就在这房间里,坐在他们的对面。我在之前的某个时间里,听从了父母的指示,要负责去和他们说话,去陪伴、招待他们。需要说明的是,之前"听从指示"的事件并未发生,仅仅是因为此刻的"陪同招待",它才成为事实,它在逻辑上存在,也许也在记忆里存在。但是记忆,记忆是什么呢?记忆是它自己的真实。记忆存在,事件不一定存在。

似乎爸妈和我都已经知道了,这对夫妇正遇到一桩麻烦,比如说,他们的儿子有了麻烦,也许是刚刚出了事,也许事业在走下坡路。但他们自己还不知道。可能就在刚才,可能这麻烦正在发生。然而,的确,他们骄傲地坐在沙发上。灯光，或者不管什么光，照着整个空间，包括空间之外，也使得所谓的"空间"不再只是这么个小房间，而是包围着也扩展着我们的整个环境，其大小要随我们的心情而定，可以是一个院子，也可以是半个小城。或许我、对面的这两个人、沙发、房间，都只是这个环境的衍生物吧。这个环境才是真实的，我们可有可无……他们骄傲地和我说着话。我握住他们的手。我说，叔叔好，阿姨您好。手是温暖的，结实的。也许是老人的手，但也是热情的。

我对阿姨说，您脸色真好啊，那么红润。的确，她脸颊是微微发热的样子，气血充足，在光线中，有时候显出一种并非肉眼所见的视觉效果，就像是电脑调过的图像，或者洗印出来的摄影作品，皮肤过于发亮，血色过于鲜艳，以至于接近粉红，玫瑰红，并且在闪光，像相纸，或者屏幕。在视线停留的时间里，我也看到这面容因为我的注视而脱离了周围的一切，包括声音，也不再和一个身体有关。应该说，也不再和一个具体的人有关，它独立于我所感知到的其他事物，它以自己的存在为动机，为动力，缓缓上升，而且也并没有坐标……

我想，我感觉到了他们的生活，那种自信，骄傲，他们活在一种假设中。咄咄逼人的人。但我也可以迎合他们，或者说配合配合，让他们高兴，像两头巨兽，兴高采烈地表演着自己。端坐着，拉着我的手，说着话。

二

（在回忆上一个梦的时候）

在遥远处，也许是右边的远处，导弹正在发射，它穿越一片空场，射向看不见的更远处。

更远处是那个正在毁灭的世界，它并不为我所知，毕竟，太远了。不仅仅是因为距离，而是说，它超出了我的视线和感觉。但它也真切地存在，就像是被弹道的轨迹给联系了起来：从我的目光里，牵引出一种意识的引力，加入了弹道的逻辑。而且，那并不是另一个角落，而是即将延伸过来，和我同时同地，一起完结的同一个世界。是啊，末日已经到来，世界大战已经发生。或者说连战争都谈不上，只需要一排排导弹，井然有序地，从旷野或者是荒漠中，向世界的一侧发射。

自发射的那一刻起，就已经是毁灭了。

而我还在回想着一个梦，在梦里有一对骄傲的老夫妻。他们是谁？

对侧面的感知，并没有让我惶惑。是啊，世界正在毁灭，冷静而且像那旷野上的地平线一样，已经无可挽回。但我并不觉得那又怎样。也许那并不是我所在的世界呢？或者我并不在这个时间里？至少，我像一个正要入睡的旁观者一样，已经不那么在乎了。我向侧面注视着，也在回忆中查看着。这两个动作分别指向空间和时间的远处。两处各不相干,就像世界本来就和它自身无关。就像是所有的侧面都互不相识,毕竟,它们从来都无法相遇。

一个梦。12月2日

和他们说了一会儿话之后,我还是一个人自己待着。那个和他们说话的情景、空间,也都不复存在。我甚至几乎不记得了。这使得我似乎也独立于任何的时间了:没有记忆,没有计划,没有欲望,我最多像是一块斜着靠在墙上的木板,有自己的厚度,重量,但并不太重,表面或许是毛糙的,有一些软刺一样的纤维,内部或许有一些水分……但这完全是我自己的事。甚至也不是我的事,而只是那块木板的事。

我也并不记得他们是谁。就好像他们其实只是从我的呼吸中延伸出去的一种气息,影子,或者从存在中激起的一些灰尘,或者从非存在中激起的一些非灰尘。随便吧。毕竟,他们已经并不在这里了。连"已经"都不是了。连"这里"都没有了啊。

我向镜子里看了一眼。当然并没有什么镜子。难道我需要一面镜子吗?我看了一眼,看见自己的头发中间有一道深槽,就像是用理发推子推了一道。两边的头发还立着,歪歪斜斜,呈现出一种错乱,随意地伸展着。就着这伸展的势头,这些头发,其实只有两寸长的、立着的头发,竟然呈现出三寸、四寸，或者想要多长就有多长的高度。因为我并不只有一个距离和一个比例，我并不用眼睛看，头发也并不停留在此刻的长度上，而是在它们的伸展中，在那些姿态和方向里，它们呈现出来的，是可能。而这些可能，因为纯粹，脱离了背景，也抛弃了观看者的眼睛，而成为了必然。也就是说，只有它们才是必然，万一我此刻一定神，从中看出来一面镜子，也看出来一个镜中的具体的我，这个惟一的、貌似真实的幻觉，就会驱散那偶然透出的必然。

但必然就是必然。即使它被掩藏在幻觉之下，被称之为"可能"。

我也就真的定了定神。因为我觉得这不妥。妈的这头发……那么，想必是我刚才打算要理发，却只起了半个念头吧。

念头的中断，大概是因为我开始给必然找起了借口。然而必然并不需要借口，也没有逻辑，是我不大靠谱，我需要一个借口来安抚自己，换句话说我得把真相搪塞过去。我因此想起来，哦是哦，我原本是在理发来着。并且，是在他们走了之后。呵呵，我一糊涂，竟然自己忘了，还把自己给吓了一跳呢。

这头发却并不真的降伏于我的逻辑。它们在中间这道一寸多宽的缺口两边，继续立着，保持着方向和潜能，以及潜能背后的真相：我一再被吸引过去，看见它们蓬乱的样子，高高的，或者黑黑的，或者，并不像头发而是更接近于树林和其他事物的形态。我也同时看到了艾未未的头发（中间有槽而两边蓬起的），cedrik 的头发（两边剃光而中间立起的，并且为了方便旅行，而又服帖地梳起来，有时候向前垂落的），我自己在十几年前剃的宽宽的鸡冠头（看不见两边的头皮），alexander von schlippenbach 的头发（立着，和眼镜很搭配，像塞缪尔·贝克特），以及，当然，贝克特的直立的头发（冷硬的知识分子艺术家的）。我同时看见了这么多，但并没有用眼睛看。那么，应该说，其实，这些头发，这些发型，本来就都是一回事吧。我不能说我看见了能指，这样说，也太狂妄了。那么，我看见了什么呢?

一个梦。12月22日

我在一个门洞里,也许是客厅里,要么就是在阳台上,双手端着一支步枪。对,我是在阳台上端着一支枪。

有那么一会儿,我决定要感受一下它的质地,我就感受到了:光滑而结实的木头枪托,冰凉的枪管,这形成了一个强硬而笔直的方向感:它总是指向一个方向,所以它也只能是一个方向的一部分,这是枪的属性。我从没有真的摸到过一支步枪,但那手感就像真的一样,很像储存在记忆里的感觉,它究竟是从何而来呢?怎么就混进了我的记忆呢?也许正是因为它来路不明,也就并没有让我真的感受到:我只是被伪造的记忆轻轻碰了一下而已,就像在快要睡着的时候,无意中碰到的一件东西。很快,这支枪变得不再具体:不错,它有它的细节,枪托、枪管,笔直的、沉甸甸的、黑色的金属,浅色的木头,木纹和反光,等等,但我并不真的能够停留在这些细节上。我只是大体地,大概地,举着一支步枪。或许应该说,我抽象地举着一支步枪。步枪和我,也都是抽象的。

而且,我也并没有决定要去感受一下它的重量,所以我没有感受到它的重量。

一开始，它是不长不短的，我还大致瞄准了几下，试着要去射击。我垂下手，再要把枪端起来的时候，却发现它有点太长了，左手要伸出去很多，才能平举起来，可那样又很费力，就好像一个小孩想要演奏新疆的都塔尔……但也并不是做不到。我听见两位女士在谈论射击的事，也许是两位女领导，或者女战士，至少是战友，我努力地把枪举起来，就像是要在她们面前出一点风头似的。还行，可以控制，它有了重量，但是不太重，现在我可以瞄准了，手也稳住了，我也不再感觉到它的重量。我瞄准了远处的什么东西，一棵树、一辆正在移动的车、小山包，然后是近处的东西，人、车、垃圾箱之类。除了方向，现在它不具备任何特征。它把我带向那些目标：人，车，树。

这两位女士在附近走动，在散步。随着她们的移动，附近也就变得具体起来：似乎是在一个小区的楼下，中间有个小小的花园，也许太小了，其间有几条小路穿过，也实在太小，是那种几步就能走完的小路。甚至还模仿着山陵，有一些起伏的土包，上面勉强覆盖着一层绿草。总的来说，不比一个沙盘大多少。

我一边认识着这个花园，一边试着开了一枪，就像是小时候，端着气枪向墙壁射击那样，没有一点危险的感觉，也谈不上什么后坐力。但子弹划过空气的声音还是让我吃了一惊。那么快。咻！高而尖锐，也带着一点泛音，简直可以说是悦耳。实际上，那声音是额外出现的，它不属于"扣动扳机、火药爆炸、子弹飞出"这样的一连串的现象，它更像是一个单纯的子弹飞过的声音，和这一系列动作和事件无关，它像是额外加进来的声音，像是现实突然被扩大了，被奖励了，被揭发了：现实被它的配音改写了。它快得像是一种几乎没有持续过的光线，但是仍然是真正的光线。一个微小的、单纯的听觉现象，叠加在大幅度的、全面的、缓慢的现实上，那么醒目，但也那么短暂。这简直让我怀疑起现实了。

两者都不是真的，对吗？既抓不到那个短暂的声音所依据的真理，也无法摆脱这模糊的拼凑的现实，对吗？我在接下来的时间里不断返回，去听那个已经发生过的枪声。它真是具体。就像是回头去看一枚金币。咻！

我继续举着步枪，到处瞄准着。有时候我会看见敌军，但不是整支军队，而是一两辆车，几个士兵。那是敌军在自己的地盘上活动，那些房屋、山、道路，全都在他们的管理之下。有时候我也看见其他人，比如说平民，或者己方的士兵。那些敌军的车辆开过街道，我的视线就跟着去到不同的城区，慢慢地，不需要跟着，也能继续探索下去。这些区域，也许属于不同的年代：战前，或战后。我也并不确定自己是谁，多大年纪，为什么会在这里，在一个阳台上，一道门厅后面，在一片平地上，看着远处、近处、楼下，有时候手里还有一支步枪。

我在瞄准，准星因为我的注视而变得很大。我知道这并不容易，要稳定呼吸，要培养耐心和敏感力，但我也不觉得有压力，只要试着瞄准就好，我可以先开一枪，看看结果，然后再开一枪。打不中又能怎样呢。我知道不能轻易向敌人开枪，免得暴露自己，但更不能向平民开枪，因为他们不在"射击"这件事的逻辑里。我在瞄准镜里看着这些平民，移动着枪口，端详着，最后，我向楼下的一块大石头扣动了扳机。

可能并没有发出声音。我并不在意。而且，当然，也并没有击中目标。我还是没有在意，我握着枪，向刚才两位女士的方向走去。我边走边想，可以花点时间练习，我会成为一个很好的狙击手。但也许没有必要。我有时间吗？我并不是，也并不需要成为一个狙击手啊。

2017

一个梦。1月15日

  一间屋子。也许是一个庭院。也许屋子和庭院之间本来就没有太大的区别：它们总是相互依存，一个挨着一个，对应着，也互相构成着，回廊，柱子，窗棂，墙这边是房间，那边就是庭院，有时候窗棂的两侧都是院子，有时候房子去掉了屋顶，长起了杂草，也就成了新的院子，有时候院子里塞满了树木、假山，或者临时堆放了杂物，晒着书和被子，光线和视线不通畅，头顶再来点藤蔓，也像是房间一样了。尤其是那种时间停止的夏天的下午，强烈的光线在阴影和物体之间流动，但没有方向，很难说哪里是内，哪里是外。只需要一念之差，侧身一转，房间和庭院就互换了。

  那么，我是身在一个房间或者庭院里呢？还是身在一个房间或者庭院里，将目光移向另一侧，把意念投入了另一个可能是房间也可能是庭院的空间呢？

  我想，大概我是在身体的漫步和意识的漫游之间吧。或者这两件事本来也没有区别？当然没有。我向那一侧注目，就看见了那一侧的光线和阴影，也就置身于其中。在这种情况下，所谓的"置身于某处"这种说法真是毫无意义。

  我认识那是一间我曾经想要拜访，但还从未到过的屋子，就像是一个我认识的人的学校，他或者她上课的教室，它不会和我曾经上过课的教室太不一样。然而它终归是陌生的。我几乎已经看见了桌子、人、其他的家具、更多的而且更具体的人，但慢慢地，在一种散漫的感觉中，我不再看见这即将真实起来的景象，就好像它们已经经历了时间，已经在静谧中将我注视，简直是长久地注视，因而不再需要我的在场：眼前只剩破旧的，破败的，褪了色的方砖和院墙。直立着，然而已经干枯的植物：干枯了，然而还直立着的植物：小树，向日葵，锦葵。看不出原来面貌的其他花草。也许也有不知从哪里垂挂下来，或者向哪里攀爬上去的，已经缩成一股股麻绳样子的藤蔓。那些大块的方砖，承接着阳光和热量，也反射着热量，整个院子，或者废墟，被太阳照得暖暖的。

另一侧的院子，或者另一个房间里，传来一种咔哧咔哧的声音。我走过去，那是许多层庭院中的一个。我走近那声音，是一只大鸟，在吞吃干枯的叶子。

似乎这庭院也不再是深藏在墙内，而是就在临街的半开放的矮墙后面，我朝向院墙站着，似乎还能听到外面车流的声音。也许再往外走走，这旅程也就会结束。

咔哧咔哧，那是一棵高大然而已经干枯了的菊科植物，枝干和叶子都覆盖着短的绒毛，叶子可能很大，即便是收缩了，弯卷着，也还要大过两三个手掌。叶片大部分已经变成了深褐色，黑乎乎一片片，也还带着一点灰绿的残痕，绒毛是灰色的，也有一片片像是白色的短刺。我在记忆里摸到了这些干硬而轻飘飘的叶子，咔哧，如果我用力将它们拽下来，会折断，撕碎，会在叶片中间破个小洞，再用点力气握下去，那完整的形体就结束了，手掌无处用力，只剩下被捏碎了的、细小的残渣。咔哧，这声音也带着最后一点点柔韧，大鸟站在它前面，像那种摆在旅游景区商店里的长腿的铜鹤，然而比那工艺品更胖大，扑扇着蓬松的翅膀，用力地、不停地伸着脖颈，张开嘴，将它们吞下去。它生气地叫着，大声嘟囔着，像喊着一种外语，嗓音嘶哑。也许那语言本身就是嘶哑的。

一只大鸟！我想。我停在那里看它吃叶子。然而它也只是在吃叶子而已。

两个梦。6月18日

一

世界在叙述的过程中变得统一,越来越简洁,易于理解,几乎就可以把握了。

但也不一定是这样。也许并没有叙述,而只有观看:世界在观看的过程中逐渐显影,而且形象一致,形式趋于简洁。

确切地说也不算是观看,并没有去看。也许有附带的视觉印象,就像是强烈的声音也会带来光的通感一样。当然那也完全不是强烈的任何感觉。应该说根本没有感觉,而是一种认识,一种基本的知觉,脱离了听觉视觉触觉嗅觉味觉,从粗糙而混杂的认识中,逐渐清晰起来。那么,如此说来,也许并不是对某种对象的认识,因为毕竟没有任何已经在那里的对象:一个没有客体的世界,在认识中清晰起来。

我体会着这个过程,并且想要去记住它。我开始使用语言。我描述这个过程,为的是用语言留下一些路标,就像刻舟求剑。剑是不会再找得到了,但使用语言的人,又创造出自己的剑。在两把剑之间,有着致命的区别,但也有一种救命的联系。

我说：世界正在变得越来越简洁。并且，随着我的描述，它也变得越来越有视觉性，有了三维，有了空间，也有了我：就像一道略微显出白色的斜坡，一条路，一道堤坝，一道光，一片水泥地，画布上的颜料，眯着眼睛看见的阳光：它具备方向，有高低之别，我朝向其中一端，我具备方向，我似乎在运动中，向着更为具体的那一端运动，尽管并没有发生任何物理的移动，但却随着时间的延伸，我有了一种运动的感觉。也许就是时间里的运动。要么就是知觉中的运动。是的，和空间无关，尽管我的确处在空间的某个位置，也朝向某个方向，但空间只是一个附加的现象，它并不重要。

二

与此同时的另一层认识中，我，也许是另一个我，或者说我的另一种形式，在一个更加具体的情境中，在用语言描述，也在尽量地体会着，品尝着，就好像越是努力地品尝，那被品尝的，就越成为一个对象：我大概是在一个高处，在安静的地方，我听见这个安静，像一种声音，持续着，像一条路那样铺下去，或者一种空气，可以用刷子刷出来，可以用一架飞机在空气中划出来的空气：我可能是在书写我的描述。至少我有一个在写字的姿态。至少在我的一个形式中具备着这样一个在写字的姿态。

这和另一层认识并行不悖。它们，可以说是同时发生的，要么就是时间其实是分岔的，而我身在两个时间里。

在这里我可能还有着一种批判的眼光。现在我从高处换到了低处，像是回到了地面上，也许有座椅，也许我有一个俯身向地面看去的姿态，也许是俯身去写，或者低头去听的姿态。我想：这个世界只有我存在。世界的最后的形式，也就是如此了：每个人都平均地分配到了他自己的世界，在其中只有他自己，或者最多加上他的家人。这大概是对个人主义的一种批判，我体会着这个除了我空无一人，甚至几乎也空无一物的世界，我知道这并不是惟一的世界，而是因为每个人渴望的结果：极致的消费，极致的平均，没有人为任何事负责，因为连这种渴望也是平均地产生出来的。

我多少觉得这是一件不那么精彩的事情。虽然并没有什么意见，而且也还享受其中的安静，但我的确是在用一个批判的思维去判断它。

好安静啊。我几乎看得见这安静。我已经听得见这安静了。几乎是一种强烈的安静。至少也是清晰的，具体的。我随着它，而抵达语言。我试着记住自己的话：世界平均地分配给了每一个人。

一个梦。7月6日

我们缓慢地降落,但并不是从更高处,而是,仅仅是,从并不特别的某处,从"降落"这件事开始的地方,从"降落"之中顺理成章地降落。

但也可能并不是降落,而是上升,这两者并没有太大的区别。重点是缓慢,以及从某处到此处。就像从一团雾中走出来,来到陌生的地方,对于那个已经走出来的人而言,并不能确定是从什么方向,或者从什么背景之下走到了此处。对于那个雾之外的,向所有结果敞开着的空间而言,那从雾中渐渐走近的,显露的,脚、腿、衣服的大块颜色、黑乎乎的脑袋、甩动的胳膊……都只是和这个到达的过程有关,而无法追究它们之前的故事。换句话说,就是任何从雾中走出来的人,都是没有历史的人,也是没有方向的人。

惟有降落,或者到达,是一个反向的方向。一块箭靶上插着一支箭,你能说它是从哪里射过来的吗?不能啊。箭靶是可以动的啊,你怎么知道它刚才朝向哪里呢?箭和箭靶合成了一个方向:它仅仅指向箭靶。

但有一件事我是可以肯定的:我们缓慢地来到了树林的顶端。时间并不是连续的。要么我的自我并不是连续的。我在这缓慢然而短暂的过程中，从远处，也许50公里那么远，从平原上看到了这低洼处的连绵的树顶。我也同时从附近，十几米外，大致持平的高度上，看到一些突出的，比其他一切都更具体的树冠，甚至，也许还有树叶和枝干。也许并没有，也许只是我的经验，主要是我的经验中的逻辑。

逻辑总是在经验中，改写着经验。

也就是说，万一实际上这是一些根本没有树叶也没有枝干的树呢？

我也在降落的时候，看见煤山一样黑压压的一片什么东西。我不大在意那是什么。这些看见，是同时发生的，在这里时间和自我都像是逻辑的鞋带，到达了远方之后，就恰到好处地松开了。

难道我不是已经许多次在高空中飞行了吗？在地球上空，在摩天楼的上空，也在一无所有的湖和河流的上空，在没有颜色的湖和没有形状的云的上空？这经验帮助了我，或者说改写了我，要我降落在高处，它使得原本无所谓高度的树顶，变得比云层还高。这些树完全不是靠枝干来生长，而是靠我的经验，也靠它们吞没大片天空的意志。一种不声不响的意志。也许可以说是沉默的意志，就是说，它们一无所求地，占据了天和地之间的空间，甚至显得对此一无所知。

云层和云层之下什么都没有。连高度都没有。那么也就只有我的经验和它们的意志了吧。

我开始努力起来，要去看清楚这是什么地方，以及这是什么。就好像科幻片里，刚刚降落到什么星球上的倒霉的考察队员那样。当然，不是只有我，是我们。那么，我和谁？

去辨认的努力，同时促进了我的更加具体的降落，也催生了更加具体的这些树的顶端。与其说是树顶、树冠，不如说是树之上。就像树可以没有枝干和树叶一样，树之上也并没有风和云彩，或者飞鸟，以及可以眺望的远景。树之上是一个具体的地方，如此而已。那就是我降落的地方，也是我意识到了我们，并且以"我们"的角度去看见第一个具体的世界的地方。

我几乎是惊讶地，看见巨大的倒伏的树干，也许是远古年代的树干，就在我的脚下，意志从无意识之雾中走出来，又隐没，我看见，又不再看见，这些巨大的倒伏的树干。哇，像化石一样，成千上万棵堆积着，连起来变成了大陆的树干。我知道附近还有仍在生长的，直立的树，或许还有枝干、藤蔓，还有叶子，但我只是在经验的帮助下感觉到它们。我盯着脚下的树干，它们高过云层，也就是说，我高过云层，我在高过云层的地方盯着脚下的成千上万的巨大的倒伏的树干，除此以外什么都看不到，尽管我仍然能感觉到这就是高空中应该存在的：毕竟，在飞行之后，或者说，在有过飞行的经验之后，就会知道：事物理应如此。

我努力辨认，这些树干，和它们的高度，就清晰。我脚下踩着的，就结实。但我并不在意是谁和我一起。我既不想要独自一人，也不介意独自一人。我也不介意有人在附近，也不追求和谁结伴同行：我和我们似乎也并没有太大的区别。我们走动着，在高处查看着这个几乎令人惊异的世界。

我向一个方向走下去，像是下定决心要看个清楚。这决心使得地面倾斜：向我前去的方向，向下倾斜。我坐在车里，车轮受重力的牵引，向前滑去。我站着，身体受到地面的牵引，使我向前跑去。我和地面构成一个相互依赖的关系，我决心向这个方向跑去，它就向前扩张，也向下倾斜。我的身体，像是这个决心的结果一样向前冲过去。当然，并不是那种失控的前冲，我只是感觉到了速度。这速度也掺杂着我的意志，让前方变成一个有弧度的空间，我向前，同时也转向，就像一个台球在圆形或者椭圆形的池子里向前滚动然后随着池子的倾斜而转弯，变成沿着池子转着圈滚动：我的离心力让这空间变得更大，也更抽象，好像来不及有细节，好像速度命令它单纯：我像在一个大碗里缓冲了一下，又回到了原地。 不不。已经没有原地。也不再有高处。也没有树干和树。甚至没有飞行。我在此地。如此而已。而此地是未知的。而这种未知，是即将被发现和被认识的。我就像一个手电筒对准了黑暗一样兴致勃勃，我在未知中，也仅仅是停留片刻，我正要遇上什么。我不知道。也许已经有人在等着了。对,当然,已经有一件事和一些人在那里,这件事已经发生,这些人也已经认识我,我可能会受到惊吓,或者陷入疲惫的昏睡。这都有可能。而且这也都没有什么关系。

一个梦。7月24日

我在和 jean-luc guionnet 录音。就在以前住过的安宁东路的大院里。确切地说,就是一进大门马上左转,上坡,走过那排无法看清,也无法回忆起来的平房,然后再上个小坡,右转。

不,并不是无法回忆起来,而是梦见了太多次,而被改变了。一层层、一次次,搞得我很难再去经过这些变形的地面、阳光、木头栅栏、石子儿……搞不好回忆半天,甄别真伪、清除障碍,还是落到了又一层虚构中……也就是说,是我不愿意再去费力回忆了。所以我并没有经过那排平房,而是直接在它的另一头了,已经和经验一起,在路途的尽头了。和一些不需要再次验证的经验在一起,在其中了。

尽头是那个右转的小斜坡,就在转弯的地方,快要上到坡顶的地方,我看见——是这样,我探头向高处看去,就像从一个微缩模型中起身、抬头,看它的顶端,我看见我在和 jean-luc guionnet 录音。

我的设备猛然间发出了巨响。非常大音量的低频。这对音箱可不是好事。那对真力监听音箱倒是承受住了冲击,我可能看见过载报警红灯亮了,但声音还正常。我并没有马上关掉音量，可能是因为还不大熟悉这套设备，就像是刚开始做音乐的那几年，面对一桌子电子设备，总也搞不清楚到底发生了什么，出了错不知道该去调哪个旋钮。我看着调音台，总输出的红灯全亮了，这时候几乎听不见什么声音，是频率非常低的低频，低到听不见，但红灯是全亮着的。我把音量拉下来，但拉得太多，音箱完全没有在振动了。那么再推回来一点，我试着调节，但音源的动态实在太大，没有规律，一会儿巨大，一会儿无声，调起来很麻烦。

我大概是一边听着让-吕克的萨克斯，一边插拔着调音台上的音频接头，噼啪，噼啪，音箱发出干脆的杂音。我觉得还不错。

也许我并没有在听他的演奏。我只是知道他在演奏而已。就像一个人在附近，你并不需要看见他，但能清楚地感觉到他就在那里。而且，他的声音，像一块从墙上或者从人身上投下来的阴影，改变了附近的光线。当然，这也可能是一种错觉，就像附近的人已经走掉了，可是你还真切地感觉到他的在场，好像他真的还在，你还头也不回地跟他说着话。你甚至以为自己听见了他点头说嗯嗯嗯。

但让-吕克的确就在附近，也许是坐着。他说不行，这声音不行，咱们停下来吧。

他先停了下来。那么，这说明，刚才他的确有在演奏。也许吧。也许只是从此刻向后追溯，可以认为他曾经演奏，直到"停下来"这个时刻。但其实,这也只是此刻的判断,也许其实是植入的记忆呢。惟有他停下来这件事,是真实发生,也被我真实感受着的。当然,退一万步讲,就连我此刻的真实的感受,也可以并不存在,也是植入的,不是吗?然而它的确那么真实,简直可以去对抗虚无了。

我就停了下来,有点遗憾。但很快我看到了围墙外的云。我说,让-吕克你看。他也向外看去。那云就像是从围墙外的缓坡上滚过一样。就像是货运卡车顶上的帆布,从围墙后面露出来。我想告诉他那是什么。那是我曾经住过的地方的围墙,是在山脚下修建的,里面的地面,大概离墙顶1米,外面则至少要有3米。从里面看出去,外面的云,下雪时在路灯周围飞舞的雪花,等等,都在我们手边、脚下。而这云,被我们这样一看,又变得不像云了。那就像是一团团乌云正在变成水波,又变成鱼群,最后就真的变成鱼群了。这些怪鱼要比乌云真切多了,它们成群结队,上上下下,在没有水的水中翻滚,前进。

奇怪的天气啊。

总是奇怪的天气啊。我甚至预感到了更加可怕的天象:大风,暴雨,天地间空无一物的大风和暴雨,一切都已经毁灭之后的巨大的云,等等。就像曾经无数次在梦里见到的那样。但是并没有任何事情发生。我四下看看,只看到了另一边的天空:同样的鱼群在涌动。这是远一点的天空,也许是真正的天空，比墙外这一片要更深，更广大。在那里，同样的怪鱼，吞吃着没有水的水，也在没有水的水里上上下下，用它们青黑色的身体，代替了乌云。

一个梦。7月29日

我大概是在一所学校里做客。

雪亮的夜晚。应该说,雪一样黑的夜晚。不对。是雪一样清晰的夜晚:仍然是黑夜,并不很晚,但时间已经从某处转折,转向了更深处。就像是铁轨被悄悄地扳离,列车驶进了沙漠。如果简单地说,我已经身在"另外的时间",是不是有点太轻易了呢?那大概是夜晚的无数个分岔之一。或者是夜晚的暖洋洋的微风所掩盖着的无数个真相之一,总之,那就是夜晚原本就有的一部分内容,只不过被惯常而惟一的时间所掩盖,所替代。那就像吃了lsd的摇滚乐手,在熟悉的、平静的夜晚静静站着,轻轻地呼吸着,从纯粹视觉的幻觉中辨认出原来的房屋、墙壁,远处的房顶、空的操场,发蓝的天空,也辨认出自己原来的身体,包括原来的知觉。一切都还是一样,但一切都已经不同,并且再也不会像以前那样,即使它还是像以前那样。

那种不受理性控制的力量,像一种畸形的野兽,要从它的身体里挣脱出来,去和所有放弃了自己残破形状的其它的野兽一起狂欢。就好像所有的人都吃了一种新药。显然是配错了的药。所有的人都从自己身体里醒来,但并没有醒在自由之中,而是跃向一种疯狂呼吸着的高处的空气。而这呼吸是雪一样冷的,有一种急切,有一种牺牲的渴望。它冷静得可怕,深入肺腑,深长而又急切。

我可能是尤其吃错了药的一个。也就是说我吃少了,或者我没有吃,而是,只是,被一种从其他人身上扩散出来的强大的通感给感染。或者相反,我自己的敏感让我接收到了他们的信息,我和他们共鸣,我也体会到了那种必须要抬头、向上跳跃或者升起,抬起,向上扩张的清晰度:就像是夜晚的暖洋洋的微风之下,另有一种夜晚的凛冽的无风的空气,藏在其中、其下;也像是无垠的湿地中猛然崛起的千万里广大的高原,我们虽然都在空旷中,原地不动,但却呼吸着极高处的空气。而我还留着暖洋洋的体温,对比着温度的变化,感觉到所有人已在那种凛冽中发狂,在狂喜中变形。

那些人已经不安,无法自己。在身体内外的骚动中,他们从房间里出来,走下楼梯。其中个子小一点的一个,跳着,转过身来,喊着,让另一些人将他开膛剖腹。那些人就立刻将他劈开。所有的人都那么兴奋,以至于恍惚,甚至极其冷静。他们看起来比之前要更高大,骨架突出,身形清朗,他们的动作简洁,力度极大。他们搞得楼道里到处都是血。那被开膛的,也并没有死掉,而是还继续消耗着最后的生命力,在喊叫,舞蹈,也惨叫着,挣扎着,就像是要在最大的、更大的疼痛中突然死掉一样。极大的欢乐和痛苦的声音在四周响彻。我什么都没有听见就已经听见了这遍照的声音。它们不经过听觉器官而直接进入我。它们也是雪亮的。那些其他的人,或许并不是人,举着长刀,在杀戮中前进,找着更多的可以剖开的人。他们跑下楼梯,不断地跑下楼梯,应该说是持久地跑下楼梯:并不是楼梯非常长,而是他们的奔跑非常持久。这像是一个仪式。但也只是一次的仪式,是没有规矩和传承,也没有献祭和意义的仪式。它既不返回远古,也不创造历史。如果说这就是盲目的仪式,那么这也是一种短暂的、雪亮的盲目。

到处都是血,以至于我看不见血,既闻不到血腥味,也感觉不到血的粘稠和温热,甚至连红色、深红色、黑红、笼统的红色,任何的色彩都没有。在那种彻底醒来却醒在一个错误的世界的凛冽中,我被这些人的激情震撼了,相比之下,铺天盖地的血又算得了什么呢?我没有去注意血,倒是注意到了其中的一把刀:一把不很长的刀,略微有点弯,不足二尺,或者正好二尺。它并不锋利,也不亮,除了是一把刀之外它什么也不是,什么个性也都没有,什么局部也都没有,连刀锋都没有。这和那种除了砍杀之外别无任何意义的砍杀相契合。也和刀下那种绝对的挣扎相契合:没有什么需要表达的。我被这种纯粹震撼了,躲藏着,从我自己的房间,通过一个悄悄低下身子的动作,去到另一个建筑,到另一群人中间,到另一天去。

我远离了这个不断将人开膛剖腹的狂热的队伍。我用自己的躲避，让他们平静下来，回到了原来的身体里，直到回到原来的时间里。在这原来的时间序列的第二天，在一个安全的地方，我望着那幢宿舍楼，仍然感受着那种我也一样具备然而也许只是剂量不足的激情。

我和别人谈论着这件事。我说你们体育系的可真行啊。对方也只是平常地回应了一句什么。就像我们在说一次普通的打架，比如说：体育系的把物理系的鼻梁打断了。我知道对方也可以是那一群杀戮者中的一个，也许今晚就会是。但现在不是。现在我们像两个熟人那样，在食堂外面遇到，闲聊两句，然后各自回去。现在我被他，还有所有人的懵懂给安抚了。他们比我还要温驯。他们善良得毫无人性，就像一种用羊毛做成的人，一种连草都不吃的羊。我知道现在是安全的。应该说，现在，所有的人都并没有经历昨晚的杀戮。现在的每一个人都并不在昨晚的那个时间里，他们不在那个轨道上，这是一辆无辜的列车，它一旦离开那个特别的轨道，也就离开了那个特别的时间。

然而我，作为一个客人，看见了不该看见的。对吗？

我必须要回到原来那幢楼去。为什么？也许是为了不要变成一个被追杀的对象？或者说为了不被人从对面看见？也就是说，取消"对面"、藏在同一侧，就取消了对立、追杀？但谁能肯定，那里就没有人和我一样敏感，能够对我的体会感同身受？万一我又惊醒了那头隐身在另一时间里的巨兽呢？

我手里多了一把匕首。为了不要让人看见，我把它反过来握着，刀刃藏在右边的袖口里。我双手拱着，慢慢向前走过去。一群人站在对面，或许在看着我。他们没有面目，只有身影，天色昏暗，但也是清晰的，像一幅朴素的摄影的印刷品，有楼，有空地，有露在外面的铁架子和消防楼梯，有远处的山和空着的天空。这些人就像没有身处在任何时间里一样，几乎静止，模糊，稳定，或许也在走动和交谈，但是是用一种静止的方式走动和交谈。他们在等着我的回来。

一个梦。7月30日

刘嘉惠。或者：刘嘉蕙。或者：刘嘉huì。确切地说，第三个字并没有出现，连拼音都没有。那只是一个声音。而且是在我不断的追问之下，在一遍又一遍重复之后，似乎才明白了一件事：那个声音必须跟随在前两个之后。它不能单独存在。那只能是一组声音中的一部分。当然它也应该是一个字，但首先是一个名字中的一个字，也就是说它还不是一个字。就像一个影子，它还不算是一个独立的现象。

或者，这个"刘"也并不那么确定，但除了"刘"还能是什么呢？一个名字来到。一个名字存在。它和任何人无关。尽管，它应该会和某一个人，或者若干重名的人有关联，但此刻没有，在这里没有。它几乎就有一个形状了，或者说，它继续就有一组三个的相连的形状了。但也还没有。它就是凭空到来的。

在前一个梦消失，另一个世界中止的地方，有一段几乎就要清醒过来的知觉，几乎已经被阳光和鸟叫声，或者其他的什么声音唤醒，塑形，牵引，然而又倏忽归于混沌，既无光无声，也无知觉。毕竟，这阳光和鸟叫，也不是"现实"中的阳光和鸟叫。

然后一个名字凭空到来。叫做"liú jiā huì"。然后我认识到那第二个字是"嘉"。我读它，重复品尝它，我想要让它跟随我，成为我的一个片段，加入我。我读出了第二个字。它又带出了第一个："刘"。我大概能够接受这个字，但不能让它真的演变成一个符号，或者任何一种可见的形式：我可以读它，但不愿意看见它。怎么说呢，一个过于清晰的字，就像拉开窗帘，阳光等在外面，要给我看个清清楚楚：看见它会让我失去这无知。

我读下去。说下去。第二个字停留下来。就好像它从一开始就在那里，从来就在那里。我达到了一种平衡：只要注意着第二个字，就不用再去理会第一个字的样子。就像是某个熟人，不需要想起他或者她的脸。

但第三个还有点可疑。也许并不是"hui"呢？不不，的确是这样的声音，但它既不是"慧"也不是"惠"。我不喜欢那个想起了"慧"的瞬间，这个字太方正，结构井然，太硬，太亮，它的声音已经够亮了，简直要使我醒来。到此为止吧。不是这个字。我想了一下，也许不是"hui"，我想起了另一个人的名字，姚嘉善。是的，的确有这么一个人，可能是一个艺术家，或者策展人。我不认识她，或者他。我认识她或者他但是现在我不认识。她或者他就像一个证据，像一个将要使我明白事理的道理。而它呢，它像一块没有上漆的木头。如果它和她联系起来，它们就是一体的，成了有身体的影子，还好，它们没有联系起来。

我并不惊讶于自己的理智。我想起了一个真实存在的名字，和那个人，并且清楚地知道那是真实的，并且这只是为了更好地停留在我真正停留的地方：一个名字，不完整的，可能是一种错觉也就是说可能听起来像是这样但实际上是那样的名字，至少我知道它是三个字组成的名字，和任何人无关，它可能并不这样读，尽管此刻我正在读，但也许下一刻，下一遍，我就会发现它实际上是另外的三个声音，然而在下一刻还没有到来的此刻（此刻不断到来，不断地更新，就好像它们全都是一个样子），我为那种由简单的知觉维持着的无知而感到幸福。也许我即将醒悟，也许我借来做比较的另一个名字会毁掉这平衡，但此刻我对此一无所知。而且我对我的一无所知充满信心。

无知就像一个枕头。只有在感觉不到它的时候才是最合适的。它没有软硬、高低、冷热。它使我不再需要辨认软硬和高低。无知并不是一个枕头，无知就是我的不辨认。有趣的是，无知并不是一片漆黑，那里面居然也漂浮着一些理智，甚至一些名字。

一个梦。9月12日

桌子上摆满了东西。这就像意识的另一个形式：因为我脑子里也摆满了东西。

花园里站满了人。

一件事情里满是细节。

前前后后需要考虑的很多，要挑选、辨认，可能也要去记住。

我们的清单里大概有10个人左右，要选几个出来。她坐在我左手边，看着我忙乎。桌子不高，就像一张特大号的炕桌。她闲坐着，几乎被那种无所事事的阴影给笼罩起来，就像灯光照不到的角落里，阴影笼罩着一把椅子。这样一来，连我的忙乎也不那么清晰了，或者说也不那么忙乎了。桌上好像是摆满了饭菜、茶具、零食、玩意儿，也像是个沙盘，或者立体的《千里江山图》。那些人和事，那些概念和印象，也都摆在桌上，在各自的范围内活动。

应该说桌上并不确切地有什么，那只是一些印象，由一些餐具、一些人、一些事所形成。也并没有桌子。

多出来一个。我挑好了。我看着最后这个，说，那就去掉她吧，这个日本人。

她像是刚刚从另一个地方回来，她离开一个宫殿的大门、一个车站的入口、一个通道的洞口，她从阴影里出来。也没有什么阴影，她身后是夜晚又高又黑的天空。她从夜晚又高又黑的天空下出来，回到我左手边，面对桌子坐着，她说："哦？为什么不要这个了？你不是很喜欢吗？"

　　我说："嗯，不要这个了，她缺少一种主动性。"

　　这时候王三出现在我右手边，就是远一点的那个桌角边上。他什么都没有做，也没有说话，我看到我们在另一个梦里。应该是和一些女孩有关吧。他住在一个低矮的楼房里，离上班的地方不远。上班的路上，会经过我的住处。我们有时候会一起游荡，谈论些什么东西。在那个广大的时空里，记忆已经稀薄了，感知也是稀薄的，只有我们的形象是清晰的。我们几乎是悠闲地，和所有的人和事都保持着距离，又随时可以靠近。

　　我想向她解释一下，什么是主动性：是一种对待所有事情的态度。是一种想要的欲望。它不一定强烈，也不一定总是在那里。但无论发生了什么，它都会把人带到一个行动的状态中去，在一切被动承受的事情里，人也是主动去经验的，比如说一种好奇。

　　也许也有一种主动的不存在。就像这个被我挑选出来的人，也许可以有一种主动的无聊，无力。但她，现在，像一把筷子中颜色最暗，最不确定的一支，甚至已经被筷子这个定义给排除在外,像是仍在沉睡,或者,就一个人而言,她还没有真的出生。她站在一群人中间的时候,恰恰因为其他人的饱满,而显得她的模糊与众不同。她是红色的,也就是说,她穿着桃红色的裙子,也许是传统的中式长袄,也许是暗红色的,或者其他任何的不那么鲜亮的红色的衣服。她有一点无所谓,软弱,她还没有真的在场。那么就顺着她的意思来吧。或许她连这样的意思也都没有。那么就这样吧。

我看看左手边的她,还有右边的土三,我也看见了这只被淘汰的筷子,它曾经是一个日本女人。

一个梦。12月5日

走过垃圾箱的时候我向它看了一眼。也许不是看了一眼，而是径直走过去，打开了翻盖。

确切的说并不是垃圾箱，而是那种以前的楼房都有的垃圾道。有的在各家阳台，有的在楼道公共区域，打开一个小门，然后可以往里面倒垃圾，让它们直接落到一楼去。

我走过楼道，边上是白色的墙，光线很好，虽然并不确定那是阳光还是什么别的光，也并不知道哪里有窗，或者哪里的墙干脆就敞开着。那么它应该是敞开着的吧，在这个角落的附近，应该会有敞开的地方，没有墙，有扶手，有栏杆，外面可以是天井，或者直接朝向楼外。可能我是在一楼吧，不然怎么会感觉到地面。我感觉附近有片开阔地，只要上下几个台阶，穿过什么门廊，拐一两个弯，应该就是空地，可以散步，可以走着走着就跑起来。我感觉到了一片空地。当然这并不重要。

也许只是一种习惯，出于好奇，我打开了那个小门，里面是垃圾道，但有底，也就是说并没有一个肮脏的，黑洞洞的，飕飕地灌着冷风的通道。毫不意外地，我打开这个小门，里面干干净净，像个小小的储物柜，放着一些垃圾，有包装纸、网购用过的纸盒子、装在纸袋里的垃圾,还有一些零星的东西,也许还正在从楼上往下飘落,比如说那种用在包装盒里的纸屑。我看见大片的纸,像是再生纸,或者干脆就是手工纸,很宽,大概有 a3 纸的长度那么宽,长长的,已经折了几折,但并没有紧紧地叠在一起。它伸展开,占了很大的空间。上面有字,是比较大而松散的手写体。我想这一定是之前借住的朋友留下的,是克劳斯和诺德。哦他们还真了解我。还挺会给人惊喜呢。我打开它,读着上面的字。但那些字并没有确定地显露出来。那的确是一张字条,写着道谢的话,但同时也是一种诗或者散文,像是有人在自制的纸上写几行诗,做成了一件小小的手工艺品。那同时也是另一些人给我的字条。那也是一件礼物。

我知道那并不是克劳斯和诺德写的字条,那是小李留给我的东西。是一封信,也是一件礼物。我看见还有另外的一卷纸,就也拿了出来。还有一个包装整齐的纸袋,也是给我的。还有另一个纸袋,敞着口,说不上是垃圾还是有用的东西,我把它们都拿出来,打算慢慢查看。现在,垃圾箱里还有一些东西:小小的袋子、用纸包起来的东西。我看见一些白色的纸。是白色的纸袋,袋子的提手是用再生纸捻出来的,就像有机食品店常用的那种。我两手拎满了东西。在垃圾箱里找到礼物的感觉,还挺让人高兴的,我想,我从小就爱翻垃圾箱啊。

除了这些，还有一幅，或者两幅纸板，是写在拆开的纸箱上的东西。我放下手里的袋子、纸卷，打开这个折叠的硬纸板，它就变得很大，至少有一米多高，它的宽度也在延展，随着我的看和读，它变得更宽了，也许有两米宽了，也许有十几米。我也不需要再用手拿着了，它自己展开着：一件用拆开的旧纸箱做的东西，有字，有画，也有立体的小东西粘在上面。我被它惊呆了。我从来没有看到过这么完美的手工制品。它并不是艺术品，它不是为艺术的目的而做的。它有一个具体的、实用的功能，也就是说，它以一个礼物、一封信的形式存在，因而充满了这个简单的形式。它一点也不粗糙，不像那种到处涂着胶水，用最便宜的透明胶带粘起来的拼贴画，它是完整的，字、线条、纸板本身的折痕、边界、凸起的立体的部分……它们是一个整体，简直像一个动物一样完整。我没有办法说这是手工制作的，尽管它的确是。但此刻它已经离开了一个人的手，甚至都离开了我的手，在半空中，或者说连空气也不需要，而直接在我眼前呈现着。它活生生地呈现着，有一种正在往上升起的感觉。至少，我觉得它有点超越这个物质世界，或者不如说，它才是真的物质呢，它比周围的一切都更物质，和它相比，其他的都是假象而已。它简直在发光了。虽说我并没有看到光。我只是感觉到了一种明亮。我的眼睛没有接受到任何的光，但是大脑里面产生了一种看到光之后的情绪，一些化学反应。

也就是有点幸福的感觉。

不光是这些,和它一起出现的,还有一些其他的小东西,比如说一块废铁。那是一块模糊的,生锈的,或者不如说抽象的废铁,同时也是一块脚印形状的铁制品,它同时是废铁和铁制的脚印:两件自有其关联的东西。它在纸板旁边呈现出来,在空白中:不在地上,也不在半空中。它可能也反射着一点光,或者干脆发着光,是那种用工具切割或者打磨的时候会发出,然后永久地留下来的光。

可能还有一些别的东西,但现在我明白了,它们不是一件一件单独的东西。这么说吧,我在垃圾箱里找到了一封信,我看见了它的前导和后续,我看见它作为整体,然后我又注意到之前忽略了的局部:那是同一件东西的其他形式,它们出现在我的脚边,就在地上,零零散散地,在我注视着其中的一件的时候,就变成只有一件:它退回到这惟一的一件之中。它并不复杂,几乎并没有经过人的眼睛的选择,没有经过手的加工,这些局部还仍是它们自己:一些没用的纸板,一些废铁,砖头或者石头的碎片,不平整的纸,它们是小李做的那幅画的另一种形式……然而它们超出了任何人为的"作品"的限度。并不是说比艺术更加高级,或者技巧高超,而是相反,它们更基本,或者说它们包含着"东西"的种种潜在的形式,而且还没有被开发、被消耗。它们既是垃圾,也是礼物,也可以是艺术。它可以是,但不是,这就是它超过个人才能和意志的地方。

我也知道,我并不真的拥有它。在使我惊讶的同时,这东西也让我明白,我的确拥有了,然而仅仅是最基本地拥有而已,除此之外,我并不能以任何其他的形式拥有。它们随着我的意念显形,也随着意念的显形而消隐,我不在有效和有形的世界里拥有它们。我说不上这到底是一种幸运,还是不幸。

我真的是惊呆了。这是一个人留给我的礼物。我们可能不会再见面了。但是就像任何的一天,出于任何的一个理由,她在某个地方,放了几样简单的,很便宜的东西,给我一个小小的惊喜。那种"再也不会见面"的冲击力,似乎也包含着其他的东西,可能是对于"世上的事情竟然可以是这样的形态"的惊讶,也可能是因为不认识、不理解而异常兴奋。不管是什么,都让我惊喜。

那纸箱板长久地呈现着。我从没有看到过这么好的东西。它既不是拼贴画,也不是手工作品,那只是一些写写画画,顺着纸板的形状、皱褶、折痕,随意地发展着。它是完美的。没有人能做得出来这样的东西。它脱离了任何有着意图和自我的人,独立地存在着。我想,这可能就是那种了不起的人年轻时随手做的东西,没有目的,没有名字,温暖,因为并不要求什么而温暖。我在极短的时间里长久地看着它,非常久,以至于可以说是漫长。这样,小李就开始对我说话了，有点像读书的时候在脑子里听见的作者的声音。但比这个更多，不只是声音，而是整体的人，它代替了那些文字和纸板，她代替了它。她对我说话，但我没有办法对她说话。不过，我也并不只是被动地听着，因为那并不是一段录音，也不是3d投影，也不是全息可视电话之类，那是有生命的。这个说话的人，笑着，像是在太阳下面的动物园里散着步一样。我并不知道她在说什么，但那些声音带着笑意，不紧不慢，像在一个真切的情景中一样欢快，但又因为并不在任何真实之中，而透出一种宽容。也就是说这个人同时是一个小姑娘和一个老人，也同时是那个具体的，而且确实并不在这里的人。我感觉到她的不在场，那种因为留下字条而产生的本人的空缺；我也同时感到她的在场，那种比现实更完整也更确凿，甚至可以说更有生命力的实在。

我几乎要和她说话了，但是我并没有想要和她说话。我似乎已经通过看和听而和她交流了，也表达了。或者说我没有什么要表达的。当我转身，左右看看的时候，她也仍在旁边。我看见身后其实是街道，偶尔有人走过，也有人看着我，还打着招呼。我也和那人说了话。在和那人说话的同时，我和小李也都沉默着，并排，面朝着街道，背后是那个已经因为那幅画而消融并且充满着光的角落。我们体会到这个敞开的空间：现在，温度要比刚才稍低一点，方位感要更具体，我们像两个有着大把时间的人。

2 0 1 8

一个梦。1月4日

关于那头大象,有人跟我说了它的情况:大概是惹了些麻烦,掉进水里了。听说是因为它自己多事。但也算不上多大的事。而且,好像现在也没什么事了。

慢慢的我就看见了那道堤岸,就像是在看格列柯的画,它就在我鼻子下面,横着,伸展着,但并不过分真切,因为我只是在观看,并没有身在其中。

大象在水边慢慢地跑着,从右向左。它向前面的两只长颈鹿跑去。果然这两只长颈鹿已经稀里糊涂地跑到了堤岸的尽头,它们的脖子太长,脑袋高高在上,还没有看见脚下的状况,就已经掉了下去。不过,大象也已经追上了它们。它继续向前跑着,并没有减速,也没有加速,它甩开鼻子,将两只长颈鹿一并卷住,顺势甩向身后,然后自己掉进了水里。这动作一气呵成,就像武侠片一样。

我一点也没有觉得奇怪:大象的体量再大,也并不比长颈鹿大过多少。那两只长颈鹿也并没有突然缩小。然而它就是在那不紧不慢的奔跑中,边跑边把鼻子甩出去,卷起来,甩回去,好像也都那么自然。我的确没有看出有什么不成比例、不合情理的地方。

大象掉进水里的样子有点笨拙。我想,这下它可真是有麻烦了。大象会游泳吗?这条河深吗?或者这并不是河,而是人工修筑的防波堤,是海港,码头?这时候我看得更近了,堤岸看不见了,只有水和水里的大象,以及不知从哪里跳进来的一头白虎。确切地说,看上去像是一头白色的黑豹。它一口咬住大象脖子边上的皮,就像大猫叼着小猫脖子那样,一边划着水,向岸边游去。大象仍然是不紧不慢,既没有扑腾,也没有挣扎,任由白虎拖着它前进,就像是安排好了一样。

我想了想那白虎的名字。白色的老虎。我想它首先应该是个老虎,然后它是白色的,那么这就是一头白虎了吧。尽管,实际上,我也注意到了,它身体修长,豹头豹脑,分明是个豹子,而且是黑豹。我端详着它,想,哦,这老虎是来帮忙的啊。

它拖着大象,三下两下就游到了岸边。我并不清楚它是怎么拖着这么大的大象上了岸的,但看来一切都很合适。它们上来了。与其说救援顺利完成了,不如说,一切顺理成章,理所当然。重点当然不是它们的体形大小、重量,而是它们的动作、节奏,全都那么流畅,就算是一个人在自己脑子里,也安排不出这样的衔接呢。

两个梦。1月8日

一

xt 来柏林玩。或者，他是来上学的？我看见他出现在一幢教学楼的前面。像是西北师范大学的文科楼，但门前有个雕塑，有点像柏林的 berolina。但他早已从卡塞尔艺术学院毕业了，回到了上海。那么，他是来柏林参加展览的吧？我不大清楚，也并不着急搞清楚。我见到了处在所有这几种可能之中的他。

而且我还在想，这里面有我什么事吗？他是要找我参加一个唱片合辑吗？也许是一个采访？我这样想着，简直快要睡着了。我觉得自己就要从这个场景中退出了。

没过多久，我看见 xt 手里拿着一个小笔记本，它近在眼前，上面正出现一些文字和图案。我有点好奇，也就不大想睡了。这个小本儿，大概有小人书那么大，甚至比小人书还要小，也就是小孩巴掌那么大。我看见上面画着一个草图：一个巨型的人像雕塑的背面，是仰视的角度，也就只剩下从腿到屁股还看得见，上半身被挡住了。人像的两腿形成了一个三角形。然后，一个什么东西支撑着它，又破坏了这个三角形，并且激发了一个新的视角，就像用不同的角度去看一样，而这种四维空间的现实，集中在了一幅二维的画里。有点像未来派，但比那个更厉害，因为它真的在动。它在发展：这个新的角度利用原来的结构，暗示着一个更新的空间。原来的人像，它的实际形象，连同它的象征，都只剩下一层表面含义。真正发挥作用的，是这个隐含着的空间。它并不明显，然而至关重要。它当然不是什么城雕的草图，也不是隐藏空间里的量子建筑，它只是一个简洁的角度，只要得到这个角度，就可以从中推导出一套法则，打开另一个空间。就像是在我现在所在的地方，可以借助这个法则，凭空拉开一道口子，让我琢磨着是不是应该进去，或者说出去。

还挺有趣的，我想。

xt说，我就打算提交这个了。那么，看来这是xt的作品方案。这时候，他的草图就立刻实现了，就在这个由西北师范大学和柏林的tiegarten公园共同构成的校园里。我抬头向上看去，草图上的雕塑，已经变得巨大，仍保持着草图的线条和笔触，立在半空中，并且通过支撑它的柱子，显示出另一个空间：一定要从这个角度看，它通往另一个极大的空间，大到整个的tiegarten都装不下。草图在后退，像在公路上行驶，正在远离我。对，它从我视野中退去了。然后，新的草图代替了原来的。当然，还是一摸一样的那幅。我想这大概是说，这样的设计，可以在很多不同的场景中应用。我想我已经领会了 xt 的意思，他要将这一件小小的设计，和许多的建筑、空间、生活场景结合起来，它是一种可以嫁接到任何结构上去的结构。

我想，就这么小小的一片纸，还真不错。

二

我大概真的是累了。或者就是懒了。我躺着，看着天空，也看着高大的楼房。只有那么一两栋楼，然而整齐、巨大，配上它上面的天空，就像是一个没有顶棚的礼堂。

这时候小左从遥远的地方过来，说，你觉得这样行吗？我就向他喊：可以啊，你去找韩寒帮忙啊，你们不是熟吗？

他退回到遥远的地方。那是在另一个城市的一个舞台上，他正在排练。尽管遥远，但我们之间的距离并不抽象。那是真实的遥远的路途，有地面，有路，可能还有河、山，有更多的天空。我抬头看看舞台，等着他的演出。这样等着等着，又快要睡着了。天空中慢慢出现了灯和投影，就像是一个巨型的演播大厅。有多大呢？我勉强睁着眼睛看了看，大概可以容纳那个舞台加上我头顶的天空吧。

一个梦。2月9日

　　y给我发来微信，说，嗯，我在悄悄地关注着呢。

　　我之前跟她说，有空的话，去斯德哥尔摩那家书店，帮我带张唱片回来。我还说，那是很有名的书店，文化圈都知道，你随便问个人就能告诉你地址。

　　隔着微信，她就像是在说，嗯，放心，虽然没有回你，但是我也在关注着那家书店呢。

　　如此说来，她并没有给我发微信。她用一种其他的方式发来了信息。可能是另一个社交媒体，或者是短信。我还低下头去读了一遍。我想，ok，那么她并不是没有看见微信，只是没有用微信回我而已。这倒是有了一种"悄悄"的感觉：我感到她就在我身后，具体地说，在侧后方，就像是插画或者海报里那样：一个在背景中的人。

　　但我并没有真的看见手机屏幕，更不要说那些字。我可能真的低下了头。但我并没有低下头。我没有感觉到自己的身体，没有脖颈，没有肩膀，当然也没有头。也许有目光，但并没有眼睛。实际上，我也并没有从眼睛的角度看见任何东西，它们就在那里，不需要从任何角度去看见。

　　那么我看见了什么呢?

y说她在悄悄关注着这家书店。但我并没有读到这句话。是我自己从她的意思里生成了一句话。既然她没有说这句话,那可能她也并不存在。当然了,她的意思是存在的,我也领会到了,也用它生成了一句话。那个意思是模糊的,比一句话更长,也更复杂。甚至它和这句话完全不搭配,这句具体的话要比它有限得多,相比之下,简直就是僵硬的。

意思并不是语言。但我总得要应付一下眼前的情景吧,我需要语言,于是就有了这句话。这是现实。每个人都得应付现实。但话说回来,如果不是为了现实,还要语言干什么,我不是已经完全地接受到了信息么:它比这句话更早、更完整。这句话问世的时候,它又被解释了一遍,现形了一遍。这一遍,让它立刻就消失了。现在只剩下一句话,那个意思已经不见了。我只知道,语言和意思,是如此地不般配。

我感觉到了其中的差异,我无能为力,或者说我无动于衷,任由这两件事分道扬镳,在语言和它的原形之间,我就像留在一幅画的前景中一样,慢慢凝固下来,成为一个形象,品尝着越来越少的一点点奇怪的感觉。

"我在悄悄地关注着呢"。还真是一句别扭的话啊。然而我也并没有感觉到别扭。

一个梦。2月18日

我接了电话,那边是 r 的声音。我眼前出现了他的模样:就像漫画,一个人握着电话,旁边一个气泡,里边画着对方,也站着,握着话筒。我大概是也能看见自己吧:我自己,电话那头的 r,像漫画一样同时出现在我的眼前。

r 的声音,也和他人一样,瘦而锐利,放着一点光。

他说:你在搞的这些,根本不是艺术。你说,撒把芥末还在吗?

话里带着哭腔。不,不是哭腔,根本就是在哭。因为是在哭着,流着眼泪,而并不需要忍住,倒是有一种流淌和释放的感觉。那是一种伤心,也是责备。但因为他太瘦了,声音变得波动起来,也变得更薄,像是一道无法射得太远的光。

撒把芥末当然还在,作为一个厂牌,还在做唱片、办演出,他并不是不知道。他的意思当然是"这是某物但它不是真正的某物,它配不上它的名字,它空有其名而不真。而真,是惟一的。"这声音里包含着一种绝对。以前的朋友们,读了太多公案的朋友们,阴沉着脸不说话的朋友们,都喜欢这种绝对。我想起高中的时候,每天都是这样和柯大侠说话的，我们读了《禅的故事》，对那些禅宗大师着迷了。但可能事情不是这样的，我背叛了所有的人，搞不好我也背叛了柯大侠，所以其实是我想要哭？

我想，妈的过了这么多年他还在生气。他的哭声和他的愤怒是多么潇洒呀，相比之下，我真是个执迷不悟的笨蛋。对，他打来电话，就像是从时间的那头打过来，那里有一件事，和我们一起参与的唱片、演出有关系，是一大群人共同参与的事，可能已经被我给毁了。搞不好我也毁掉了时间自由的流动，从某一天开始，时间就卡在那里了。那里只有失败，而失败是无声的，不像愤怒那么精彩，它像一个正要关门的酒吧，没有人扫地，时间停在那里了。

要怎么回答呢？我也不知道。那种被否定的感觉真是糟透了，这他妈哪里是 r，简直是一个爹，而且是一辈子都在否定我的爹。我有点火了，我说：怎么了？

这三个字拖得很长，不耐烦，恼怒，是要吵架的前奏。你看，就像电视里的夫妻，可以靠这三个字带动一长串剧情，接下来的每一句台词，都已经在其他的电视剧里重复过很多次了。

果然他就厌倦了，叹气了，再次对我失望，而且累积着之前历次的失望。他可能说了一句"算了不说了。"然后挂掉了电话。也可能没有说，直接挂了电话。确切地说，他既没有说这句话，也没有挂掉电话，而是剧情在此处结束，因为重复过太多次而省略掉了，只留下一道轻蔑的余光在空气中流动。那句并没有说出来的话，已经在另一个时间、另一个场合说过了。也许并不是 r 说的，也许从没有任何人说过，但这是我们所有人都经历过的轻蔑。这是一种互相伤害的艺术。

两个梦。3月5日

一

有一个聚会。说不上到底什么性质，家庭聚会，同学聚会，工作聚会，随便什么聚会吧。人们在庭院里，也像是在一间大屋子里，拿着东西吃，说笑着，三三两两地聚在一起。中间是一张长方形的大桌子，摆着些点心之类。上方也许还挂着枝形吊灯，如果是露天的院子，就挂着从一头扯到另一头的长串的小灯泡。我正要离开，一个人，可能是我的同学，过来把我的手机递给我。

"哦"。我说。对呀我要打个电话。或者我已经打过了这个电话。

在电话的另一头，有另外一些人，另外的事情，也可以说有另外一片天地。那简直就是另一个时空，而电话是中介。通过电话，我用经验和想象力，领略到了另一个时空，它和我是有关系的。我接过手机。那同学笑着说："你看"。哦，我看见手机变了样子。亮亮的。哦，手机的屏幕上有一层东西，是蛋糕？不对，是冰激凌。大约有一公分那么厚，还没有开始融化，整整齐齐。淡蓝色的冰激凌，上面有一些红色的斑点，不多。从边上看，中间还有一层白色的东西，是奶油。并不凉，我拿着手机，端详着：屏幕似乎还在发光，它透过淡蓝色、白色的冰激凌，像一个微缩的游乐场在我手中发着微光。

我向那同学道别，往外走去。边走边举起手机，开始吃冰激凌。我吃得比较小心，怕咬到手机。我脑子里还留着它完整的形象，它脱离了我的手，也脱离了整个聚会，单独悬浮在某处。这似乎已经不是手机了，它只是一个小小的长方形的形象，它可以是一幅油画、一个电脑显示屏上的 3D 模型、一种描述、一个标志。然而我还是在慢慢地吃着冰激凌。

在稍稍离开人群的地方，我发现手机真的已经不是手机了。是一块薄薄的玻璃。细小的碎片正在混进冰激凌里。我可能已经吃到了几片。也可能还没有？我迟疑地，继续小心地吃着。我想象着细小的玻璃碴儿混进了嘴里、咽进了喉咙里、落进了肚子里的感觉。但也可能是真实的：我真的已经被扎到了。又或者，那些真实的已经吞下去的玻璃碴，并没有被我感觉到，反倒是想象在起作用。毕竟，我并没有看见玻璃，它被冰激凌挡住了，但我的感觉中却出现了一块和手机一样大小的，薄薄的玻璃，它的边角已经裂开，形成细密的纹路，而且开始脱落，那脱落的细小碎片越清晰，我咽喉感觉到的刺痛就越真实。

但我还是满不在乎地，慢慢地咬着冰激凌。味道似乎还不错。

二

我向什么人追述着一次探险。我正在这探险中。

就像是电脑游戏开始前的样子，屏幕上显出一幅地图。是城墙砌出来的迷宫，一关又一关，通往一个无法进入的密室。我就在密室中，但也不一定是这一间。这是终极的密室，而我还没有体会到终极。我也并不是在密室中。我只是坐在一个箱子或者长条凳上。有一个人站在旁边，像是例行公事地来回踱步，他不像有威胁的样子，但我知道这是个敌人，他就是来威胁我的。在他慢吞吞忙这忙那的时候，我抬头看了看高处的窄窗。一个声音说，不行得赶紧逃。我摘掉窗上罩着的一层东西，大概是纱窗。然后是木质的框，然后是另一道木框，镶着玻璃，我推开它，尘土往下落着，外面的阳光透了进来，似乎还可以看见树和街对面的墙。那么我现在应该爬上去，跳出去。我试了试，好像并不难。

我向什么人描述着这次逃亡。不只是刚才那个人，还有更多的敌人在追我，在各处围堵。但我，我们，只要退回迷宫的上一层，就不会再有危险。

我描述着这迷宫：一幅地图出现在我们面前，上面还标着数字：从 1 到 7，或者从 1 到 10，代表着不同的地点。其中有几个显然是进不去的，没有隐藏的门或者机关。我说，我们得退回去。

那似乎并不是空间上的撤退，而是时间上的。当我说退回去的时候，一种遗憾从心底升起来，就像是要退回一千年那么远。我们要放弃一千多年，才能回到更安全的地方，然后再重新想办法进入迷宫：它外面有护城河，有矮矮的城墙，一旦进去了，就不再水平移动，而是在高高的城堡中，一层一层，向上，或者向下，或者跳跃着在其中穿行，一会儿在高处，一会儿在低处，一会儿又在空旷的平地上。

我告诉这个人，现在才走到巡演的一小半。才十来天吧，总共得有40多天呢。我的右手因为常常拎着行李箱，已经磨出了茧，它正在发胀，发热。我需要更多的休息。我举起手，中指、无名指、小拇指下面有三个发硬的老茧，食指下面要薄一点，只有一层硬皮，几个指头根上也磨出了一层硬皮，带着竖纹，半透明的皮肤还似乎能透过光，要么就是它们在反光。我眼前显示着剩下的巡演路途：傍晚的卢森堡中心车站和日内瓦湖混合在一起，暗蓝色的天空和马尔默或者什么地方的海混合在一起，也和蓝色的谷歌地图混合在一起，我疲倦地看着它们变成抽象的地名和路线，又打起精神，想着无论如何还要继续旅行，去演出。

我们坐在空无一物的地方。我们站在城堡的外边，在护城河的对面。我们在撤退中，放弃着那一千年的时间。

一个梦。3月23日

我们几个人去了那里,在其中游逛。

那里是哪里呢,似乎很简单,就是这里之外。

在那里和这里之间,或许有一个通道,一座短桥,一个门。然而并没有。只需要起身,走过去,不知道从哪一步开始,阳光就不一样了,空间也变开阔了,这就是那里了。就好像本来是在屋里坐着,只要站起来,说着话,踱上几步,还没有走到门口,就发现头上已经没有房顶了,周围像是有一个剧组在配合,给源源不断地运来了小山坡、平地、阳光,还组织起三三两两的逛市集的人群。或许还有货真价实的树,一棵一棵,一丛一丛,这个我倒没有注意。

我们很有兴致地走来走去,也和碰到的人说话。天气真好,大家也都开心。不过,这样走着走着,就走散了。我抬头看看,其他人一个都看不见了。我有点想要找到他们。也许是因为之前说好了,要一起离开,去下一个地方。也许并没有什么之前,而是一种微弱的焦虑,它给我带来了微弱的恍惚。那恍惚就联系到了一个原因。也许根本没有原因,但如果说人世间总是需要原因才能维持下去,那么我就需要一个原因,那么不妨就是这个原因:我们已经说好了,要一起去另一个地方，有的人不知道路，我们要一起走。

我仍然站在人群中，欣赏着人们悠闲的身影。但是，好吧，还是去和大家会和吧。我看了看前方，他们可能往那边去了。我想，不如从旁边绕过去呢？就像我认得路似的，旁边也就有了一道墙，墙的另一侧也就有了路：我就是要从那边绕过去。

好，我三两步就跑过去，算准了马上可以将他们迎头截住。

然而我并没有看见他们。我跑上了一道小坡。不再有人群和市集。天真蓝啊，我像是走在离天空更近的地方，近了许多，已经不是相对更近，而是绝对地接近，除了我、这道山脊一样的小土路和天空之外，什么都没有了。

对，也还有阳光。我想，哎，又来了。是啊，又他妈的来了。我就知道，一旦改变主意，绕路，一旦开始节外生枝，就再也接不上原来的情境了。总是这样，我已经经历过许多次，对这种迷宫的属性了如指掌，而且无计可施。那还能怎么办呢，已经这样了，就赶紧往前走吧。我快步走在这条惟一的小路上，还想着那个已经消失的"那里"。在那里，市集和我们中另外的几个人，都还在，但我已经绕不回去了。

我并不很失望，也不惊讶。毕竟我已经习惯了。

这高处的小路被阳光照着。可能是从我身后的更高处照下来，因为前边、两边都不见有太阳。我走下去，发现有细细的藤蔓、树枝或者蜘蛛丝垂着，正好到我头颈的高度。这是我一向讨厌的东西。蜘蛛丝！一般来说，我会折一截树枝，一路砍着、划着走下去。要么就低头弯腰，钻过去。但这次我没有，我只是挥着手，将它们砍断、挡开。这东西也并不很密，只是一直都有，还带着一点弹性。那么可能不是蜘蛛丝吧。那么又是什么呢？看来我并不在乎它是什么。我也并没有看见它从哪里垂下来，又怎样横着、斜着挡在眼前。其实，从视觉的角度来看，眼前什么都没有，只有阳光，虽然这样说有点不合理，因为我应该说"眼前只有空气，它传递着阳光"，但不管怎么说，我的认知就是这样，"眼前只有阳光，连空气都没有"。

此外，如果向上看的话，头顶上是蓝天，离得非常近，就像曾经在梦里见到过的，在绝对的高处，蓝天并不是"光线中的特定频谱在空气中的折射而显出的蓝色"，它只是简单地存在着。

我快速地挥着手，左手保持在前边，右手跟着它。就像李小龙或者什么功夫片里的人，一手前后挥动，另一手左右挥动。我一口气跑下去，双手开道，不管脸上身上是不是也撞上了这些枝枝蔓蔓的玩意。

我注意到，我的两手的配合，一个前后摆动，一个左右摆动，也居然毫无困难。我就像是我自己的观察者，一边跑,一边看着两手像刀棍一样劈砍下去。应该说那些动作是抽象的,我并没有真的感觉到,也并不真的在看见它:我只是在奔跑和观看中,为自己提供了一套视觉的印象。两手的确在挥动着,但根本而言是概念性的挥动,这个纯粹的现象给自己笼罩了一层具体的化身:那些被劈开、挡开、又弹回来的断掉的枝蔓还具体地擦过我的头和脸,但根本而言,它们不是被具体的手劈开,而是被我的纯粹的动作所影响到的,也许可以称之为"概念的可视化过程",或者"概念的实体化过程"。

我体会到了我的跑动的身体,也体会到了我的抽象的挥手,这两件事居然也能自然而然地合为一体。是啊,我也并不惊讶,我对这件事完全没有意见。

一个梦。3月29日

虽说并没有下雪,但却有一种被积雪反射着的光,在夜晚的空气里弥漫着。

也就是说,四处看起来很清楚。又很简单。就像是在一种清净的心境里,在夜晚走着。

也许不只是走着,也坐了车,马车,汽车,或者火车。从另一个地方,来到这里的夜里。当然,也可能只是坐在某处。比如说一个房间里。一片空地上。坐在没有知觉的黑暗里,连黑暗都感觉不到,但却感觉到了时间:它让空间呈现出静止的假象,也让身体静止。时间经过我,或者我经过了静止的时间,然后从中走出来,就像从黑屋子里走出来,到有光的地方,看见了院子、房门,看见自己或者别人挑开了门帘,也体会到身体和空间的比例,有了距离,也有了质地。虽说头顶上的天空还不那么真切,但至少这院子是确确实实存在着的。我走进或者走出了院子,时间流动起来,我在其中的体会也流动起来。

我带着一条小狗。灰白色的短毛,可能是粗硬的短毛,但也均匀、光滑。短腿,没有在动的时候就像是趴在地上似的。它是我捡来的吧,它刚刚加入我。它不紧不慢地跑来跑去，跟在我们几个人身后，要和我们去同样的地方。

我们中的一个，或许是皇帝，要么是将军，说把它杀了吧。我想这大概是因为我们仍在战争中，至少也是在行军中，不能带着宠物。他说得很简单，没有什么语气，就好像根本没有说话，而只是用意念发出一个命令。我想他是有权力这样命令的，而我，还有其他人，当然也只能服从。我有一点觉得他其实是我妈。但在清冷的夜里，在行走中，我并没有去辨认。

我也并没有太惊讶，也不激动。我手中握着一柄长刀，就是关公用的那种，一柄长长的杆子，头上是一片大刀。我就向小狗挥下刀去。但我并不能真的挥下刀去，刀在它脖子上停住了，这并没有多少重量的刀，毫无阻力地，停在小狗的脖子上。我觉得我没法杀掉它。在一种平静的心情中，我感觉到自己喜欢这小动物，它的生命，以一种不紧不慢地跑来跑去的姿态，向它灰白色的毛皮外边散发着几乎感觉不到的热气。

我把刀交给另一个人，说，还是你来杀吧。他，或者她，接过刀，说，看看是不是已经砍伤了？我说不会，它的皮很厚。我们就看见它的伤口，脖子后面的厚皮已经被切开，露出一道红色的肉来，但并不流血。我说，还好，养一养就长好了。这小狗没事似的，闲闲地站在那里，随便我们谈论着它。它似乎并不知道我们要杀了它，也并不觉得刚才那一刀差点将它斩首,甚至不觉得疼。

    那么还要不要杀它呢?我平静地站在那里,不知道哪里来的光照着院子。我并不犹豫,也没有焦虑。我可能是被一种温暖所充满着,低头看着它,由着它传递着这种温暖。杀还是不杀,已经并不是个问题了。

一个梦。3月31日

一个高个子的动物，在它的小小的领地里走动着。低头，弯着脖子，用长长的嘴吸食着地面的食物。那是一只更小的动物，蜗牛或者虫子，也可能是一只鸡。这取决于高个子的动物到底有多高，它到底是什么动物：也许是仙鹤，要么就是站着走路的鸭嘴兽。它披着厚厚的粗毛，小脑袋，长长的嘴，用一双小眼睛巡视着地面。那是潮湿的地面，有时候还有水，或者干脆就是浅浅的水滩，再过一会儿，又回到土地，像是密林遮蔽的地面，松软，潮湿，但也干净，就像是什么人摆设出来的。

一只小小的东西趴在那里，可能是一只刺猬。缩小的刺猬，只有拳头那么大。也可以是海胆。带着刺，黑乎乎毛茸茸的。我从旁边走过，忍不住想：这大概不能吃吧。然而那大的动物就慢吞吞地伸过来它的脖子，用它同样毛茸茸的，也许是黑褐色的，管子一样的长嘴，将那个小东西吸了进去。我替它担心了一下：会不会被扎到呢？但它仍旧慢吞吞地，站在那里，移动。慢得像黑夜里的黑影。

我从旁边的小路走过去，要去某处。慢慢地我也走近了这动物。现在不那么暗了，也看得更清楚了。我想要伸手去摸摸它的背，但其实它也是一只刺猬，确切的说，是榴莲外壳一样的，金黄色的大刺猬，也并没有长长的嘴。那还是不要摸了吧，会很扎手的。我看着它。越看越像榴莲。半个榴莲，乖乖地蹲着，像个大刺猬，背上的刺并不很尖，但一定很硬，也是金黄色的。这昏暗的小地方，没有色彩，唯独这只榴莲刺猬像被我的目光照亮了似的，从背景中浮现出来。慢慢地它也不再移动，像一个留在记忆中的，确切的说是从记忆中来的静物。

　　我就带着这金黄色的榴莲刺猬的印象，继续走路了。

一个梦。4月9日

一个冰箱立在那里。我走过去。可能是要去打开它,也可能只是随便走来走去,就像在家里,有时候就会这样无目的地走来走去,不一定要干什么,走着走着,念头就被这些家具、窗户和墙、东西,给启发出来,然后就去干点什么。

这一次,我走近冰箱,身旁就钻出来几只小狗,小腿儿忙乎着,跑着,跟在我左右。

我并不了解狗的品种。这是几只长得很像的小狗,腿不太长,毛也不长,胖乎乎的,灰色的。可能只有几个月大。冰箱也是灰色的,或者是白色的,但旧了,或者因为光线不够而显得是灰色的。

并没有什么光线。我就像是站在一间只画出了一小部分的房子里,背景都还只是铅笔擦出来的模糊的阴影,再往外就是白纸了。而白纸也并不存在。再往外就什么都没有了。因为我并不在意,并没有留意,那么再往外是一个什么样的概念,又有什么关系呢。我只是向一个冰箱走过去。它不算很高,有两道门,下面是冷藏室,上面是比较小的冷冻室。几只小狗出现在我周围,跟着我跑过去。这似乎加强了我要走向冰箱,并且打开冰箱的意愿。那本来只是一个模糊的愿望,现在就浮出水面,成了一种意志。虽说还没有形成语言,并不是一个在脑子里回响着的句子,但可以肯定,它已经成形,已经有了方向,它驱使了行动。

我走到冰箱边上,拉开上边的冷冻室门。几只小狗争先恐后地跳了上去。对它们的体型来说,这高度还挺高的。但就像是踩着抓着什么东西,而不像是蹬着光滑的冰箱外壳,它们一溜烟都钻了进去。我一点也不觉得那空间太小。这几只小狗,一、二、三、四、五、六,我数了一下,这六只小狗,每只都有我胳膊肘到指头尖那么长,还胖乎乎的,居然也都进去了,一点也不挤。

其实它们还没有真的进去。因为那冷冻室里还有一个小塑料门,要从上向下拉一下才能打开。像个抽屉。它们就围着那小门,上上下下地钻着,摇着短短的尾巴,来回折腾着。

冰箱里面也并不冷。说不上是不是和室温一样。总之不冷。我一开始还有点担心会太冷了,但显然并没有冷气结成的雾飘出来,也没有看见冰碴子。小狗们一点也不在意温度的事。只是一个劲儿想要钻进那个放着食物的抽屉。我还没有打算要去帮忙,其中的一只,就朝着小门的右上角用力一咬。哗,门开了,耷拉下来,六只小狗全都钻进去了。那一咬,简直是训练有素,一点也不像是试探,而是瞅准了,张大嘴巴,上下牙卡住它的边角,然后向侧面用力一转脖子,门就开了。这个动作，我从一个特写镜头里看得清清楚楚。还看见它留下一点淡红色的东西，可能是口水稀释了的血。嘴弄破了，我想。这时候，一个声音，可能是我自己的声音，说：没关系，小狗结实的很，一会儿就没事了。我就放心地看着它们一溜烟跑进去。那么小的一个冰箱冷冻室，居然轻松地装下了六只活蹦乱跳的小胖狗。

我关上冰箱门，让它们自己去忙乎。

过了一会儿，我有点担心，万一冰箱通着电呢？会不会其实是很冷的呢？我又打开冰箱。小狗们已经吃饱了，东倒西歪地，都睡着了。有的趴在抽屉和冷冻室上壁的空隙里，有的在里面，有的在边上，有的枕着什么东西。一个个都在呼呼大睡，肚子起伏着，头歪着，嘴也嘟噜着，也就显得更胖了一些。我看看它们，简直是几个小孩，睡得特别踏实，什么都不管的样子。我可能笑了。如果我脸上没有笑，那么也是心里笑了吧。

一个梦。5月18日

  我站在门外,翻着护照。我说这恐怕有点难,要是去那边的话,已经来不及办签证了,加急也要5天时间,况且我已经有了一个签证,有效期太短,不够用,可是又不能申请有效期和它重叠的另一个申根签证。我解释得很清楚。下了楼梯,出了这个楼,对面就是那里。这么近,但我去不了。

  突然我想起来:啊!我已经有了一个一年的长期签证!我告诉旁边的人,我说没问题我们现在就可以出国了!

  然后我们走出这栋楼,过了街。旁边就是堤岸,停着一些小船,看得见对岸的建筑:它们像是一些模型,或者说介乎于图画和模型之间。

  我们挽着胳膊,兴高采烈地走着。我想了一下,哦,不会有人把我们当成同性恋吧。可那又怎么样呢。我们这样走着,像两个大学生。然后我向上伸手,抓住一个伞型的东西,一个螺旋桨,我们飞过了河,到了外国。

  我认识这个螺旋桨,我曾经用它飞到过其他地方,也许是在另外的时间,在另外的世界里。

  对岸的国家还很小,还不具体。我们站在高处,就像是站在一堆矮小的模型边上。身边没有任何称得上是建筑的东西。脚下的形状、色块、线条，随着我目光而延展着，直到很远的地方，它们是房屋和街道，也是街区、生活着的人、城市，也是行政的空间，是政府和国家，但它们还没有丰满起来，我也还没有走进去。我们像是站在一本书的封面上，就要去阅读，那书也就要醒来。

这时候我收到一条微信，或者是邮件。有个外国朋友说要来演出。妈的，我想，不是说后天吗，怎么这么急。他说对，今天就要演。我说哦我已经帮你安排了后天的演出，明天的现在联系，今天太紧了今天来不及啊。这个邮件并没有体会到我的焦虑，它说对，今天就来，今天晚上就要演出。它比他还要固执。

我真的焦虑了。我握着手机，抬头看看河的另一岸，也就是我刚刚所在的那边。那里什么都没有。那里只有人们称之为"那里"的东西。也就是说，那里只有一个词，一个概念，在视觉上它是空无一物的，它并不远，也不遮挡视线，它就是没有。

我又低头看看手机。我看见我的日程，也看见其他几个人的日程，也看见几个场地，有的已经确认，有的还没有回音。我也看见一些椅子、一些观众、一些其他的乐手朋友、一些乐器和设备，也看见一些看不见的概念，我看见我的焦虑，像望远镜，将脚下的城市拉得更远，我也像是站得更高了。

我像是站在空中。但不是在飞。除了手机里的这封邮件，身边什么都没有。而这邮件也并不通往任何地方，它只是把另一个地方的人和话语带进来，带到我的身边，它是惟一具体的东西。连我自己也都不是具体的了。我不知道自己是怎样拿着手机的。也许我并没有拿着手机。

一个梦。5月26日

小龙和小柯来找我玩。也许先是另外的几个人。他们来了,下着雨,我们一起走过了不算长的一条街,也坐了车,也许没有下雨,房间很旧,光线不好,街很小,即使不下雨也像是在下雨,细雨,有种闲散的感觉,就是那种无论多么破旧你都会觉得合适的感觉。

小龙站在我面前,就好像我还躺着,在睡觉,他跑来叫我起床。那么多年没见,他跑来叫我起床:对,就是这样。

小柯微微笑着,走到另一边去,她走进了一片无声处,个子也就跟着变小了。

小龙说,你看,上一次我们见面的时候,你好像有点紧张,我现在要反驳你说的话。我说,可是上上一次我们见面的时候,我说了什么,你还记得吗?

我自己也有点混淆了,到底是哪一次?这么多年来,我们可能只见了一面,但有两个版本,一个我是紧张兮兮的,另一个则阳光灿烂。这样想想,我也就不再去管它是哪一次了。我说:我不喜欢民主,但是不代表我喜欢独裁。我想好吧,那就说下去吧。我对小龙说:除了这两种,人们还可以有很多种方式,比如说10种,或者一万种,或者每个人一种。每个人都可能用自己的方法去发明。政治就是人们怎样相处。人们有可能发明出更多的政治关系来。至少不是只有这两种。

一个梦。6月28日

一些杯子之类的东西出现在桌上。当然,很难说桌子已经在那里,先于杯子而在。只不过,它看起来要更暗,更结实,也更稳定,就像是已经在那里,从来都在那里,就像是一个条件,一种背景。这些杯子,包括太空杯,放在盘子里,应该说就是一组静物,一些单纯的东西,没有事情要发生在上面,仅仅是在那里而已,简直就像是路过而已。

路过什么?路过一个梦吗?

我辨认出这些器皿,一些是梦中的,还有一个,黑色的太空杯,是我自己的。它看起来更清晰,更具体。它是具体的。它有形状和份量。另一些就更模糊,勉强,而且并不具备各自独立的形式。"一株是枣树,另一株也是枣树",对,没有这种一株枣树般的独立性,它们是一片枣树。

这个黑色、沉甸甸的太空杯,八成新,不大,可能有500毫升,立在盘子外边,像雾的外边的一棵枣树。不,没有雾,除非这些其他的杯子自己就是雾。这些从梦里来的杯子。我的杯子和梦的杯子:我想它们是不一样的。

但那也并不是我的太空杯。我开始意识到,并没有一个这样的东西,从我的现实中而来。在那个真正的现实中,我没有这样的太空杯。

在这样的辩识中我渐渐忘掉了另外的杯子,也忘掉了桌子。我在一种静止中接近着清醒。

一个梦。7月5日

我用右手的食指掏耳朵。只是在耳朵里随便转动手指而已,并不是真的要掏出来什么东西。也许是有一点痒。也许,就像精神分析学家说的,是因为一种最轻微的焦虑。总之我把食指放进耳朵,随便地转了几下。

指尖碰到了一点硬东西。只是指甲尖的最边缘,碰到了什么东西的最边缘。那几乎是感觉不到的。那几乎是一种想象。或者不如说,一种愿望。就像是你特别想要掏耳朵的时候,没有工具,只能用指头去掏,你一厢情愿地以为掏到了一小块耳屎,但其实并没有。但我又试了一下。可能是真的碰到了。可能是再次碰到了,它的边缘从浑然无知中暴露给了我的指甲尖,更大的部分还藏在无知觉中。那可能是一根刺,一片骨头,一块铁片,连着肉,说不定连着我的大脑、肚子,一直到脚心。它也可以连着另一个人,甚至连着五角大楼。在这种无知中,什么都是可以的。

我想,那么回头等我用掏耳勺来对付它吧。

然而这微小的硬东西,就那样停留在感觉之中。手指头太粗,再也不能多伸进去一丁点。它等待着我。

也许它并不真的存在。但是它在等待我。

两个梦。7月6日

一

我对他们说：我想到了一个很妙的名字，可以用来注册商标，开一个公司，做一个app。它就叫"蛙虾"。这是专门给不会讲闽南话的人用的，让他们也能像闽南人、台湾人那样说话。蛙虾，你看，青蛙和虾，或者牛蛙和虾，涮火锅多好。每个人都可以用台湾腔说话了。

蛙虾。我不断向不同的人重复着这个主意。在不同的背景下。我们一起穿过狭小的通道，进入房间，穿过楼梯，上或者下斜坡，我们和更多的人说话，发生了各种各样的不重要的事。每隔一阵子我就要对别人说起这个词，和他们讨论。但似乎也并没有人和我讨论，既没有人赞同，也没有人反对，大家只是听我说说。如此而已。听我说完之后，似乎另外的话题又会照常开始，之前中断了的会再继续，之前没有的会生发。没有什么是重要的，也没有什么比我的提议更没有意义。

也许只有我自己听到了这个词的声音，他们连听都懒得听见。它从我口中，确切地说，从我的脑中，响亮而圆润地扩散到空气中。即使我并没有夸张地强调它的读音，但那声音还是模拟着一张大嘴巴，从合住，到完全张开，振动从嘴唇向后滑动，再落到嘴唇中间的空气上，嘴咧开，气流持续地向前喷射，直到嘴唇向上向下再次张大，气流失去了摩擦，剩下洪亮的元音在整个头部共鸣……其他的人只是接收到了有限的信息：蛙虾。就这么两个字。难怪他们没有反应。这些没有从词语中得到振动的人，很难称之为人。也许在《银翼杀手》中，警察可以用这样的方法来测试谁是人，谁是机器人。

蛙虾蛙虾。我再次回味着它，仍然感到兴奋。而且两个字都是虫字旁呢，我说。但没有人感兴趣。他们只是随便地站着，走动着，好像在和我聊天，或者彼此在聊天，但没有内容，更谈不上交流。我并不失望。毕竟这都算不上是真的人啊。

二

我突然发现她个子很高。我说，嘿，你个子好高啊。她好像笑了一下，说，我当然很高了。

我抱住她的腰，贴近她，比较了一下。刚才我坐着看，她好像比我高一头，现在看应该是不到一头。但还是很高。我有一点惊奇，但并不是最新鲜的那种惊奇。就好像已经了解到她，或者她的族类，又被新发现的细节所惊讶。

我们继续互相搂着,也许还保持这个姿势,一起转了半圈。房间里拉着窗帘,要么就是在地下室,但光线还是充足,也许是灯光,也许是别的什么光。至少,可以说并不是一片黑暗。

这是我的女朋友。我并不知道我们是怎么认识的。我们就像是刚刚认识,但也已经在一起很久了。多久?一个星期?一个月?三个月?好像不是用时间来计算的。也许是用光线来计算的?在我对她的打量中,时间变成许多碎片,有的是真实的,由我们一同经历过的,有的承载着我的想象,有的和其他的经验有关,它们混淆在一起,更多的却是那种尚未发生但又完全可能发生、即将发生的。时间是许多不同的尺度,它本来就由许多不同的碎片组成。

我搂着她,像在跳舞。我们互相搂着,也像是拉着手在走路,也像是面对面在说话,呼吸触到了对方的皮肤。这些都同时发生着,就像这房间里的光,并没有一个固定的来源,没有灯,也没有阳光,根本就没有光,然而却是亮着的。

一个梦。7月22日

路边围栏上坐着一个黑人,我走过去,跟他说,我在研究黑人音乐的历史,咱们聊聊吧。

他笑嘻嘻地,举起一只手,晃着,手里捏着一小团什么东西。大概有五分硬币那么大的一团。嗯,现在的人已经不知道五分硬币长什么样了。那么,总之,一小团什么东西,用薄薄的白色塑料包着。他说好啊,咱们去那边吃点东西,把这个抽了,慢慢聊。

我就想了一下,妈的什么意思,大中午的就开始了啊。不过也好,总比大晚上的好,晚上还要睡觉呢。我说咱们先去吃午饭吧。我指着那边。那是比较低的方向,并不一定是个斜坡的下边,或者要经过什么台阶之类,而是说那边是另一个地方,另一种空间,在现在的空间之外,能稍稍看到一点,影影绰绰的像是山下的城市,或者从低处升起的建筑。

他身后不再是空空的背景,我们也没有站在马路边上。他从背后的柜子里,或者架子上,拿出来一件西装,要我穿上。哇哦!我惊讶了。是一件正经的订做西装,灰色的,领子是浅灰色,很大,我说,嗨,这是我人生中最大的一个领子!我大概是用英语说的,到了"领子"这里我有点迟疑了,到底是哪个单词呢?我看着他,开始要说那个那个那个。他说领子。我说对领子。他笑嘻嘻地,又拿出来一件衬衣。

我照着镜子:衬衣和西装都已经在身上了,衬衣是短袖的,浅色的红白格子,我原来穿的长袖衬衣也是浅色的红白格子,在里面,领子露出来,好像还挺搭的。好气派啊我想。这时候有几个人就开始和我讨论,说这衣服很贵吧,是不是得给人家钱啊。我说没关系啊,他就是愿意送我,我们不是要去吃饭么,他愿意我穿得帅一点呗。这几个人,可能是家人,亲戚,还在絮絮叨叨,在我周围,在一个很小的、只有我们几个分享的秘密空间里,讨论着钱的事情。我没有再理睬他们,这讨论和这空间,也就不知道从什么时候开始,消失了。

我在想的是,那么穿什么鞋呢?我有一双匡威,黑白基本款。这个搭么?还是应该买双皮鞋来配?他并没有送我鞋子。我在想象中对比着匡威或者皮鞋和西装的搭配。脚是光着的。之前穿着的匡威,好像已经脱下来放在门口了。

那么我们实际上是在一个房间里。一个服装店?或者是饭馆的玄关?酒店大堂?俱乐部的存包处?柜台后面有一两个服务生,殷勤地看着我们,准备随时凑上来。我试着衣服,准备去吃饭,可能是一个晚宴,或者要和什么特别的人一起吃饭,或者这是一个非常事儿逼的地方,比如说我们可能是在王宫里。

  不是,并不是,我一边试着衣服,一边想:我们已经不能被任何事情消耗了,我们要把这些事情消耗掉。

一个梦。7月25日

她坐着,我站在边上,低头看她手里的照片。左边是已经关起来的门,像是轮船的舱门,或者防空洞的门,非常结实。她坐在一张大桌子前,手里拿着一张照片。也许是我拍的。这里似乎不让拍照,我想,因此多少有些不安。但她并没有什么意见,只是端详着。有那么一会儿,在桌子的另一边,还坐着另一个人,是另一个她,也在端详着这张照片。就像是两个人在手中传看着。

我站在边上,低头看着照片,那似乎是几个人的合影,可能是几个人围成圈坐着,站着,有的把脖子扭过来看着镜头。照片在她手里,我看不大清楚,它更像是一个比较暗的背景中的光和色彩。她说:这些光很难得的,不用多长时间就没有了。也许,她的意思是"这种照片不好保存"吧。我也就坐下来,接过照片看了起来。是的,与其说是几个人的合影,不如说,是黑色背景上的一些光,呈线条和斑点状,成片状和点状,相互关联,似乎也在向照片外面散发出真实的光来。

我向她转过头去。我们接吻。她的嘴唇就像两颗剥了皮的葡萄。她的舌头也像一颗剥了皮的葡萄。我应该是闭着眼睛，现在除了她的嘴唇和舌头，什么都不存在，既看不到，也想不到。也许还有我的舌头和嘴唇。我想我的意识就只在我们的舌头和嘴唇上残存着。

一个梦。7月31日

我们来到地底下的工作室。朋友在忙,我就自己到处走一走。

那是一长条的走廊,可以看得清,但并没有灯。就像是防空洞,或者类似的简陋的地下人防建筑,由灰色的水泥构成,显得非常冷硬,没有任何的装饰,似乎每个房间也都没有门。

我从他的工作室出来,慢慢地,到处走一走,看一看。先是另一个工作室,没有人在里面,但看起来有人正在使用,桌子上摊着些工具之类的东西。我在门口张望了两眼,就继续沿着走廊走下去。笔直的走廊,我知道自己能记得回来的路,没有问题。

这地下的空间看起来也并不逼仄。而且,相反,走廊真是长,特别的长,一眼望去简直有高铁车站的候车大厅那么长。而且,因为没有人,而显得极空,极静,一种什么都没有的感觉,使它变得越来越大,越来越冷漠。那个还在工作室忙碌的朋友,大概是我之外的惟一的人吧。就连他也渐渐退出了我的感觉,变得若有若无,似乎只是一个模糊的概念,和我之间并没有具体的人和人的关联。

我注意到，走廊两侧也不只是一个接一个的房间，也出现了另一条走廊，横向的，和我所在的这一条相交。我顺着它看过去，那边是一个极大、极空旷的空间，就像是一个荒凉的室内足球场，灰褐色，或者灰黑色的表面，因为光线渐渐被它吸收，而看不清边界。一个人在不远处走着。没有特征，没有声音，我也不知道他或者她，或者确切地说，它，是在向哪个方向走着。它只是慢慢走着。它只是一个人而已。没有任何特性，什么都不会做，什么都不会和它有关。

我就继续沿着我的走廊走下去，边走边看着侧面。水泥墙、没有门的空房间、封起来的半截通道。我又看见一条横向相交的通道，就拐过去。在这个通道里，两侧的房间里，似乎都有人在工作。我似乎看见一个人在其中一间，我听见他在用简单的电子设备演奏，同时配合着自己的嗓音，在练习着一种简单的二重奏。

我这样走着，偶尔看见，或听见一个人，他或者她经过，或者在做什么，有时候也像是这里的工作人员。没有人注意我。他们之间也没有任何联系。隔很久才能看见一个。没有人和其他人有关联。每一个人都极安静，动作很慢，简单地存在着。或者说勉强存在着。

我拐了个弯，走进另一条走廊，和最初的那条平行。看起来也很简单。但并不。每走上几步，我就发现这些房间在变化。对，是空间在变化。每次看向哪里，就在哪里发现一处新的路、拱桥、坡道、隧道、房间。我有点担心回不去了,但也没有往回走,而是继续探索着这些新的空间。

我仍然是在地下,但这里大多了,不可思议地大,高,空旷,安静。

一个人从前边走过来,这次我看清了一点,他不像其他人,他有一些特征:黑红的脸,戴着帽子,穿着深色的老式干部服。我想他大概是个游客。他看起来的确像个游客,迟疑地走着,左右张望着,像是在找路,也可能是出于好奇。走过身边的时候,我对他低声说:嘿。我想和他打个招呼,如此而已。就像是仅仅为了确认自己能够发声,发出一种信号,或者说确认自己还活跃着,没有变成一个沉睡的人,不会失去特征。是啊,我听见自己嗓音低沉,中气十足。我想,在这样黑乎乎的地下世界,会不会吓到他啊。

但这个人并没有理会,他向我身后径直走去。我也就转过头,随着他的方向看过去:哦,低处是一片森林。也许是松树林,一大片,也许延伸出去有十几公里。我们站在比那些树高出一大截的水泥地面上,望着它们连绵一片,就像是从半山坡上看一座没有灯火的城市。这时候我觉得有点冷,我注意到,那些树上,也就跟着显露出积雪来。地下室的黑暗中的积雪的森林,无限地安静,与世隔绝,什么都不发生,随着我的探索而不断生长变化着。我和这个游客一样的人,站在走廊的一侧,向这广袤的无光的森林望去,我体会着自己因为投射出注意力而存在的事实，平静得几乎无动于衷。

这森林上面不知道有多高，空荡荡的，暗无天日，看不清是不是有天花板或者岩洞的穹顶，但我知道不管有多高，上面不会是天空。

一个梦。8 月 2 日

我在唱一首歌。但也可能是我在听一首歌。

它不是以声波的形式,从什么地方播放出来,再传到我耳朵里,也不是从我嘴里出来。它就在我身边,以一种不同于声波的实体形式存在着。就像一张桌子放在我身边。甚至也不是放在那里,没有"放"这个动作。没有人去放它,没有"一开始从哪里来的"这样的问题,而是,仅仅是,现在,它就在那里。也许这个现在的存在也包含着一定的过去的维度,就好像它已经在那里有一阵子了,但这并不重要,这也只是一切静止的物体所表现出来的时间感而已。确切地说,一种关于时间的幻觉。或者更进一步说,关于静止的幻觉。

总之,这首歌就在我身边存在着。它当然也发出声音,但不像是波,我就像是感觉到身边的桌子一样,感觉到了它,就好像一伸手,就能摸到它似的。当然它和桌子不同,毕竟,一首歌要经过时间的流动而发展下去,它是有头有尾的。不过,这个流动性,只是因为我的注意才有了的,它从原本的桌子一样的存在中脱离出来,变成了单向流动的东西。

从这个角度来看，我在唱还是我在听都不重要了。因为我并没有在唱，也没有在听，而是在感觉它。这感觉是有时间性的，它让一首歌从一个静物中生长出来，让一些时间的河从时间的海里流出来。这个感觉可以随时根据需要转换成唱，或者听，都行。

那是王凡的声音，也可以说是王凡的歌。吐字很稳，拍子像桥墩一样稳。嗓音呢又是一种带着妖气的男声，这是王凡的招牌的声音，虽然后来他的妖气变淡了，但仍然带一点鼻音，有一点女性化。音乐声很小，人声非常大，很不常规的音量平衡，但是效果非常棒。人声靠前，不唱的时候就很安静。音乐很简单，大概是一些杂音、噪音，也有简单的接近旋律的线条，我想可能会是反馈，当然这需要很精细的硬件设置，做起来并不简单。音乐在背景的位置上，很小声，主要是高频，也许是2000赫兹往上，最多能到5000或者6000赫兹，很轻，而且断断续续的，很容易忽略。我想，这还真是一种很妙的配器方法呢。

我试着跟上它，哼了几遍其中主要的句子。这是那种很基本的歌曲结构，几个重复的段落，每个段落中的每一句也差不多。但是旋律特别好，我想我应该可以记下来。

我想，等一下我会醒过来，我要记住它。

我重复着其中的一句。这首歌也重复着自己的这一句。我随着它唱，重复着。我想我已经记住了，就放开来，轻松地唱下去，不再对比，不用注意去听原唱。的确，我可以轻松地唱出完整的一句了，这首歌也就跟随着我，重复着这一句，而不是继续往下发展。多好听的歌啊，我边唱边想，慢慢地忘掉了它。

两个梦。8 月 12 日

一

一头狮子受了伤,我把它带回家,安排它在门口趴着。

过了一会儿,我想起门外还有一些老虎。会不会有点危险呢?这狮子正在康复,如果它太笨,受到那些老虎的刺激,会不会不懂得要报恩,反而咬我一口呢?如果被狮子咬一口那可是很糟糕。可能会咬掉我的胳膊呢。至于老虎,也许并没有什么威胁,但万一它们突然发疯呢?还有,老虎会不会和狮子打起来?

这样想着,我小心翼翼地过去看了看狮子。它趴在一进门的地方,没精打采,而且,真的是有点笨的样子。

二

我看着一个人的眼睛说话。说了很长一段话,然后我意识到,我一直看着她的眼睛。我曾经读到,在说话的时候,很多人并不愿意看着别人的眼睛。但现在我看着她的眼睛,没觉得有任何特别之处,我没有,她也没有。我的眼睛的焦距既不松弛,也没有用力,我没有特意不在她的眼睛上聚焦，也没有特意探索她，或者传达一种"我很有精神头，我在看着你"的强度。我从她的眼睛里看到的，也是同样的松弛，也可以说是随便。

我们就是这样说话的。

两个梦。8月23日

一

夜里，q睡在我旁边。靠窗的床上睡着另外的一个，或者两个人。我醒着，看见头顶天花板上有一道光，轻轻移动着，还变化着颜色。可能是外面有汽车经过而反射进来的吧。我想。我抬头看看靠近窗口的天花板，那里也有一道光，更长一点，在金黄和橙黄和淡红色之间变化着，也许也带着一点点绿。它也轻轻移动着，缩短，又伸长，再缩短，再伸长。这并不是因为外面的汽车。这是因为窗口睡着的人的呼吸。

二

我把一些唱片用蓝丁胶贴在墙上，大概三四排，从比较低的地方开始，到一米左右的高度。这样人们进来就会看得见了。我并不清楚为什么要贴上去，为什么要让人们看见，也许是为了做讲座，也许是为了卖唱片。但这些都是新唱片，贴久了会弄脏，变旧。我端详着它们：有种新鲜的形式感。我怀着期待，想象着别人看见它们的样子。但我也担心把它们弄脏。

我扭头问 q：你觉得怎么样呢？会不会弄坏了？

她不说话。我感觉到了她的沉默。

在这之前，我曾经对她讲了一盒磁带的故事：那是我和女朋友的磁带。一个小盒子。我们已经不在一起了，我们做了一盒磁带，把我们的爱情放在里面，它凝固了。从那以后我们还互相说话，还不时碰见，但爱情已经凝固在那个小盒子里了。它就在我眼前，像放在桌上，摆在地上，或者浮在半空中的样子，周围什么都没有，它单纯地存在着，小巧，静止。我知道那种感情已经停止在这个小盒子里了。同时我也在一天之中几次遇见她，我们在路上碰见，在很多人一起生活的地方碰见，在工作中碰见，我们说话，打招呼，互相看着，但我们已经结束了。这一天之中的时间，在我看着磁带的时候，松散地流动着，就像是几分钟之内的事情。我想这多少有一点悲哀。

q 一定是因为那个磁带的故事，而不回答我。我又喊了她一声。我感觉到了她的沉默。

那究竟是因为一种吃醋，还是因为感受到了这个故事里的悲哀？是和另一个人的共鸣？就像是所有没有解决、无法解决，可能也不需要解决的东西，在同一种沉默中集合在一起，那并不是她的不快乐，也不是我的，那并不是一种不快乐，而是一种简单的无法进入语言的东西，它长时间地在我周围徘徊，在我想要说话的时候，变成沉默，来阻挡我。

我叹了一口气。有一股刚刚超出我能够消解的极限的能量，一股郁闷，在这口气息中留了下来。那是必须要忍耐的，就像是实体化了的沉默一样。

我转身去找 q。她和 n 一起坐在路边，在一块广告牌子对面。我在广告牌的另一边，说，要是下雨的话，我就给你当伞。她抬起头，说，天气凉了，已经不下雨了。我说那么我就自己浇水吧。我想象着自己一边用喷壶浇水，一边变成了雨伞。自己往自己身上浇水啊，这画面真是滑稽。

就像是一场大 party，她们两个暂时从演出场地出来，坐在路边，聊着天。而我的女朋友，其他人，来看唱片的人，也都在这 party 中进进出出，不断地走过，碰见，又去到另一群人中，另一个事件中。所有的人都在里面，既不热烈，也不忙乱，好像我们都有用不完的时间。也没有人着急去看哪个乐队的演出，或者互相催促着去加入什么热闹。大家不断碰见，有的人碰见的多一点，有的少一点，有的人长时间坐在一起说话，有的人，在夜里，躺在一起睡觉。没有人着急，没有什么是必须马上要做的事，所有的时间都随意地前后掺杂起来，没有逻辑，没有方向。然而即使是这样，我也找不到语言，去消除那一阵聚合起来的沉默。

一个梦。8月27日

四艘一模一样的小飞船跟随着一艘巨大的飞船，在太空中飞着。看起来很慢，但也有可能其实非常快。

也可能不是太空，不过，我无法想象，也无法创造一个合适的背景，就只好任由它空下去了，没有更高处的蓝色，也没有低处的模糊的风景，没有坐标，当然也没有高和低、前和后。所谓的前后，也只是从我的角度来说：我看见它们在一个没有背景的情景中飞着，周围连黑暗都没有。

四艘小飞船，白色的，表面有种工业涂料的质感，也就是说并不非常白，白得不细腻。可能敲上去会发出咣咣咣的沉闷的响声。它们一艘接着一艘，变化了队形，加快了速度，向大飞船飞过去。"啪！"第一艘落在大飞船的一支伸出的触角上，也可能是腿上。我就知道了，这是打算要自爆，打不过，或者急于阻止对方，所以采取同归于尽的策略。这是最后的攻击。它像磁铁吸在上面。一时还没有爆炸，倒像是停靠在母船上了。这之前，母船并没有什么伸出的触角，或者腿。它只是一艘巨大的飞船而已，没有什么细节，可能是长形的，可能是深色的，可能有一些棱角，但也可能都不是。它只是一艘大飞船而已。而且，在小飞船开始行动之前，它也还不算是它们的敌人。我很肯定它原本还可以是别的什么，比如说运输船，或者广告船，里面可以有人，也可以没有，总之它原本什么细节都没有，因此可以有任何的细节。那么，现在它就有了这样的细节：四条长腿，拖在身后，四艘小飞船依次飞过来，"啪！"吸附在上面。

至于那四艘小飞船，我并不知道，也不关心，它们和大船之间的关系。

我抬头望着太空。飞船匀速直线飞行着。刚才的四艘小飞船，现在呈现出它们之前的样子，那也是一艘大飞船，它跟着前面那艘，也匀速直线飞行着。它将要解体，分成四艘小船，但现在还没有，还是完整的一个，只有一个意志，一个方向。

从我的角度看过去，它们都飞得过于匀速，过于直线，就像一种理论上的恒定的匀速直线运动。我想，也许我并没有能力真的看见这样的运动，它们会离我越来越近，然后越来越远，会有一种错觉让它们的轨迹变成弧线，速度也渐渐趋向于零。我惊讶于这理论上的匀速和直线，甚至它们的尺寸和角度也丝毫没有改变，我惊讶于我自己也许并没有在一个固定的地点看它们，也许我根本没有身体。

在第二艘飞船后面，我看见跟着它们，做着同样的匀速直线飞行的，是一架梯子。

一个梦。9月27日

这似乎是一家很棒的餐厅,也许是另一个梦里的餐厅。没有很多人,宽敞,简朴,有时候我站在门外的露台上,就像那些在外边喝酒、聊天的人,一边也看着里边的人在喝酒、聊天。

但我并没有端着酒杯。实际上,我是站在一个大厦的一楼,正在排队买吃的。这是一个很棒的摊位,卖熟食和面包,老板站在玻璃柜台后面,忙来忙去,看起来像是一个外国人。那么,这是一个外国的摊位,卖外国食品。

到我了。我挤过旁边几个人,正好看见柜台里有羊角面包,似乎正散发着奶油的香气。我说,我要一个 croissant。然后我注意到左边的架子上摆着很多香肠,这时候我右边挤过来一个人,我认识他,好像叫 max,也许是个德国人,他笑嘻嘻地说这个不错!对,我说,这个一定不错。我买了一些香肠,他也买了,不过要少一些。我需要两个人的分量,也许还要留一些明天吃,所以买了比较大的一袋。 max 只买了一根香肠和一小块面包。我们又挤出来,站在路边聊了两句。我们似乎什么都没有说,只是一个劲笑着,说着再见。他在附近教书,要么就是在上学。总之我们不久前才在哪里见过面。

  因为说话说得太真切,我消耗了太多的脑力,结果忘记了回去的路。

两个梦。10月23日

一

一条街道的边上，人行道上，我往墙上踢着足球，它弹回来，我再踢。我一边踢，一边对另一个人说：那么，你可以收集到很多足球啊。他说当然了，我已经有好几个了。我们说的是街上的这些足球，别人踢飞了，找不到了的，都会落到这里，然后就归这位朋友了。

我也高兴起来，斜着踢出一脚，轻轻地跑动，接住它，再踢，继续跑动。也许踢得稍微用力了一点，角度也有点太斜，我得跑得更快些。我接住球，转身，试着运球，用右脚背向外推出去，加快速度追上去，又用右脚内侧往左边勾一下，左脚跟着向前磕了一下，球皮发出清脆的"啪"的声音。店铺似乎还都没有开门，要么就是已经关门了。或者旁边根本就没有什么店铺。总之没有人打扰。我不是很擅长控球，每一脚都踢得稍微太用力了一点，我在这无人的人行道上越跑越快。还好还能追得上。也许马上就要追不上了，或者马上就要一脚踢飞了。我用右脚底搓了一下球，它向前滚动，但减慢了速度。我接着用脚外侧推，加速追上去。我在快速的跑动中，用左脚后跟和右脚脚掌把球夹住，挑起来，它落在我身前，弹起来。这是一串非常稳定、连贯的动作。

我边跑边设想着，如果这是比赛，对方的后卫会怎样上来拦截。我要不要继续向前跑，直到禁区，射门。对呀为什么不呢。我常常踢右边锋，负责传球。但今天只有我自己。我抬头看见球门在路的尽头，还很远，也许有几公里那么远，而且似乎是在一个大下坡的尽头。我模拟着几种不同的组合：一直带球过人直到门前，把球轻轻挑进去；在禁区附近把球挑起来，抽射；远距离把球吊过去……在稳定而快速的奔跑中，我模拟着比赛，那些对方的球员也真切地存在，以不同的组合，在不同的街道和沙土的球场上，四周空旷无物，他们一次次配合着我的奔跑和对抗。有时候我跑过其中的一个人，一张脸向身后退去，我在刚过中场的地方做着这样的练习，也同时沿着街道向遥远的地方跑去。

二

v拿着一本画册给我看，是一些裸体女人的照片，有的拿着按摩棒，有的分开腿，露出粉嫩的器官。她们的姿态都很安静，也可以说恬静。我们都很喜欢这些照片。我们正站在一个书店里，有点像首都剧院的戏剧书店。很多人从剧场里出来，走进书店，挤来挤去，也看见了我们正在看的这本。但书店并不卖这本。这是v自己带来的，也许是她自己出版的。我们并肩站着，指点着那些图片，赞叹着。

其他的顾客探头探脑的，有点烦人。

v翻到新的一页，是她自己，举着手，露出一边的乳房。是黑白照片，印得很好。我们讨论起这个姿势。我说你还可以再这样一点。她说你看，我的胳膊关节特别软。我就抓着她的两臂，把它们往背后拉过去。真的，特别的软，两个小臂交错起来，可以向两边推过去很多。我碰到她的裸露的胳膊，还有肩膀，都是温热的。我想我们可以捆绑。我想我们可以日。我们赞叹着，谈论着她的关节，还有这本画册的印刷。旁边的人不时伸长脖子看过来，我们像人群中的两个外人。

我们回到了剧场里面。那是一间教室。我坐在最后一排。v已经坐在那里了，我走过去，把画册还给她。时间已经回到从前。我们刚刚认识。我说，我可以坐在这里吗？她还不是她，她是另一个人，也许是j，她还不认识我，眼睛很亮，胳膊没有露出来。但同时她也拿着刚刚从我手里还回去的画册。她同时用v和j的眼睛看了我一眼。那并不是一种亲密，而是默契。

我同时做着以上的两个梦。

一个梦。10 月 30 日

我在手臂上切开一道口子。这是类似文身的一种装饰。

这是城郊的小路,高高的,有时候高过两侧的房子和苗圃。旁边有花丛和树,有篱笆、栅栏。也有别人家的红砖的后墙。我们在这路上走着,不时拐弯,上一个小坡,或者钻进一幢大宅子投下的阴影里。

我和爷爷一起走着。他不喜欢文身,或者任何的这些东西。他拒绝承认它,不肯把它写下来。那就像是在拍一个电影,他不许我们拍这样的镜头。他手里拿着一块木板:你看,只能这样。他在上面写了一句话,是关于视觉效果的,丝毫没有提到文身这件事。我凑过去看,那木板变得小了一点,厚厚的,边角都打磨过,形状也变得像扇子,或者一个挂钟。上面的字也变少了。或者说,它们变得精简了。只剩下两三个字。爷爷举着木板,手伸到一个小花园里,我看见它靠在那里,挂在那里。阳光照在木板和字上面。

我并没有很失望。我研究着鞋子。我一边和他在小路上走着,一边在房间里准备着这趟旅行:去上厕所、去换衣服、找人咨询、盘算、计划。我准备了两双鞋子,一双是舒适的运动鞋,另一双是青色的皮鞋,有一点时髦,我想了想，似乎也不是不能穿。我想象了一下穿着这双皮鞋的样子，甚至想象了走路的感觉，会不会磨脚，等等。

然而我还是在小路上走着。两边的房屋变少了，像是在经过一片农田，或者稀疏的林地。我回身看着他，这个提出反对意见的人，不是他，是她，她身材不高，正在说着剧组的事。没有关系，不要文身也没有关系，我转过身来，倒着走路，和她聊着天。我问她叫什么？"芥菜"。好听的名字。她告诉我，在她负责的道具组，人们要怎样准备服装、道具，怎样登记、归还。

她的胸很大。我边走边看着她，那鼓胀的感觉让我喜欢。我走得轻快起来，我想我已经快要爱上她了。那是对一个有着大乳房的女孩子的爱，一种单纯的、沉甸甸的爱情：我看着她的脸，并不特别，她的眉毛、眼睛都显得纤弱，缺少生机，也许眼皮还轻微地耷拉着，像是一种营养不良。这是一双蠢笨的眼睛，也许也显得自私：我念着她的名字：芥菜：她轻盈地走着，说着工作中的故事，活泼，又一本正经。我津津有味地听着这些无关的事，就好像我们已经有了一个交集，一个开始，或者说一片新的，微风吹拂的开阔地。

一个梦。11月20日

亮亮买了我的诗集。100首，印在100张名片大小的卡纸上。他要我在每一张上签名。

我坐下来，看着这些卡片，不知道什么时候已经握着一支笔了。好啊，我开始签名。尽管我还有一点没睡醒，晕乎乎的，周围的环境有点不清不楚。比如说，我不确定这些卡片是不是铺在一张桌子上，或者是直接用左手拿着？不，不可能用一只手拿着卡片，另一只手在上面写字，不稳。我是在一个还没有显现出来的桌子上，一个平面上，一个仍是空白的实体上，放下一张卡片，写上自己的名字。

我好像一点也不着急，慢吞吞地写着，端详着。我用平时习惯的写法，签上名字，并不很流畅，下一张也不流畅，也许是因为纸太软了，像是那种松软的、毡垫一样的纸，墨水一下子就洇开，笔尖也很容易就扎进纸面。下一个签名，笔尖干脆划破了纸。再下一个，墨水洇成了一大片。我觉得还行，还不错，有点像写意画。虽然谈不上什么书法，但这样子也挺好，为什么不呢。再下一张，我想起卡片原来的样子，是大约280克的卡纸，也比现在的小一点。但这也没有关系，我可以接受现在的软塌塌的纸。我把它翻过来，想看看印在另一面的诗，但并没有诗，只有一行小字，大概是出版信息。我就又把它翻过来，签名，笔尖在纸上刮擦着划过去，拖出一条长长的尾巴，在停住的地方形成了一大片墨迹，然后几乎洇满了整张纸。

这些卡片，一张一张，从某处来到我手中。都不需要伸手去拿。当我想要仔细观察一下的时候，它就离我眼睛更近一些，自动地翻过来，翻过去，或者只是倾斜一下，换个角度。我注意到它深灰中带着藏青色，还有一种毛绒绒的肌理，我看见一行小字印在背面靠下的位置，我看见墨水瞬间洇成一片。也许亮亮就在身边站着，但我并没有看见他。我可能是坐着。我应该是坐着。虽说没有椅子。我也并没有看见自己的手。

一个梦。12月2日

一片空地,边上有墙。也许是拆掉了屋顶的建筑,也许是个操场。或者,怎么说呢,也许就只是空地而已。那毕竟不能称之为操场,地面不够平整,有浮土,黑色的,至少是深色的起伏的土,看起来更像是荒野,或者休耕的田地。

但我所在的这一小片地,却像是水泥地。至少它很平整,而且看起来很硬,颜色也比较浅。

这完全是因为我们要在上面写字:他,或者她,我想应该是她。对,她。她要我告诉她,都是哪些人用剑,哪些人用长矛。我想了半天,试着罗列这些名字,但是很容易又漏掉一两个,或者又重复了。我们就蹲下来,去写下来。

不。我们并没有蹲下来。我们不需要蹲下来,我们只是接近了地面。就好像地面接近了我们一样,她跟随着我的目光,看着上面的名字。我说,某某,某某,某某,哦,还有他,阮雨,我不知道小阮也用剑啊,有趣,还有某某和某某。嗯,这个人是南方某省的朋友,我在另一个梦里计划着要去他那里小住几天,也许还要办一场音乐会。我看见了他从河边的房子里走出来,手里拿着一瓶啤酒,跟其他人打着招呼。我好像站在空地的另一端,看着我们在角落里写字,灯光在远处亮着，又在近处亮着，高高的墙挡住了视线，同时我也看到更远的地方，那不是任何具体的景物，而是视野本身的延伸，视力的延伸，很远，没有方向，没有坐标，就是说，我的视野超出了这片空地，如此而已，一片灰黑色朦胧的影子，什么都还没有，就像天正要亮的时候。

她和他们处在战争之中。她使用一种细长的工具，可以一次挡住七八柄武器，大概就是划出一个圆弧，然后将它们吸附在顶端，变得像个雨伞。大概就是那样，她向我演示了一下，我也看到了七八个人被她挡在面前的样子。确切地说，是七八个身影，跟在微微闪光的剑的后面。

我并没有觉得这战争有多么严肃。他们在快速地移动，从楼群中现身，冲上楼梯，冲下陡坡，绕过矮墙，在阴影之间移动，聚合，但多数时间并不出现在我的视线之中。那主要是一种印象。

我知道他们相互敌对，但那也只是敌对而已，没有任何原因，不需要条件，和过去毫无关联，也就是说那只是一个简单的状态，没有处在因果关系的任何位置上。那就像是一种剪影：是从时间连贯的平面中剪下来的。

我也并不属于任何一方。毕竟我只是一个局外人。或者说我是一个主人。我乐意帮助他们，包括她。我也和这名单中的人打着招呼。他们即将到来，展开战斗。

两个梦。12 月 17 日

一

在课堂上,我和一个朋友坐在角落里。老师似乎说了些什么,类似于宣布考试,或者要我们写点东西。但我们都没有打算要写任何东西,我们面前,桌子是空的。我们也只是坐在这里休息一下而已,很快要去别的地方,又或者我们在等着下一堂课。

年轻老师的脚步声,在教室里响着。他一定是在来回走动,检查着大家完成任务的情况。我想,多少还是要应付一下吧。多多少少,出于"不要太不给老师面子"的心理,我趴在手臂上,假装在睡觉,前边放上一个小本子,和一支笔。我也只有这些了。没有课本,也不知道他们讲到了哪里。

课桌很大,表面光滑,有点凉,也许是深红色,或者是棕红色,还微微反着光。我趴着,感觉着桌面的空空如也。老师的脚步声近了,我知道他已经站在旁边了,在看着我们。也许他非常失望。可是没有办法,我们并不是来听他的课的。我不想表现得太不礼貌,也就只好继续睡下去。

然后我就真的睡着了。

二

我和一个朋友,在梦里,面对一套很大的音乐播放机,也许是视频播放机,试着操作着。

我们聊着音乐。我们调整着机器的角度,让它转来转去的,就像在调节天文望远镜下面的活动底座。他说起最近喜欢的音乐,而我马上就能感觉到,我想,这首歌不错!我拉着操纵杆,选定了一首歌,还没有播放,就已经听到了它:似乎只有人声和贝司。那低音轻轻跳动着。真好,我说。我点击了播放。这是平克·弗洛伊德的一首歌,也许是某个概念专辑里的一首。第五首。是过渡的一首,并不重要,但是我喜欢。"5 casual eyes of the god." 他说出了歌名。也许是我说出了歌名。也许没有人说出来,是那歌名自己响起在我们的耳边:伴着一群小孩的笑声。我们也看见屏幕上出现了一群胖乎乎的小孩,在向着镜头笑着,走动,蹦蹦跳跳。"5 casual eyes of the god",我大声念着歌名,尽管我们并没有看见它,也并没有听见它,但它的确是在某处,让我们可以去知道,去将它读出来:也许是 causal?我有点不大确定。

也许我们并不是都听见了这个歌名,以及一起看见了屏幕。我不确定他是不是一直都在旁边,而且也一直都看见、听见同样的东西。我能感觉到他所感觉到的东西,但我并不感觉到他,也并不感觉到他在感觉着那些东西。

我听见这些小孩的歌声,是一段合唱:casual eyes of the god ... 与其说是合唱,更像是松散、错落的组合,各唱各的,其中只有几个是在配合着,也有和声,那是包裹在零星的声音中的一组有规律的声音。

2019

一个梦。1月3日

一头熊。并不是那种实实在在的熊，面对着我的，或者发出着目光的，在喘气的那种。

应该说是一头熊的概念，它正在变成一头熊。它正要被人杀死，撕开，剥皮，可能还要剁下爪子。但这并不血腥。毕竟它还不是一头熊。那些即将发生，也许正在发生在它身上的事情，也就并不真实。

但即使如此，我也的确看见了一头熊，在没有背景的情况下，就像一个字那样存在。它有着熊的轮廓，略微有一点熊的重量，没有熊身上的臭气。它也没有被杀死，因为它还没有开始活着。并没有人将它剥皮。不存在那样的动作。没有手也没有刀。那只是一种可能，一个概念，类似于素描的底稿，一些线条刚开始要呈现出一个物体。

就像是人们常常做的那样，谈论一个抽象的人，就当他或者她还没有活着。就当他或者她还只是一个它。但这头熊要比这种情况更真实一点。虽说它并不是一头真实的熊，但毕竟是一个正在从概念进入到实体的熊，它无声地存在着，没有对照和关联，就连它即将被撕开、切开的这件事，也似乎是它自身存在的一部分，而不和外界有任何的联系。

两个梦。1月4日

一

我和很多人一起去听课。这要花一两个月时间。也许是40天。真的有很多人啊,估计有80人,可能上百人。这些人本该分成两个班的,但因为课程比较重要,所以合成了一个。

房间非常大,简直是一个仓库,之前肯定不是教室。顶也很高,总得有十米高吧。周围也没有其他的建筑,只有些没有围起来的墙,几片小树林。这是为我们专门准备的临时教室。

但我并不在教室里面,我只是了解里面的情况而已。我并不需要待在里面才能了解它,对吧。我和大家站在外面,看来我们都是刚到,还有人陆续加入。所有的人都站在外面,在其他建筑的红砖墙边上聊天、抽烟。也就是说,之前我说错了,周围其实是有一些别的建筑的。

时间到了,应该进去了,我东张西望,看着我认识的人。有老c,他来了又走了。还有几个朋友,现在不知去哪儿了。有一些年纪比较大的人,见过世面的那种,也都走了。我挤在人群里，进了教室，想着老师就要出现在讲台上了。但是没有，一直都没有老师。我们就坐在那里，有的人在看书，更多的仍然在聊天。也有几个人自己发着呆。也许我也应该走掉吧。

我有一点想要喝酒，但是没有酒。酒不在这个语境中。

刚才外面的热闹劲已经完全消退了，教室里越来越安静，也越来越无聊。我渴望着再热闹起来，喝一杯，和人大声地说话，聚会，也许干点什么疯狂的事情。但似乎时机已经错过了。或者说，根本就不是那么回事。这只是一个普普通通的课堂，我没什么要学的。我来了，我也可以走掉。我待在这里是因为不知道还能去哪儿。我什么都不知道。一种越来越强的无聊，在这教室里升起。那正是为我而升起的。我等待着自己的焦虑。然而我也并没有焦虑起来。我只是坐在那里，既不想离开，也不想留下来，更不知道自己要做什么。

二

在教室里坐着的时候，我也偶尔出现在另一个空间里：外面。但不是教室外面。是更远的地方。也许是野外。我在一群人中，正在往什么地方走着。也许是一次训练，也许是险情：洪水就要到来了。洪水隐藏在空气中，随时就会爆发。洪水在某个机关下面，在某种假象下面，随时都会暴露出来。但那到底是真实的洪水，还是一种关于洪水的描述，或者一些模拟洪水的小小的水流？不知道。

我们站在街角，向前方张望着。前方看起来也像是上方：那既是向前走去的路，也是向上方攀爬的路。这就和墙上的地图，或者电脑游戏，向上和向前没太大区别。

我想起另一个梦：我在野外越来越单调、越来越纯粹的空间里攀爬，快要到达上千米高的寒冷荒凉的山顶。我停了一下，看看周围的细节，又继续和大家一起攀爬。越来越多的细节就跟着显露出来：冰雪、峭壁，被冷风冻住的土，我们已经进入岩缝，越往上越封闭，那是足有上百米高的狭窄通道，垂直向上。我们一路往上，又时常变成垂直向下，我们可能要钻到地球深处。也不一定是地球……

是啊，我准备着自己，我准备好了，正要进入一场冒险。不会比梦里那次更容易。现在看起来还好，街道的样子还算规整，一切正常。但它们也会变的，迟早会变，这恐怕又是一次没有尽头的冒险。搞不好会困入绝境，或者会迷路……

我左右看了看同伴，率先往前走了几步。路上有一块一块的长方形大石板，我踩着它们，跨过去。这条街并不很长，我停在中间，回头看看其他人，他们也在看我，也打算要走过来。我再转头看看前边：前边是丁字路口，有一条横着的街，有些房子，也有些居民在走动。这横着的街，并不和我脚下的路面水平，它在高处，确切地说，它垂直于我现在的位置。洪水正从那里涌下来，那几乎是个瀑布。我低头看看脚下的石板，有一块已经被水冲歪了。水正从石板下面漫上来，混浊的黄色泥水，像夏天的黄河那样，在街道上流淌。

我停下来，往旁边看过去。那是一片空地，有些居民从房子后面绕出来，站在那里，看着我。有更多的人往空地走过去，不紧不慢的。他们是在看热闹。有事在发生。我就是正在发生的那件事。当然还有洪水，但主要是我。这反而让我有点放心了。我也不紧不慢地，站好了，等着身后的人跟上来。

一个梦。1月11日

　　我略微低下头，向它看去。确切地说我向梦的形式看去：它单薄，轻盈，同时也简朴，甚至称得上贫穷。

　　它大致具备一定的视觉性质。它的位置，就在我左前方不远的地方，靠近地面。它的大小，差不多有一米见方，也许更接近一只麻袋的大小。除此以外，我看不见任何细节，我看过去，就直接看见它的单纯的形式。它取消了材料和结构。对，刚才我正在想这件事：也许应该忽略掉音乐的材料和结构，直接去看它的形式：把全部的能量聚集在形式上，看看它究竟是怎么回事。

　　对，我看见它的形式。它单薄，轻盈，也朴素。它呈现出一句话。然后是另一句。两句话，都不算很短，也许各有十个字左右。两行。略微斜着，叠加在梦的形式之上。我看不见它们。我也没有听见它们。我知道它们存在，如此而已。我等着，慢慢地，它们开始向我表达它们自己，它们变得可以理解：它们想告诉我，这个梦是可以穿透的，也是可以描述的，它的内部是一个货真价实的梦：

　　我坐在空地上，那是一个高处，也是一个边界。我来到这里，睡着了，醒来了。

我在一个房间里醒来，周围是黑的，就像是深夜。但并不是深夜，我在一片空地上，遇见了老朋友们。应该说我回到了兰州，和老朋友们在一起。我可能用兰州方言说了一句话。也可能没有说。还有一种可能：我说了一句话，同时用兰州话在大脑里重复着它。我知道他们很快就会消失，我和他们讨论这个梦，但他们对这件事完全没有兴趣。

我坐在空地上，那是一片高处，是一个城市的边界。确切地说是生活的世界的边界。

再往外，就是荒山和虚无的混合体了。我拿出来几本武侠小说，对前边的人说要还书。另外的几个人从她身后走过来，是几个小女孩，她们兴高采烈地把这些书抢过去，七嘴八舌，讨论着这本书的续集、那本书的下半部，等等。我看见一套彩色连环画，是一个特别版本的西游记番外篇，是以特定的角度，以某种限定的规则来写的。我想起还有一本书的下集没有读过，就东翻西找起来，但没有，而且她们已经离开，那些书也跟着消失了。

我在一片空地上想着那本没有看完的书。

我回到更高的地方，也许是一个垂直的通道，我必须要上去，离开这里了。

一个梦。1月14日

她在收拾桌子。她拿起一张什么东西,擦干净,和另外几张摞在一起。那是 A5 大小的一张扁平的东西,一大半是透明的,整整齐齐,就像塑料制成的垫子,或者印刷厂用的胶片。不透明的地方呈深红色,但并不均匀。我看了一会儿才意识到那是一片食物。也许是肉脯。或者果丹皮。那透明的部分也是长方形,从一侧的边缘开始,占据了整体的大部分面积,边上留出一两厘米的不透明的边。我明白过来,这就和我刚才吃的东西一样。原来它还有别的功能。原来它是用来做显示屏的。这是新的平板电脑。

我回到刚才的时间。我已经吃完了饭。我在收拾桌子。同时我也在收拾床。

我在床上也就是桌子上看到一粒瓜子仁,是刚才从食物中掉下来的。我把它拈起来,攥在手里,打算等找到垃圾箱再扔掉。我可能有一两片扁平的东西,虽说并不在手边,但我现在已经收拾完了,可以仔细看看它了。它不大,差不多就是普通的长条巧克力那么大小。它真的很普通,之前被我轻易地忽略了,连味道都不记得。我并不知道它还可以变得平整、透明,并且居然能够显示信息。

  我也并不知道我将要知道这些。

两个梦。1月15日

一

一个人,名叫郑灯。郑和的郑。不过他还没有真的存在。他的名字,和他的大致的体量、位置一起先出现了。我琢磨着他的名字:郑灯,郑和的郑,我对自己说。我也先于他而存在。我几乎就要看见他了,为了看见他,我已经有了一个方向,我有了角度。我是他的坐标。

二

一个人,也就是一个名叫郑灯的人,手捧着一个很大的玻璃灯罩,就是仓库顶上用的那种,箍着金属格子的,方形圆角的半透明灯罩,防水的。也许里面也有灯泡。他站在我对面。也许是在一个漆得很干净的白房间里。

我想要这个灯,那本来就是我的。但他不给我。我并没有向他要这个灯,我只是看着他站在那里,像拍照摆出来的姿势。他也并没有说话,连一个细小的动作都没有。没有任何的交流。

但是我知道我想要回这个灯,而他不给。

一个梦。1月19日

在很久以前的一个梦里,我常常需要扒火车。也许是为了回家。我要跳上开动的火车,再在合适的地方跳下去。一般来说,是在火车站附近的什么地方,靠近山,靠近高高的墙,有一个平台,或者一块平整的空地。会有一条小道,可以穿过停车场、修理场、仓库,或者农田,让我大摇大摆走进市区。

现在又要扒火车了。我获得了铁路局颁发的某种荣誉,要去某个地方领取。我还是要和以前一样,背着沉甸甸的包,跳上开动着的火车。这是我知道的惟一的办法。现在我觉得有点难了,好久没有扒火车,生疏了啊。

一个梦。1月25日

我在一家高大空阔的咖啡遇见欧先生。他长相变了,但还是原来的那个人。就好像长相本身并不重要,外表、脸的形状、身高,这些都不是一个人真实的特征,它们丝毫不能改变一个人的实质,另一个人也可以毫无障碍地穿透这些表象,看见他/她的精神上的模样。

他眨了一下眼,立刻从双眼皮变成了单眼皮,眼睛变得细长,神采奕奕。我看着他,想,多好,还是那个单纯的欧先生,带着一点羞涩,令人快乐的人。

我决定把这些都写下来。

我和q还在忙着整理房间。我们在院子里,在靠近大门的地方翻出来一些旧东西,空盒子、旧衣服、找不到cd的cd盒、可能已经坏掉的录音机……我注视着欧先生,想,我要把这些都写下来,包括我正在整理房间和正在和o碰面这样的事情。

我找到一些卡片,在空白的地方写着这些事情:我在一间咖啡遇见欧先生。他长相似乎有点变了,但还是原来的他,我一眼就认出了他。长相并不重要,人的外表、脸型、身高,这些都不是一个人真实的特征,它们随时都可能会变化，这丝毫不会改变一个人的本质，另一个人也可以轻易穿过这些表象，去看见他精神上的模样。也就是说，现在，在不一样的脸下面的本来的那个欧先生就是惟一的欧先生，我没有可能认不出他。

我在卡片上写，卡片不够了就往墙上写，一边写我一边想，等一下没有办法把这些卡片带到梦的外边去，那么我应该再用手机拍照。我用手机把已经写好的文字拍下来，有点担心拍得不够清楚，然后我还是继续写：我和 q，可能还有别的人，在整理房间。有人在院子靠近大门的地方说，这里还有一些旧东西。我们就过去看。那是一些空盒子、旧衣服、cd 封套、明显已经坏掉的录音机，等等。我把它们捡起来，越是去回顾这个捡起来的动作，包括把它写下来，就有越多的旧东西出现在手中。

我们在水泥地的缝隙里看到一些蚂蚁。我沿着缝隙找下去，翻到一个台子的下面，又钻出来，爬到高处。我来到野外，跳下高大的水泥台子。我对 q 说，这里有很多蚂蚁，我们可以用杀虫剂搞定它们。我停下来，在旁边的墙上写着这件事：我看见蚂蚁，从水泥缝里钻出来，跑得到处都是……我一直在写。我一边写一边看着欧先生，他看起来很精神，像是才 20 来岁。这间咖啡很大，没有多少人，q 在我身后的某处空地上整理东西，我蹲在门口的水泥地上研究着蚂蚁，它们个头很大。我想着要告诉 q 来见见欧先生。我告诉她，这些蚂蚁应该是从水泥下面的土里钻出来的，我可以用杀虫剂搞定它们。

我想着要把这些都记录下来，包括所有的细节。我拿着笔，写在墙上、卡片上，所有能找到的空白的地方。那些字慢慢排成行，成片，我边写边默念着这些字。

另一些蚂蚁出现了。个头更大，有原来那些蚂蚁的两倍。也是黑色的，它们也在水泥缝隙附近活动，在原来那些蚂蚁中间钻来钻去，或者干脆就从它们身上爬过去。我想象着要沿着这些缝隙喷杀虫剂，在像是洞穴的地方多喷一些。我想象水泥下面应该有一些空腔，蚂蚁就在那里筑了窝。我从高处往下看去，q 在院子里整理东西。我想，过一会儿这些卡片和墙都会消失，离开梦境之后，就不会再记得这些事了，但也许写字的过程会帮我记住这些字。

我停止写字，去看那些蚂蚁。全都不见了。有人说，是不是那些大蚂蚁把小蚂蚁都给吃掉了？怎么可能。没有听说过蚂蚁吃蚂蚁啊。一只都不见了。我到处看了看，很干净，真的一只蚂蚁都没有，一点痕迹都没有留下。

欧先生还在那间咖啡里站着。他眨了一下眼睛。他的眼睛变得细长。q 在我身后忙着，还没有看见他。

我继续写字，去记录正在发生的事情。我已经写了很多，虽说边写边默念可以让我记得清楚些，但实在写得太多了，以至于写了新的，就慢慢忘掉了旧的。不过，这个不断写下去的动作让我觉得充实,我就继续写下去,不时给这些字拍张照片,为了把这些记录带出梦境。同时,我也惊讶于那些蚂蚁的消失:真的很彻底,真干净。

一个梦。4月24日

　　我在给自己掏耳朵。耳洞挺大，我趴在边上，或者至少是靠在它边上，往里面看了看。还挺清楚的，就像是大白天透过窗户向一个小房间看进去。当然它并没有那么大，也许只有不到一米宽，也许半米，或者更小。我举起左手，凭着感觉，把一个小掏耳勺伸进左边的耳朵里，同时，我看见一个掏耳勺伸进了眼前的大耳洞。也就是说，我站在自己的左耳朵边上，要么我是微缩的，要么这耳洞是巨型的：总之我看见掏耳勺伸了进去。

　　不错，接近尽头的地方，有一片耳屎。并没有粘在耳道内壁，我把它清除出去。我想，要是甩甩头，它会甩到哪里去呢。潜意识里，我并不希望它被甩得不知去向，最好还是用掏耳勺把它拨拉出来，我还是挺享受掏耳朵这件事的，对吧。

　　边上还有一点，可能是粘着的，要把它拨下来。我想，万一用力太猛，就会铲掉下面的一小片皮，要是位置不对呢，又会留下一些残渣。可是现在看得这么清楚，这些就都可以避免了。

一个梦。4月21日

我好像不会飞了。这还挺让人沮丧的。我在半空中,随时要掉下来,确切地说,随时会缓慢地降落下来。

天色黑漆漆的,也许是夜里,但也许只是因为被乌云遮着,或者附近有高大的建筑和树林。我在一道大门外面,像是西安或者南京的城门外面,就在半空中,突然发现自己不会飞了。我开始有点紧张了。对面的人,可能是我的老师,或者师父,一个父亲式的人物,让我安静下来。他说不要紧,你就慢慢来。这样,用两条腿一起蹬。

我就两条腿一起弯下去,再一起蹬起来,身体沉下去,又再升起来。这有点像蛙泳,至少像是踩水练习。我在空气中蹬着,先是下降到了接近地面的高度,又慢慢升起来。我身体微微倾斜,一边蹬着,一边飞向别处,还转着圈。有时候飞得非常高,连我自己都有点害怕了。有时候又慢慢沉下去。

这件事,光靠用力蹬是没有用的。得放松。最重要的是要相信自己可以飞。不,应该说,不是相信,而是要干脆忘了这件事。只管飞就好了。我飞到比之前高很多的地方,左右无人,也没有座标,看不出方向,甚至不知道自己速度是快是慢。很快,我又紧张了,再一次降了下来,能看见周围的房屋,还有脚下的街道,已经到房顶那么高了。虽说是在阴影中,街上也没有什么人,但都很真切,要是继续看下去,还可以看见更多的细节。但我得飞上去。我弯起腿,蹬,弯腿,蹬,身体又升起来,渐渐看不见那些房屋、街道和树了。周围又什么都没有了。也许有风。我不确定。

一个梦。4 月 30 日

老 c 在二楼的长廊里和几个朋友聊天,边聊天边画画。但我看不见另外几个人,他们和我不在同一个空间里。

有那么一两个瞬间,我大概看见了铺在桌子上的宣纸,白色的,不大反光,松软的一大张,下面应该铺着毡垫。可以肯定的是,长廊里并没有这些东西,也没有桌子。

我从一个房间里走出来,老 c 在长廊里读一本诗集。我对他说,我们来写一些东西吧。我们没有再说话,但都对将要写下来的东西感到满意。

这时候小 c 也出现了。是因为我们的生日。是因为我和老 c 的生日很接近,这就产生了一种引力,让另一个生日也在这几天的人,也就是小 c,加入了我们。我们三个的生日都在那几天,最多相差 10 天。

她也同意我们要做的事情。她甚至要比我们还要高兴。根本来说,她就是一个很喜欢兴奋起来的人,哪怕其实并不兴奋。她像一扇打开了的窗户,外面并不是太阳,而是灯。长廊因此显得更空,更长,我们三个可以为所欲为。

我说:诗歌是日常实践,而不是……

对,他们接上话茬儿说:而不是……

那个"不是"很有效,它有一种否定的力量,因此它取消了后面跟着的词语,也取消了后面的意思。后半句话没有了。那样东西从我们的思想中消失了。

两个梦。5月1日

一

我和几个老朋友,还有几个年轻的乐手,往平房走去。穿过院子的时候,我看见墙上贴着绿色胶带。就像是我常用的绿色布基胶,也叫大力胶。大概10厘米那么长,横着贴在墙上,下面是同样大小的一个框,像个照相机的取景框,可能也是绿色的。

我掏出手机去拍照,镜头往上偏一点,就出去了,拍不全,往下偏一点就模糊了。我又看看这胶带,它其实比第一印象要大很多。我对其他人说,看,它有A4纸那么大。也许我并没有说出口,但他们领会了这个意思,点头同意。我也在想,哦,真是大尺寸的胶带呀,要一张一张地用吧。这时候墙也变大、变高了,我抬头,看见斜着搭过去的电线、变成灰白色的墙皮、水粉画一样的天空,还有一些贴纸,包括一些海报、告示。

我又调整了几下手机,在镜头里,它变小了,又恢复到正常的胶带那么大,正好装进了取景框。

二

在白天来到这个红砖小院之前,我错过了一场摇滚乐演出。是晚上。

是在兰州。我照例没有去看,但仔细打听了演出的细节。有几个老朋友,还有几个后来认识的乐手。在另一个梦里,他们重组了残响乐队,但和以前一样,总是不演出,总是在演出前决定解散。不过,在这个梦里,这几个年轻的乐手一直在办演出,把我那些老朋友推到舞台上去。

演出已经结束了。有人告诉我一些细节。这样,我就重新想起那个场地。我曾经路过。我置身于其中,那是一个剧场,观众席呈斜坡状延伸,就在一个购物中心的天井,走出来的话,旁边是立交桥和公路。

我置身于音乐会中,它就是我错过的那一场,但也是新的一场。我看见一大群观众跑了下来,冲向出口,全都是女孩。一个人对我说,她们要在两首歌之间赶去上课。我听见一个人对另一个人说,杨杨今天也来了。我四处看了看,没有看见他,但还是觉得高兴。

在另一个梦里,我和吴吞讨论着他们的新专辑。全都是以前的歌,是不断排练、不断修改,但从未发表过的作品。祖咒在大声笑着,说他要唱这些歌了。我拉着舌头乐队的其他成员,从他们住的平房里出来,走过悬崖,在路边看见又一个梦：北京的几个朋友，在二十多个演出场地同时安排演出，我挨个进去看看，又离开。

我们离开这个梦，来到兰州，来到这个购物中心。我们来到了另一个时间，剧场里有另一种情绪，也笼罩着另一种光线，小河正在排练舌头乐队的歌，剧场缩小了，变成一个民谣酒吧，一群民谣迷抱着吉他，围着火，摇头晃脑地敲着手鼓。我有点失望，同时，也似乎听见一些快速、整齐的失真吉他，还有几声反馈，就像是之前的剧场留下来的。那不是来自现实，而是来自经验，它们理所当然应该出现在现实中，但它们没有。

我在这个梦里感受着另一个梦的情绪，里面有种要命的激烈，因为我知道，舌头乐队不会再演出了，现在，我也知道，残响乐队也不会再重组了。我们继续走下去，小河和祖咒都留在他们自己的世界里。舌头乐队消失了。人群像黑夜一样，流动着，有时候模糊，有时候清楚，有时候空出一大片，有时候从中走出一两个人来，从我身边走过，去买酒，或者往舞台前挤过去：舞台上灯火辉煌，但没有人在演出。

我离开这个梦，也离开夜晚，我和几个老朋友，还有几个年轻的乐手，一起走进一个白天的院子。

一个梦。5月4日

我进了电梯,果然,像别人说的那样,里面显得非常大。但并不是真的非常大,只是看起来很大而已。因为它几乎是透明的,可以看见远处的风景:峡谷、树林,也许还有因为采石或者采砂而挖开的山坡。另外,里面有一面大镜子,占了一整面墙,这样,视觉上就显得比实际上大多了。当然,它也的确很大。里面甚至有张床。

我站在床上,发现其实是张大桌子,它比一张床可是要高多了:电梯慢慢地向上升着,我的头已经快要碰到顶楼了,而地板还在一两层下面的地方。

还能看见一些藤蔓攀在电梯壁上,不知道是在电梯里面,还是在外面,毕竟墙是透明的。头顶也是透明的。我能看见楼上的人。他们已经到了。

但我还没有完全地、真正地走进电梯。我只是试了一下。或者说我模拟了一下。要不就这么说吧:我进了电梯,也跟着它上升了,但我没有到达任何地方,因为我并没有进电梯:我还在附近晃悠,在地下室走廊里,在人群中。我并不着急,就好像上到顶楼参加聚会是一个必然的结果,但我还想多逛逛,在必然之外发现些什么,或者再遇到些什么。

我遇到的人，可能都是黑社会。两三个人推推搡搡地，拿着刀，也许还有枪，从房间里跑出去，又一起走回来。一个穿着西装的高个子男人，大大咧咧地走过来，纽扣没有扣起来，也没有打领带，也许是浅绿色的西装，要么是天蓝色的。他看起来就像一个去办公室上班的打手。几个矮个子男人看着我，嘀咕着，又扭过头去，随着人流往前走。他们应该也是去顶楼的。

但我还遇到另外一些人：几个时髦的男人，常常混派对的那种，也许是同志，也许是时尚杂志的编辑，脚步轻快，边说话边用眼神扫着所有的人，他们站在那里等电梯。还有很多女人，包括我的女同学，三三两两，说说笑笑。她们跟着我爬上一道断开的阶梯，最上面有个生了锈的扶手，脚下是被人踩出来的小土坑。简直就像是春游，爬山，我想。其中有一个，建议我走捷径穿过一栋楼，我就停下来想了想。

应该说我从这个梦里停了下来，我想起在另一个梦里，这是一栋非常邪恶的小楼：它埋在地下，我曾经不得不从坑道里钻出来，在一个小房间里徘徊很久，又在其他的房间里、楼道里穿行，有的房间里全是鬼，有的房间看起来像是监狱，但实际上是肮脏的厕所，有的房间里放着我的东西，但没有办法拿走，因为一进去就会遇到这个人那个人，他们带着我去这里那里，绕弯子，生出其他的事，没完没了的事，到头来我再也回不到这个房间……不行，我远远地看了一眼那小楼,又从近处看了看:其中的一层几乎是空的,没有墙,只有几根柱子,他们要穿过去……我说不行,我才不要这么走。

我抬头看看,电梯下来了,门打开了,我就走进去。里面塞着一张巨大的桌子,我爬上去站着,头顶上是玻璃,能看见天空。

一个梦。5月9日

两个人来我家,问一些关于房子的事。

是一对年轻的夫妻。不过也有可能是一对同事,关系比较亲近的那种。他们站在客厅,周围是书架、家具、灯、画、电器、窗帘,这些东西都蒙在一层暖光之中,使他们显得矮小。也许太小了,简直和房间不成比例。

他们站在地板上,在这些东西围出的空地上,保持着那个比例,几乎静止了,持续了一瞬,或者很久。我想,一瞬和很久都是一样的,只要是静止的,就无所谓多久,和那个不停运动的世界不同,他们从中区别出来,独立出来,不需要用时间来衡量,因为那种静止的状态,两秒钟和一年都是一样的,那并不是说一年也可以无限地延长下去,而是说,一年,一万年,都不能用来衡量它:它不是用时间来衡量的对象,它是和这种尺度无关的东西。从惯常的角度,可以说那种状态持续了几分钟,其实这只能说明我们,也就是在运动着的世界里的人,为了描述现象,而找到了一个勉强的座标。然而对那个静止的世界来说,它自己并不需要坐标。

在这个运动着的世界里,那两个人问我房间的结构,我就很高兴地告诉他们:这里的墙打掉了,这里的房间本来要大一点，但我们把墙往后挪了一点……不，有些话还没有说出来，是正要说出来，是在刚刚成型的过程中，就要从口中出来变成事实的东西，可能已经有了自己的声音、字，也串联起来，但还没有变成事实。它是我脑子里的事实，阴影中的黑影。

我想，啊今天的梦这么真实，我梦见了自己的家，所有的东西，布局，都和现实一样。我继续和他们说着话。我知道他们在我的梦里，但我也知道他们是真实的。我知道梦是不真实的，但我梦中的他们，却是真实的。

他们，和这房间里的一切，和这个梦本身，都是真实的。我很高兴可以梦到真实，我也很高兴自己没有任何不真实的感觉，我高兴地向这两个人介绍着：这里本来是一堵墙，我们把它打掉了……

两个梦。5 月 11 日

一

一个新闻让所有的人都激动起来：土豆！宇航员在太空中吃土豆。也许是炸薯条。我们这些爱吃土豆的人，真是高兴死了。到处，人们在黑暗中，在阴影中，在漂浮着的混沌和片断的时间里，在虚无和虚无的间隙，在图像一般的现实里，在想象的和视觉的现实里，在我的语言刚好能够塑造出的世界，和它的边界之外……人们兴高采烈地吃着炸薯条。

二

大家坐在一张很大的席子上。对面有一对女同性恋，一开始我并没有看出来。她们在和大家说话，说着说着，就决定隐身。我旁边的女孩，也许是 g，指着那边，说，哈哈你看。我先是听见了她们粗重的呼吸，然后顺着指点，看见无形的身体下面，席子皱了起来，持续地动着。我想像她们脱光衣服的过程。有趣，就在所有人中间，在大家能够听见、感觉到的地方，隐身做爱，但也不和我们彻底隔绝，还暴露出一些痕迹，让我们感觉得到，却无法介入。真是妙极了。很快，她们又穿好衣服，从隐身中回来，笑嘻嘻地和大家聊天。我还记得其中一个，她的上衣是蓝色的。

一个梦。5月14日

二楼伸出来半截平台，沿着它走过去，有一个小小的拐角。他们靠在边上，让我过去。我就上了两级台阶，踩着木地板，往拐角走去。

实际上，这平台并不宽敞，某种程度上我是挤过去的，有时候连高度也不够，头都快要碰到天花板了。我的左手边本来是围栏，但上去之后就没有了，等于我是半截身子悬在外边的。尽管如此，也并不危险，我只是觉得空间太局促了。

拐角放着一张桌子。木头桌子。其中一个人，一个朋友，说你按上去试试。我当然会按上去，因为必须按着桌子，撑住身体，才能从侧面挤过去。那桌子上有两只小音箱。我仔细看了看，整个桌子，包括它上面立起来的木板，包括这对音箱，似乎是一整套机器。也许是乐器。我听见音乐声，那么这是一个录音机，一套音响。"按一下按一下！"他还在说。我本来就双手按着，他是什么意思？我发现那音乐的音量忽大忽小，起伏得厉害，连调子都变了：

午夜里的收音机，轻轻传来一首歌，明天你是否依然爱我……

哦，我有点明白了。抬起手，音量就变小，甚至没有任何声音，按下去，音量就变大，调子也变得正常。有点像印度手风琴，也许是一个简单的播放设备，装了压力感应器，通过电阻来控制音量和音高。我试着用力按压，抬手，按，抬。按得太重，又总是抬得太快，音乐声起伏着，很不连贯。但我听出来这是那首老歌，我有种想要跟着唱的欲望。应该说，是想要亲自唱出来的欲望。音乐声变得很大。我心说我要去唱卡拉 ok！

那音乐一顿一顿地，从小音箱里传出来。现在，房间暗了，不知道它从哪里传出来，不像是来自小音箱，低音多了一点，有点像是真人的声音，它就在我身边，像是包围着我，也许就是我自己的声音。

一个梦。5月28日

我们在明亮的太空舱里闲聊。

是那种上下两层的船舱，明亮，宽敞。与其说是太空舱，不如说是一个大别墅，至少是两层楼的洋房。我们走来走去，上楼，下楼，跟这个说几句话，跟那个待一会儿，有时候也打个盹，睡一觉。就像是参加一个特别安静特别悠闲的聚会。

飞船并不是要去往任何地方，不过，也没有停留在任何地方。我根本没有意识到我们在哪里；不过，我们在太空舱里，这已经足够清楚了：这个世界实实在在。

有一个人，在大家睡午觉的时候，走下舷梯，在船尾的一个小操作台上加工着什么东西。我也在上面那层睡觉，边睡觉边和几个人聊天。我看见他走下去，走到船尾：他在加工一个人。是一个小孩。就像《西部世界》里那样，类似于用3D打印技术，做出来一个七八岁大的小孩。

我发现自己在地面上，至少我的视线、我的镜头是在地面上。一片荒凉的岩石山，因为风化而崩裂的山岩、布满碎石的地面……我和另外三个人在找什么，或者说，在搜索……不远处，我看见那个人凭空推出一张小床，上面躺着那个小孩。我觉得那个人就是我，是我造出来这个小孩，一个人造的生命，就像人工智能机器人，而且是碳基生命。现在，我就在不远处，在我的视线中，托着这张小床。另外三个人也走过去，加入他或者说加入我。另三个人穿得比较臃肿，还背着什么沉甸甸的装备，只有那个人，也就是我，穿着比较薄、比较简单的太空服，也许是橙黄色的。他们全都慢慢升起来，就像是在失重的太空舱里，或者在月球表面。那小床也升起来，托着那个小孩：他既不是睡着了，也不是没有生命，他就是躺在那里。

他们掏出枪。那个我，一边漂浮着，一边瞄准着那个小孩。

我觉得这样很不好，难道制造出一个活生生的人，就是为了向他开枪吗？我看着他们。我生气了，那小床也就飘得更高了，四个人努力地、缓慢地追上去，瞄准，但总也瞄不准。

我意识到此刻正在太空舱里发生的事情：我们在吃零食、聊天，我和几个人说着话，一边伸出手，帮他们洗掉刚刚用过的杯子和盘子。我用手指抹掉一个杯子里残留的食物，淡黄色，像是果冻，杯子的内壁为它留出了一个小小的椭圆形的坑。

我意识到所有的事情都在重新发生，但并不是原样重现。它们在改变，我也在改变。我不确定是不是按照时间顺序，一遍一遍重来，也许是因为我不能同时经历所有的版本，才只好一遍接着另一遍来经历它们。我知道所有的事情都可以有别的版本。它们正在重新发生，我身在其中。

我意识到，至少，在太空舱里，我正在经历若干个版本的同一段时间，它并不是按照时间顺序一遍又一遍重演，它并不因此花费两份、三份、四份的时间，而是说，它还是那么长，我也并没有经历两倍、三倍、四倍的时间，我只是体验到了同一个时间的不同版本。而且，我并不是同时体验到它们的。也许应该这样说：我同时体验到了，但它们并没有混在一起：它们清晰可辨，实实在在，每一份都独一无二，有着自己的单向的时间线。

那么，我大概是以若干个我同时存在的方式，体验到了一件事情的若干个版本吧。

我认出了一两个人，是我的老朋友。我也认出了另外的一两个人，是刚认识的人，但在别的版本中，也许我们已经认识很久。还有一两个人，我们即将认识，可能即将变成认识很久的老朋友，也可能我们即将分开，再也见不到了。我们随便地聊着天，互相瞥一眼，笑着，有时候我们相互渴望，可能我们已经上过了床，比如说那个女人，我们之间相当陌生，就像是曾经非常熟悉，又经历了很久很久的遗忘，我看了她好一会儿，她也看着我，她拉着我向下层走去，我来到下层，和几个人站在一起，谈论着刚才发生的事情，我们曾经一起经历了那些事情,比如说一起穿过船舱,一起睡了很长时间觉……我们像是第一次见面一样,互相打量着,彼此有一点好感……

我在荒凉的岩石山下,看见几个人在半空中缓慢地飘浮着,其中一个人可能就是我。我意识到一切都可以改变。

一个梦。5 月 30 日

我慢慢走着。前方有一个人,差不多五十多岁吧,也正好走过来,或者转过身来。我不确定他到底是走过来,还是转过身来,总之我看见了他。我们目光相对。也许是我主动多看了他一眼,也许我们同时多看了对方一眼,而且持续了下去。我们互相看着,时间有点长,已经到了需要互相笑一下的地步,甚至要开始说话,那种。但我没有想要笑一下或者打招呼的心情,我只是不想先把视线移开。那多少有点尴尬,或者说有点傻,好像我不好意思似的:这就是人和人之间这种根本上令人失望的默契,这种互相张望又互相防备,或者说互相厌倦的关系。总之我继续看着他,他也一样看着我,像是有另外一种尴尬,现在像磁铁一样,轻轻把我们的目光吸到了一起。啪!可能还发出了这么一声。我知道自己眼中无神,这是因为我故意不去聚焦,不去像看着一个真正的人那样看下去,在这样的时刻,或者说在大多数时候,一个真正的人都是个麻烦。最好大家都别太当真,不是吗?我从他无神的眼睛里看见了自己。我准备着,要随时撤回目光。他也一样。但是我们都还看着对方。那个时刻并没有从天而降,而我们自己又缺少创造出这个时刻的勇气,或者说灵感。太漫长了,我在这里陷入了一种类似于永久的状态,就是说,什么都没有再发生,当然也并没有凝固,我的存在就陷入这种世界上最轻微最短暂的尴尬中,一直持续下去,没有结束,慢慢地我自己都消失在虚无中,那种包围着我和这个场景的温暖甜蜜的感觉,在重力中沉浮的感觉,也渐渐随着我的消失而消失。我猜,在我消失之后,这个尴尬的对视,因为不再有人感觉到它,关照它,打破它,也就只好永远存在下去了。

两个梦。6月2日

一

rain 在电话里向我解释她的一首诗。她停下来略微想了一小会儿,突然,我感觉到这情景是多么熟悉,而且,她也并不是在解释一首诗,而是在谈论她自己这个人,事实上,她也并没有谈论自己,她只是在谈论我面前的广场和教堂,我抬头看着教堂,重新经历了一遍关于她对它的体验,我像翻书,或者读一首诗那样,熟悉着它,其实它就是她,是她的身体,也是她的声音,是一回事,是电话里的那个声音,也是没有在打电话的,我又一次认识了她。

二

一路上,旅行箱在汽车的后备箱里磕磕碰碰,我想它一定是没有放好,也没有完全倒下,而是东倒西歪地随着汽车拐弯、加速、刹车,倒向不同的方向,再撞回来。

到了地方,我下车,走到后面,旅行箱已经在地上了,后车门是开着的。它自己打开了门,自己掉了下来,然后侧立在地上。

一个梦。6月10日

peter cusack给我倒了一杯啤酒,问我怎么样?我喝了一口。它是淡绿色的。我看了看还放在桌子上的啤酒杯,对,它的确是淡绿色的。我还没有喝,就已经知道了"我端起了啤酒,眼望着马路和桌子,轻轻喝了那么一口"这件事。我还没有喝,但已经尝到了它的淡绿色的味道:有点像啤酒。

一个梦。6月29日

电视机后面有个书架,我看着高处的书,离得很近。

那么我可能是站在放电视机的台子上。但似乎也不是,我只是在高处,既不是站着,也不是漂浮着。那个"我"以一种目光测量着空间,但并没有成为座标,记忆才是座标,记忆让它知道自己身在何处。那种不需要身体而获得的自由,让它变得冷静,也缓慢,就好像可以随时从这空间里抽身而去:从任何的空间里,包括它自己的目光在尚未反射回来之前所构成的半成品的空间。

我审视着眼前的书。有几本书不在原来的地方了。空出来一块,大概15厘米那么宽,里面有点暗。我静静看着这块空缺,那里本来是三卷本的《资本论》。

一个梦。7月2日

有一个人,名叫丁小兰。我想到这个名字的时候,眼前的景象也染上了一层微弱的蓝光。

但我并没有专注地看。我在胡思乱想。我在想,如果现在出现一群猛兽,比如说,三头体型巨大、站着走路的熊,外加一头狮子。我在想,如果这是一组猛兽,然后还有另外几组呢,每组 4 只猛兽,从山坡边上绕过来,向我走过来,地面很平,像是元代文画中的河岸或者山顶。有点不好对付。我想,那么我手里应该有支枪才好。我手里有一支枪。不,我有两支枪,一手一支:我试着想象了一下伸展双臂同时射击的样子:胳膊和肩膀都绷得紧紧的,身体舒展着,两手离猛兽更近了,也许随时会被它们抓到。有点像左轮手枪,打完了需要装填子弹的那种。只能装 4 发。我想我得飞快地装子弹。但好在这些子弹非常大,杀伤力很强。这样想的时候,我只有一支手枪,握在右手中,我想象着打完子弹,用左手装填:还从没有干过这个,到底要怎么装子弹呢?

这时候我并不是真的在面对猛兽,事实上根本没有猛兽,那只是我的想象。我调节着自己的紧张,也调节着猛兽向我走来的步伐，它们几乎就要真的扑过来了，但它们是我的想象。我已经感觉到了危险，这一支或者两支手枪，恐怕连它们的皮都打不穿，至少一两枪不够致命吧，它们会继续往前冲，我得用最快的速度射击、装填、再射击。我让自己更紧张了一些，它们几乎就要失控了，想象可能会变成梦，变成现实，一组又一组猛兽冲过来，可能会陆续倒下，可能最终有一头挣脱我的想象，将我扑倒。

一个梦。7月25日

我回到兰州,眼前是我自己的卧室。有点太大了,床也非常大,大到看不见床,可以躺下20个人。有人拿了什么东西来,我们在床边说着话,但我并不知道我们在说什么,因为我还在惦记着乐队的朋友们和演出空间。

但终究还是被这个人打断了。总是这样。再也找不回之前的线索了。我去记忆里找,但记忆只是强迫的叙述,记忆总是虚构。我想让那些商场、街道、人,还有那些咖啡杯、热水,都自己重现,而不是被我从记忆中塑造出来。但它们不会再回来了。我自己回忆出来的都不算数。我站在卧室门口,连刚刚那个人也不见了。至少我感觉不到他了。

卧室真是太大了。我想,可以做这么一件事:弄很多气球来,两个两个用线拴起来,一个充氢气,一个充普通的空气。它们会一个拽着一个,向上飘起来,直到上面那个撞到天花板。或者相反,一个拉着另一个下坠,直到挨着地面。它们互相拽着,线绳是拉直的……过了一段时间,如果两个气球漏气的速度不一样,那么,总有一些会从天花板上落下来,另一些则从地板上飘起来。我想了想它们静止的样子。我想,可能要等很长时间才有一对气球缓慢地飘起来,上升或者下坠。应该很好看。

  应该做出来,我想。我完全忽略了卧室,也不知道自己是站着还是坐着。嗯,肯定不是坐着。但也的确不能肯定是不是站着。总之,我在想着这些气球。我应该会把它做出来。

两个梦。7月31日

一

两个人和我一起站在电脑屏幕前,其中一个刚刚做了一段声音,我们来听一听。

她开始播放,没有声音。屏幕上是一个调节均衡用的频谱图,有点像我常用的 waves 插件,q8。但屏幕真是太大了,看不到边,频谱有一两米宽,在黑暗的平面上,那些栅格微微发着光。她拧着桌子上的控制器。我说,不是这样操作的啊。果然,一条平直的线条出现在屏幕上,右端随着旋钮的旋转而向下弯曲,大概是在一万七千或者一万八千赫兹的地方加了一个低通滤波。我们都没有听到声音,但也都知道声音就在那里,而且没有发生改变。

她继续拧另一个旋钮。这回是高通滤波器,可能是在 30 到 60 赫兹之间的某个位置。我又说了一遍:这样操作没有用啊。

那声音像是活的一样,出现在我们耳中。它对这两次操作做出了反应:并不是简单地被衰减,它的曲线随着衰减而弹跳起来。音量变大了。我听见一个充满磁性的低频,大概是 50 到 60 赫兹的样子，可能夹杂着非常高的频率，肥厚有力，又微微闪动着一层类似泛音的东西，应该是心理声学的扰动吧。

屏幕上，两个滤波器的曲线转折的地方，都缓慢地向上鼓起，像一条绳子，两头受压，中间就开始鼓起来。

那是一种绵长的合成器长音。可能原本只是一个正弦波。现在它变得丰富起来，有明亮的中高频，低频格外突出，而且富于肌理，还闪烁着一层暧昧的泛音。

二

我发现自己的脚上长出了菜叶子。就是脚趾之间、之下的那些地方。一开始只长了几根汗毛，看起来很正常。然后，一时没注意，再低下头来看的时候，已经长成了绿色的菜叶子，就像是生菜，大概有 10 厘米那么长。薄薄的，嫩绿色，有些地方已经因为走路而踩破、裂开了。

我倒不觉得有什么了不起。总比汗毛要容易处理，撕掉就好了。但我并没有马上去撕它们。我推开卧室的门，跟姐姐说，你看我的脚。姐姐也一点不觉得奇怪，她说，你先去那边帮忙，我还要睡一会儿。然后她走回床边，趴下，马上就睡着了。

音乐会还有一阵子才开始，一起操办的几个朋友都在场地里，和我隔着几间屋子。我就去卧室对面，推开门，爸爸妈妈在里面，像是刚从哪里回来的样子。我突然想起，音乐会的事情，还没有跟他们打招呼，我回过头去向远处看，一直看到了场地，已经空了，刚才提前来的观众都走掉了，那几个朋友也在收拾东西。妈妈抬头瞥了我一眼，没有说话，意思是他们已经取消了演出。

我并没有跑回去再把人们都拉回来。

我给爸爸看脚上长出来的菜叶子。他坐下来，让我把脚底翻起来。我想象着撕掉那些叶子的感觉，咔啦，刷！汁水从叶子中间粗厚的地方喷出来。但我并没有真的撕掉它们。叶子背面有点脏了，对着光看，有些地方是半透明的，有些地方黑乎乎的。爸爸已经转过身去，忙他自己的事情去了。我坐着，想象着自己走路，把菜叶子踩在脚下的感觉。

一个梦。11月16日

在一张不高的方桌前,我抱着一个年轻女人的腰,她向后仰着身体,已经快要倒在桌子上了。我穿着衬衣,她什么都没有穿。隔着衣服,我感觉到了她的皮肤,她的身体。我感觉到我们的皮肤贴在一起。我的身体向她倾斜,我用双手将她抱住,我们的皮肤都在发热。这种身体接触、发热的感觉,被衬衣包裹起来,它发生在衬衣之内,在我之外。

一个梦。11月23日

一个声音说：卡特琳公主想要借这个机会返回祖国，但是她的哥哥，里奥伯爵，认为他身为惟一幸存的后人的形象，更有利于在乱局中保存实力，甚至得到人们的支持，所以要她继续留在俄国，不要回来。

这是一个迟缓的声音，像是在讲故事。就像是画外音。

也许有一些灰黑色、灰蓝色的痕迹，在蜕变，在流动。就像是早期抽象画，色彩在传达情绪，对应着这个悲伤的卡特琳公主的故事。

那声音并不是来自"画外"。那很像是我自己的声音。它并不是录下来重放的我的声音，连"默默读出来的无声的声音"也谈不上。它是我身体里的，独立于我的自我的声音。

但是，卡特琳公主是谁？我们见过面吗？她为什么让我这样悲伤？

一个梦。11 月 27 日

我躺在床上,等着自己睡着。不过这不是我能控制的事。我还能看见房间里的东西,也能看见窗外的风景:远处的山,也许是很远的一道连续的山脉,再上面是太阳。冬天的太阳,小小的圆东西,苍白无力,已经快要溶化在周围的雾霾里了。

这风景倒不特别吸引我,毕竟是熟悉的风景,几乎每天都会看见。就像一本翻了很多遍的连环画,远景的山峦、山坡上模糊的树林、地平线,不用看就可以回想起来。但太阳这件事多少还是有点不合时宜,毕竟已经是晚上了,我想要睡觉啊,难道不是全世界都沉入夜晚才好睡觉吗。我瞥了一眼太阳,就像是瞥了一眼某个讨厌的人。偏偏这太阳就亮了起来。极明亮! 越来越亮! 我被它激励了,就像是面对着奇异的东西深呼吸,或者干脆就是嗑了半片药。完全是生理性的反应。我想,妈的这下子是没法睡觉了。

太阳只是快速地亮了两次,既没有照亮我的房间,也没有引发什么特别的天象。它只是从遥远处照亮我的眼睛。那个急于睡着的焦虑被它清除干净了。我睡着了。

两个梦。12月7日

一

醒来的时候,天还没有亮,也可能是刚刚天黑。就是那种还不想睡,但是已经没有什么事情可做的傍晚。或者呢,就是那种太早醒来,还没有公交车,必须要等待,必须要度过的早晨。也就是说,其实,这就是那种既不是早晨也不是傍晚的时刻:天色是黑的,没有任何事在发生,既没有期待,也不向后回望。

妈妈说,你已经睡了40天。你怔住了。

哦?这还真是有点特别,难道我不是和往常一样醒来吗?发生了什么?难道周围不是一副什么都没有发生、什么都不会发生的样子吗?我问她:我怎么了?

她说,你睡了44天。这次她说的是44天。但听起来和40天也没有区别。我惊讶地看看四周,对,什么都没有改变。我开始想,那么这意味着什么?耽误什么事了吗?有没有给大家造成困扰?

我什么都没有吃,没有喝,就这样睡了44天吗?

不,她说,你不是真的躺着睡了44天。你是突然间失去了知觉，听不见我们说话，也不说话，你吃饭，也喝水，也上厕所，也睡觉，但是你怔住了。你看，那是1月的事情，现在已经3月了。中间过了年，你都没有醒。

我就像是回想起来，或者说我感觉到，我突然间和这个世界切断了联系，但也并没有去到另一个世界。那就是一种熄火的状态吧：不交流，也不思考，也没有感受，这和睡着了也差不多。而且，真的，现在已经是3月了，我错过了春节。我好像错过了，或者说丢失了一大段时间，应该说我和所有其他人之间出现了一段空白，我失去的不是时间，而是一段联系。

我想，搞不好是大脑出了什么问题呢。前阵子有过一次头疼。要不要去医院检查一下呢？可是妈妈，还有爸爸，都并不在意这个。就好像这是一种常见的状态。它甚至有自己的名字：怔住了。

二

我和一个老头开着车，左拐右拐，倒车，前进，在几乎不可能开得过去的小巷里穿行，中间还不时上坡，钻过围墙中间临时的缺口，还从垃圾堆上碾过去。

可能是他在开车。尽管我知道他不会开车。可我也不会开车。

我坐在后座，不时回头看看有没有撞到什么。好吧，就算他也没有在开车，但我们也还是开着车，从破破烂烂的街道中穿过去。我们的车也是破破烂烂的，连顶都没，就像大个儿的玩具车一样。

路过一截褪了色的红砖墙之后，我发现我们已经在半空中了。也没有什么汽车，我们骑着一只鹅。老头在前边说着飞行的事情，可能是注意事项。但我打断了他。我说诶，对了我跟你说啊，前阵子我一下子睡了40多天，你说这会不会有什么问题啊大脑什么的？

我们也没有顾上讨论这个话题。因为鹅飞得越来越高了。已经超过了下面那些乱七八糟的砖混结构的小楼，超过了所有的电线杆，超过了最高的树。它的身体向后倾斜着，这让我有种滑下去的危险。它并不是什么巨型的天鹅，不过是一只普通的家养的鹅罢了。我摸了摸它的背，硬梆梆的，羽毛也谈不上柔软。老头扭了一下头，说我可以再往前坐一点。好吧，我努力往前蹭了一点，坐到了鹅背弯下去的地方。总算是坐稳了！

我抬头，越过老头的肩膀，看看前方。似乎也没有什么特别的，有一些霞光，彩色的云在远处堆积、延展。天空说不上是什么颜色。我们没有什么特定的目标，就只是向前飞去罢了。

一个梦。12 月 18 日

有人给我们看一些书画。我想起来,在一个梦里,我见到过类似的东西,狄德罗全集啊,柏拉图全集啊,近代山水画集啊,于右任书法啊什么的,都是大开本,很厚,有新的,也有二手的。但眼前这些,我一个名字都没见过,连出版社名字都没见过。好吧,也许还没有出版:我翻开画册,发现它其实是打开的卷轴。

那人说,这里面有很厉害的东西。我抬头看看,她站在山坡上,山坡越来越陡,搞得跟荒山野岭似的,我想,何必呢,就不能在现实中给我看吗?她根本不理睬我的想法,继续介绍下去。她说,这里面有秘密。我想,也可以这么说,书画这东西,的确有它的神秘之处,没毛病。可是这些画得也太烂了吧,就像那些花钱在公交车站做广告的画家画的。

山顶上光秃秃的,再往上就是令人生畏的天空。与其说是天空,不如说是无边的空洞,那里没有现实,这让我感到敬畏,也许主要是害怕。

我和家人一起往上走,打算再看清楚一些。我们端详着山顶上的山水画,哦原来是符咒,好吧,这里面的确是有秘密的,但我们看不懂。那符咒背后就走出来了几个人,是大师和他的徒弟，他们带领我们练剑。在极短的时间里，我们理解了剑术的奥秘，但主要是剑术背后的其他奥秘，因为我们连剑都没有摸一下，我们也没有剑，再说，在现实中怎么可能别着一把剑走来走去呢。

山顶的土、石头，开始动了起来。龙！我说。

灰色的山体显出龙的样子，原地盘旋着，头已经钻进了不知道什么时空里去，只有身体在绕着山顶转。非常慢，但也非常有力。也可以说，山的一部分在转动，非常大的一部分，圆鼓鼓的像龙，可能还发出了低沉的摩擦声，但是太低沉了，几乎听不见。妈的，这的确是龙，但是如果它突然塌了怎么办？好在已经没有什么要学的了，大师和介绍人也都不见了，我们就向山下走去。

山下是热闹的旅游区。一条仿古街道正对着山路，沿街有许多卖假货和纪念品的商店，有几间木结构的客栈和饭馆，有很多假少数民族和年轻的游客，路面是石板铺成的。我们还在半山腰上，周围和天空一样荒凉。我一边回头看着土和石头构成的龙，一边感叹着，一边估算着山崩的话会不会砸到我们。我可能是想要这样想：要死也回到现实中再死吧，那里人多，可以一起死。但我没有这样想，因为我不好意思。我只是想：好了办完事了我们该回去了。但我知道自己其实想要那样想。

后 记

首先请原谅我的任性：我习惯英文不用大写。在梦里也许就更不应该大写。此外还有一些标点符号没有按规范使用，比如冒号和顿号。我有自己的理由。总之，请不要给小学生读这本书，也不要怪罪编辑。

本书自序部分（《我梦见自己在做梦》）所写到的梦，都是以一个清醒的、现实中的人的角度来写。也就是说，以我对梦的记忆为源头，以我写作的时空为坐标。

本书主体部分，也就是这 6 年间的 178 个梦，都是醒来后当天，或隔天所写。尽可能以梦中的经验来写，也就是说，尽可能还原当时的感觉，以梦的时空为坐标，尽可能不掺杂写作时的我的意见和思想。而这些对梦的记忆，有时候在梦里就开始主动形成，就像是"努力记住正在发生的一切"。所写到的"我"这个词，都是指梦中的那个我。以下是一些具体的说明：

"我想"、"我回忆"、"我思考"……：这都是梦中的主人公在梦中想、回忆、思考。

"我不确定是不是这样"：同上，是梦中人的犹豫。

"有时候"：我很多次用到了这个词，是说梦中的事物随时都在变化，有时候这样，有时候那样，而且没有明显的过渡或者切换，通常梦中人也不觉得奇怪。

"同时"：和"有时候"很像，但不是一会儿这样一会儿那样，而是同时具备两种或两种以上的状态。这又分两种情况，一是梦中人发现某件东西、某个事件同时具备两种状态；二是梦中人自己处在两种不同的状态里，比如说，处在不同的空间里。

"一片狭小但没有边界的空地"、"静止的移动"……：是指某种对于现实来说矛盾的状态，但在梦里并不矛盾。

"现在"：就是梦中人所感知的那个时刻。

"刚才"、"之前"……：这些涉及过去的词，往往是指梦中人并没有经历，但突然觉得发生过的事情，而且也不觉得逻辑上有什么问题，反而很自然地接受了。换句话说，这种突然意识到的过去，也不一定就是虚构的记忆（就像科幻片里的植入记忆），而是非线性时间的结果。

"我曾经梦到"：梦中的我所记得的梦，这个记忆有可能只属于梦中人，也有可能我真的有过并且记得。

"另一个梦"：梦中的我知道自己在梦里而且又想起了另一个梦。"知道自己在梦里"这种意识，也是非常自然的，梦中人并不觉得有什么奇怪，更不会因此醒来。

"醒来"：通常是指梦中的我从一层梦中醒来（但仍在另一层梦中）。我没有写过真的醒来这种情况，因为这样一来，前一个梦中的自我，就会转换成现实的自我，而这个转换的过程是无法描述的。而且，我更关心在一个梦终结的地方，那个梦中的自我会怎么样消亡，他和他周围的世界，哪一个先消亡，他最后的感觉是怎么样保留下来的……等等。

此外，我在写作的过程中，尽量避免使用梦中人没有想到、感觉到的比喻和引用。比如说某个典故，也包括某些逻辑性的思考。这些基本来自梦中人的思维活动，有的清晰，有的原本不清晰，在写作过程中被我略加提炼了。

最后，所表现出的风格、语气、语感、表达习惯，尤其是词汇的选择，也都尽量接近梦中的我的风格。这一点是最难做到的。梦中人很少使用语言，写作中的我只能使用语言，这样就难免混淆，或者越俎代庖。我只能尽量诚实，但归根结底，现在，我可以坦白地说，在语言的层面上，现实中的我也并不具备牢不可破的主体性。我和梦中的那些个我，都是被同一个语言风格所塑造的，也都是被同一套语言所创造的，不存在我创造了他，或者"我梦见了他"这样的层级关系。

那么，祝大家睡个好觉。

2020. 4. 9. 北京

图书在版编目（CIP）数据

一两个梦/颜峻著. -- 上海:上海文艺出版社,2022
ISBN 978-7-5321-8196-4
Ⅰ.①一… Ⅱ.①颜… Ⅲ.①梦－精神分析 Ⅳ.①B845.1
中国版本图书馆CIP数据核字(2022)第125767号

发 行 人：毕　胜
责任编辑：胡远行
封面设计：朱云雁

书　　名：一两个梦
作　　者：颜　峻
出　　版：上海世纪出版集团　上海文艺出版社
地　　址：上海市闵行区号景路159弄A座2楼 201101
发　　行：上海文艺出版社发行中心
　　　　　上海市闵行区号景路159弄A座2楼206室　201101 www.ewen.co
印　　刷：浙江天地海设计印刷有限公司
开　　本：787×1092 1/32
印　　张：13.875
插　　页：2
字　　数：254,000
印　　次：2022年9月第1版 2022年9月第1次印刷
Ｉ Ｓ Ｂ Ｎ：978-7-5321-8196-4/G·0343
定　　价：59.00元
告 读 者：如发现本书有质量问题请与印刷厂质量科联系　T:13661510899